AF565986

Bibliografische Information der Deutschen Nationalbibliothek
Die Deutsche Nationalbibliothek verzeichnet diese Publikation in der Deutschen Nationalbibliografie; detaillierte bibliografische Daten sind im Internet über http://dnb.ddb.de abrufbar.

Heiko Raschke
Szenische Auflösung
Inszenieren für die Kamera
Praxis Film, Band 73
Köln: Halem, 2018

2. Auflage

ISBN (Print): 978-3-7445-1103-2
ISBN (PDF): 978-3-7445-1949-6
ISSN: 1617-951X

Umschlaggestaltung und Satz: Full Moon Communication, Stuttgart
Umschlagfoto: Heiko Raschke
Lektorat: Imke Hirschmann
Druck: FINIDR, S.R.O., Tschechische Republik

SZENISCHE AUFLÖSUNG

Inszenieren für die Kamera

Heiko Raschke

2. Auflage

HERBERT VON HALEM VERLAG | Köln

INHALT

VORWORT

Liebe Leserinnen und Leser, ich wende mich mit einem großen Dankeschön an Sie. Ihrer Freude an der Arbeit an Filmszenen ist es zu verdanken, dass dieses Buch regelmäßig die Bestsellerlisten bei Amazon erklimmt. Da ist es doch klar, dass ich mich bei Ihnen dafür mit einer umfassend überarbeiteten Auflage revanchieren möchte. Hiermit sage ich Ihnen vielen Dank! Mit so großem Interesse hätte ich niemals gerechnet, als es vor vielen Jahren zu diesem Moment kam:

Weißer Text fließt über die dunkle Leinwand; es wird hell im Saal. Ich sitze noch immer fest im Kinosessel und genieße die Nachwirkungen eines Kinofilmes. Dieses Gefühl – als hätte ich eben ein kleines Abenteuer erlebt, obwohl es nicht real war. Wie schafft es der Film nur, mich so sehr in seinen Bann zu ziehen?

Mit dieser Frage im Kopf begann für mich eine lange Wissensreise, die bis heute anhält. Nach jahrelanger Arbeit an diesem Thema halten Sie nun das Buch in Ihren Händen, welches ich damals selbst gern gelesen hätte – jetzt in aktualisierter Form, denn seit Erscheinen der ersten Auflage ist viel passiert.

Es reicht mir nicht, Ihnen nur das zusammengetragene Wissen zu vermitteln und diese zentrale Frage zu beantworten. Dieses Buch wird Ihnen ein Portfolio an Werkzeugen liefern, mit dessen Hilfe Sie eine Szene effektiv und nah am Zuschauer realisieren können. Welche der vorgestellten Werkzeuge Sie letzten Endes in Ihren persönlichen Werkzeugkasten aufnehmen, bleibt natürlich Ihnen selbst überlassen. Schließlich muss ein Maler nicht zwangsweise mit allen verfügbaren Pinseln malen, nicht wahr? Eine Liste mit den vorgestellten Werkzeugen finden Sie im Anhang auf Seite 253.

Dieses Buch richtet sich an angehende Filmschaffende, die sich die Welt des Filmes gerade erarbeiten, an Regisseure und Kameramänner, die ihren Horizont erweitern möchten, sowie ganz allgemein an Profis vom Fach, die herausfinden wollen, warum eine Szene nicht so beim Zuschauer ankam, wie sie es sich erhofft hatten. Selbst Hobbyfilmer werden in diesem Buch viele Anregungen für eine produktive Arbeit finden. Außerdem werden auch all jene Schauspieler Antworten erhalten, die sich fragen, warum sich die Kamera ihnen manchmal in den Weg stellen muss.

Essenzielle Fachbegriffe, deren Erläuterung den Lesefluss unterbrechen würden, sind *besonders markiert** und im Glossar auf Seite 242 genauer erklärt. Die Filmkunst wird heute zudem stark durch englische Fachbegriffe geprägt. Ich werde mich möglichst an die deutschen Begriffe halten und an passender Stelle die englischen Entsprechungen in Klammern erwähnen, wenn diese gebräuchlich sein sollten.

Nach einer Einführung in die verwendeten Symboliken werde ich Ihnen zwei Übungen vorstellen und sie am Ende des Buches auflösen. Ich lege Ihnen sehr ans Herz, diese Übungen auch wirklich auszuführen. Nur so können Sie den größtmöglichen Lerneffekt erzielen, indem Sie Ihre Auflösung zu den Übungen mit meiner vergleichen. Wer weiß, vielleicht entdecken Sie sogar Hinweise auf Ihren eigenen Stil. Lassen Sie sich diese Chance nicht entgehen.

Um einen angenehmen Lesefluss zu gewährleisten, schreibe ich Personenbezeichnungen in nur einer Geschlechtsform. Wenn ich beispielsweise über Regisseure und Kameramänner schreibe, sind selbstverständlich stets auch Regisseurinnen und Kamerafrauen gemeint, und umgekehrt.

In der 2. Auflage wurden umfangreiche Veränderungen am Layout vorgenommen. Beispielsweise sind nun neben den oben genannten Werkzeugen auch kleinere Tipps extra hervorgehoben, damit sie schneller auffindbar sind; noch dazu ist deren Anzahl gewachsen. Die umfangreichste Aktualisierung haben die vorgestellten Methoden zur Arbeit am Drehbuch sowie der Abschnitt über das Erzählen in der dritten Dimension erhalten. Diese verbesserten Methoden wende ich auch entsprechend an den Übungsszenen an, weshalb auch meine Auflösung komplett überarbeitet wurde. Noch dazu wurden viele kleinere Passagen an das aktuelle Geschehen in der Branche und an die neuen technischen Entwicklungen angepasst und kleinere Übungen eingefügt, damit Sie noch besser das Gelernte ausprobieren können.

Während meiner Arbeit an diesem Buch erfuhr ich auf unterschiedlichste Art Unterstützung von Freunden, Verwandten und Kollegen. Ein großes Dankeschön geht auch an den Regisseur Stefan Hoppe für das umfangreiche Feedback zur ersten Auflage. Außerdem bedanke ich mich beim UVK-Verlag für das mir entgegengebrachte Vertrauen und die Umsetzung der ersten Auflage. Hier möchte ich meine Lektorin

Sonja Rothländer besonders dankend erwähnen. Außerdem danke ich dem Herbert von Halem Verlag für die Umsetzung der zweiten Auflage. Großer Dank gebührt auch Feline Akstinat für die Kraft, die sie mir gibt, meinen Weg zu gehen. Auch möchte ich meiner Familie danken. Nicht jeder kann auf so viel Rückendeckung zählen. Ihr seid großartig!

Ihnen wünsche ich viel Spaß beim Lesen und vielleicht sogar einen neuen Blick durch den Sucher Ihrer Kamera.

Heiko Raschke

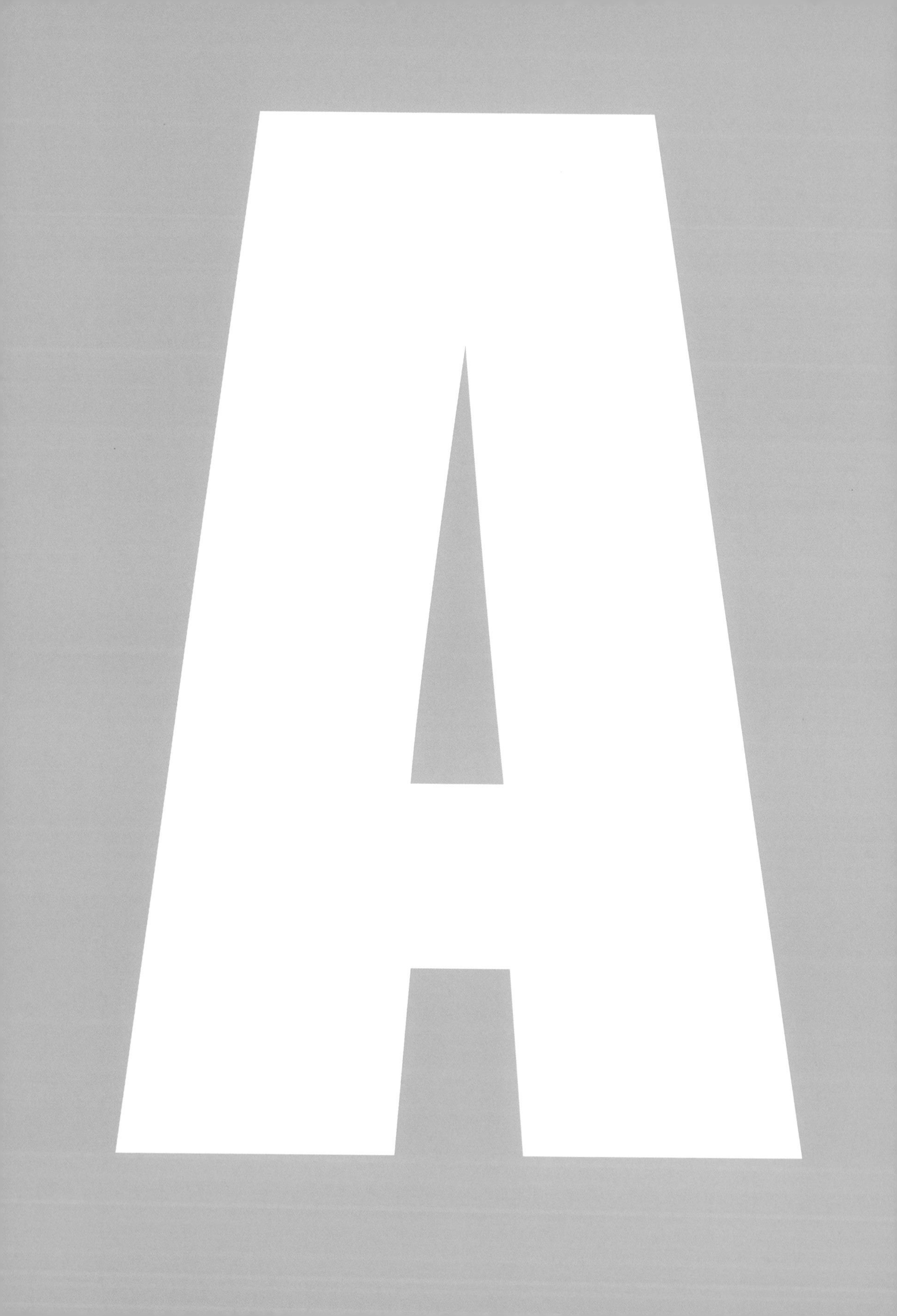

DER FLOORPLAN UND SEINE SYMBOLE

Lassen Sie uns gleich mit etwas Praktischem beginnen, bevor wir tief in das Fachwissen eintauchen. In diesem Kapitel stelle ich Ihnen den Floorplan als zentrales Werkzeug für die szenische Auflösung vor. Dabei lernen Sie die in diesem Buch verwendeten Symbole kennen und können diese auch gleich für Ihre eigenen Projekte nutzen.

A1 DIE GRUNDLAGEN

Na dann öffnen wir mal unseren Werkzeugkasten für die dicke Bohrmaschine unter den in diesem Buch vorgestellten Techniken:

Werkzeug 1: Der Floorplan

Als Floorplan bezeichnet man eine schematische Darstellung des *Motives** als Draufsicht. Er ist besonders nützlich, um allen Gewerken schnell und leicht erklären zu können, wie die Szene aufgelöst ist. Deshalb wird umgangssprachlich auch gern mal nach der ‚Auflösung' gefragt; gemeint ist damit der Floorplan.

Dieses Werkzeug ist ein beliebtes Mittel, welches bei der szenischen Auflösung vom Regisseur zusammen mit seinem Kameramann erstellt wird – wenn er diese Aufgabe nicht sogar gänzlich in die Hände seines Kameramannes legt. Ein solcher Plan hilft, den Überblick zu behalten und eine Struktur in die Auflösung zu bringen. Ich habe schon so manche Diskussion am Set erlebt, weil sich Regie und Kamera im Vorfeld nicht ausreichend Gedanken über die Auflösung der Szene gemacht hatten. Am Set ist es jedoch meiner Ansicht nach zu spät für solche Diskussionen. Wenn Sie es schaffen, Ihrem Team ohne einen Floorplan alles Nötige zu erklären, können Sie sich natürlich die Zeichenarbeit sparen. Ich mache mir diese Mühe gern, da mir dabei in ruhigen Minuten manchmal auch neue Ideen kommen oder mir Probleme auffallen, auf die ich ohne diese Visualisierung nicht gekommen wäre.

Ein solcher Plan muss nicht zwangsweise maßstabsgetreu sein. Vielmehr soll die Zeichnung dem Betrachter verdeutlichen, wo in etwa Schauspieler und Kamera stehen sollen und was ungefähr im Bild zu sehen sein wird. Ebenso gehören in einen Floorplan neben größeren Möbelstücken auch Fenster und Türen, denn diese sind insbesondere für die Lichtgestaltung wichtig. Manchmal ist es auch hilfreich, die Position von *Spielrequisiten** (engl.: *props*) einzuzeichnen.

In der Regel reicht eine einfache, zweidimensionale Darstellung aus, um seinem Team alles erklären zu können. Ich habe aber auch schon besonders kreative Floorpläne gesehen, deren Wände und Objekte dreidimensional gezeichnet wurden. Das sieht natürlich besonders gut aus, nimmt allerdings viel Zeit beim Erstellen in Anspruch und kann im schlimmsten Falle die Zeichnung überladen und vom Wesentlichen ablenken.

Grundsätzlich empfehle ich, so wenig wie möglich in einen Floorplan einzuzeichnen, da sonst die Zeichnung besonders bei komplexen Szenen allein durch die Darstellung der Positionen und Bewegungen von Kamera und Schauspiel schnell unübersichtlich werden kann. Weniger ist hier definitiv mehr.

Nicht selten entwickeln Floorplan-Nutzer ganz eigene Symbole und Farben. Solange das Team diese versteht, ist alles in Ordnung. Ich werde Ihnen hier meine Farben und Symboliken erklären, welche ich zum Teil aus dem sehr empfehlenswerten *Master Course* (2004) von Hollywood Camera Work LLC übernommen habe. Diese Firma bietet übrigens neben hochwertigen Lernvideos mittlerweile sogar die App *Shot Designer* für die szenische Auflösung an, falls Sie nicht zeichnen wollen.

Sicherlich werden Sie früher oder später eine eigene Legende nach Ihrem Geschmack entwickeln, Sie dürfen aber natürlich auch mein System übernehmen, wenn Sie möchten. Ich empfehle Ihnen, verschiedene Farben zu verwenden, da sich Pfeile und Symbole oft überlagern und ohne eine farbliche Unterscheidung die Übersicht schnell verloren geht. So könnte beispielsweise ein Floorplan aussehen:

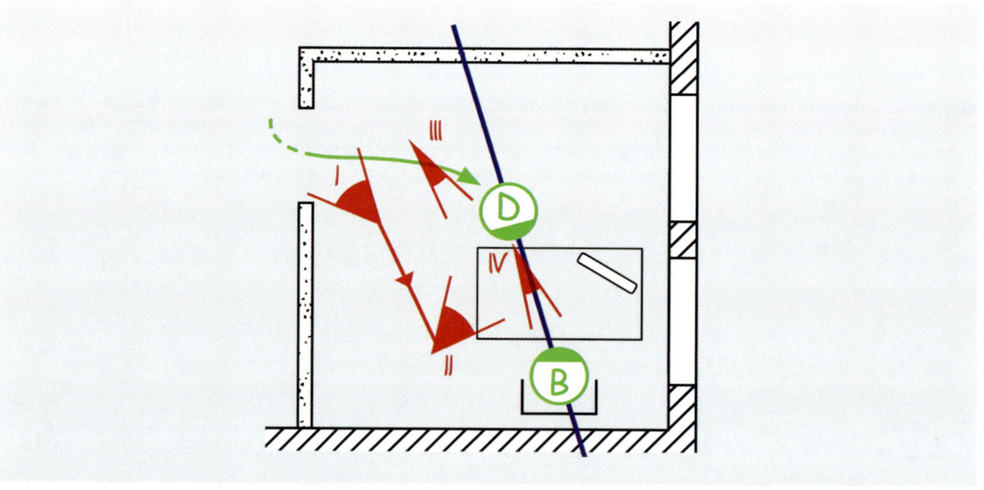

Abb. 1: Beispiel eines Floorplans.

A2 FLOORPLAN – LEGENDE

Wände:

Wände werden schraffiert, ähnlich wie bei Bauzeichnungen. Wenn man nicht genau weiß, was sich hinter der Wand befindet, kann man die Rückseite auch ruhig offen lassen, wie in Abbildung 2 gezeigt.

TIPP

Wenn ich keine Zeit habe, die Mauern zu schraffieren, male ich sie stattdessen grob grau aus, wie in Abbildung 2 links unten angedeutet.

Es hilft, die Wände so auffällig zu zeichnen, damit diese später zwischen all den eher dünnen Pfeilen und Symbolen optisch nicht untergehen, schließlich sind sie maßgebend für die Orientierung im Floorplan.

Türen:

Dicke schwarze Balken zwischen zwei Wandstücken symbolisieren Türen. Wenn diese *im On** geöffnet werden können, damit beispielsweise Schauspieler oder *Komparsen** auftreten können, werden diese leicht geöffnet gezeichnet. Es sollte darauf geachtet werden, dass auch die tatsächliche Richtung, in welche sich die Tür öffnen lässt, eingehalten wird, denn dies kann für die Kameraposition entscheidend sein: Findet beispielsweise ein Dialog buchstäblich zwischen Tür und Angel statt, könnte die Tür im schlimmsten Fall den Blick auf den Schauspieler verdecken. Es wäre ärgerlich, wenn dies erst kurz vor dem Dreh auffällt und deshalb die Auflösung über Bord geht.

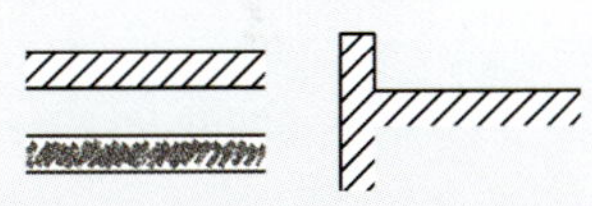

Abb. 2: Wand-Beispiele.

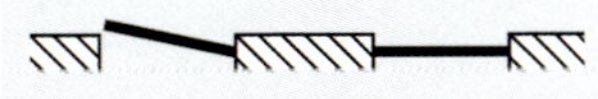

Abb. 3: Eine offene und eine geschlossene Tür.

Fenster:

Gerade für die Lichtgestaltung ist es wichtig zu wissen, ob Fenster im Bild zu sehen sind. Dreht man den ganzen Tag in einem Set mit vielen Fenstern und zeigt diese auch häufig im Bild, wird es sehr viel Umbauzeit kosten, diese mit

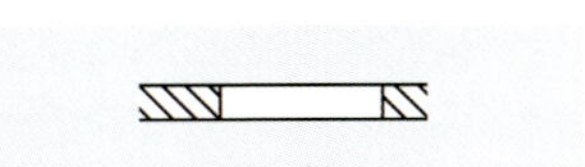

Abb. 4: Ein Fenster.

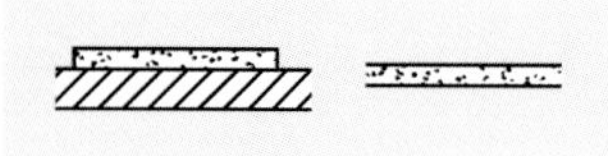

Abb. 5: Links: Wandspiegel, rechts: Glaswand.

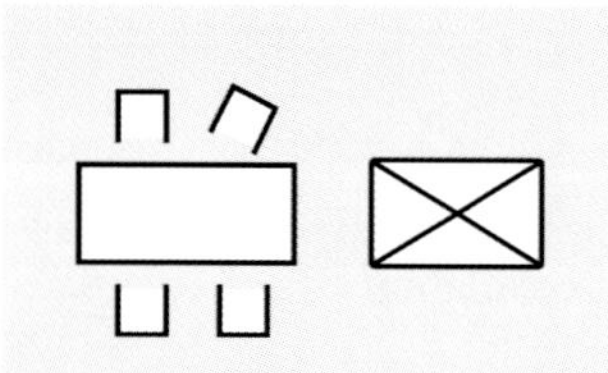

Abb. 6: Links: Tisch mit Stühlen, rechts: Schrank.

entsprechenden Folien auszustatten, um einen gleichbleibenden Lichteinfall zu simulieren.

Über passende Apps und Websites lässt sich heutzutage leicht herausfinden, zu welcher Tageszeit die Sonne durch die Fenster scheinen wird. Diese Dauer kann für den Oberbeleuchter entscheidenden Einfluss auf die Überlegung haben, ob er die Fenster mit Folien abkleben oder von außen die Sonnenscheindauer durch das Aufstellen von Scheinwerfern künstlich verlängern muss. Sollte das einfallende Sonnenlicht für die Bildgestaltung entscheidend sein, könnte es sich lohnen, die Dauer der Sonneneinstrahlung im Floorplan mit zu vermerken. Der Einfachheit halber werden Fenster als nicht-schraffierte Mauern gezeichnet.

Spiegelnde Flächen:

Spiegelnde Flächen werden gern in Floorplänen vernachlässigt. Besonders Berufseinsteigern empfehle ich aber, diese zu berücksichtigen. Damit sind vor allem Glasflächen gemeint, die nicht abgehängt, gekippt oder gedreht werden können, um Stative, Kameraaufbauten oder Teammitglieder aus den Spiegelungen herauszuhalten. Spiegelnde Flächen können ganze Einstellungen zunichtemachen, wenn man nicht in der Lage ist, technische Aufbauten oder Teammitglieder zu verstecken. Im Floorplan werden sie gepunktet dargestellt.

Möbelstücke:

Beim Einzeichnen von Möbelstücken sollte man sich nur auf die für die Auflösung wesentlichen Möbelstücke beschränken. Zu viele Objekte und entsprechend viele Linien gehen schnell auf Kosten der Übersicht. Zudem beschränkt man sich am besten auf einfache, geometrische Figuren. Ein Viereck kann sowohl für einen Tisch stehen, als auch für ein Regalbrett oder einen Teppich. Einzig höhere Objekte wie Schränke, die für den Schauspieler oder die Kamera als unüberwindbare Hindernisse gelten, empfehle ich, zusätzlich mit einem Kreuz zu versehen wie in Abbildung 6 gezeigt. Da sich auf Stühle, Bänke und Sofas Personen setzen können, hat es sich bewährt, diese Objekte als ein U zu zeichnen – symbolisch für Arm- und Rückenlehne.

Sich bewegende Objekte:
Es gibt hin und wieder auch Requisiten oder Objekte, die sich bewegen, wie z.B. Maschinen oder Fahrzeuge. Sollte die Positionsänderung für die Szene relevant sein, wird diese durch einen schwarzen Pfeil dargestellt, um sie von den Pfeilen für Schauspiel- und Kamerabewegungen abzuheben. Es kann beispielsweise hilfreich sein, mit einzuzeichnen, dass sich *im On** die Türen eines Fahrstuhles schließen werden, oder *im Off** eine Vase herunterfallen soll.

Die Kamera:
Abbildung 7 zeigt links die Kameraposition I mit normaler Brennweite und unausgemalt; mittig Position II mit längerer Brennweite (Tele) und rechts Position III mit kürzerer Brennweite (Weitwinkel). Wie in der Abbildung auf der Position I zu sehen, ähnelt das Symbol für die Kamera mehr oder weniger einem A oder der schematischen Seitenansicht eines Auges. Ich male die Fläche in der Mitte gern aus, weil sich dadurch die Kameras im Floorplan besser von all den anderen Symbolen abheben (Position II und III der Abb. 7).

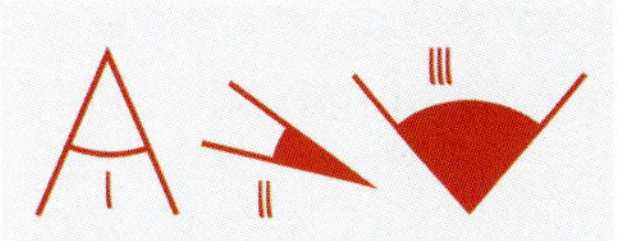

Abb. 7: Normale Brennweite (I), längere Brennweite (II), kürzere Brennweite (III).

Der ausgemalte Teil gibt die Kameraposition an. Die Seitenflügel stehen für die Bildkanten. Werden diese enger gezeichnet, wie bei Kameraposition II, symbolisiert das einen engeren Bildausschnitt entsprechend eines Teleobjektivs. Ein breiter gezeichnetes A, wie bei der dritten Kameraposition, steht für ein Weitwinkelobjektiv.

Eine römische Zahl in oder neben der Kamera gibt die Positionsnummer bzw. Keyframe-Nummer an. Achtung, die lässt sich leicht mit der Einstellungsnummer verwechseln. Warum ich zwischen Keyframes und Einstellungsnummern unterscheide, werde ich Ihnen in Kapitel 13 auf Seite 188 näher erläutern. Hier sei nur kurz erwähnt, dass eine Kamerafahrt mehrere wichtige Positionen und somit mehrere Keyframes mit römischen Ziffern beinhalten kann, es wird aber trotzdem nur eine normale, arabische Ziffer für die Einstellung benötigt.

Römische Zahlen eignen sich für Kamerapositionen besonders gut, da sie sich zum einen deutlicher von den Schauspielpositionen und Einstellungsnummern unterscheiden und man zum anderen einfacher eine römische Zahl korrigieren kann, wenn man die Bezeichnung nachträglich ändern möchte. Zum Beispiel von II auf III.

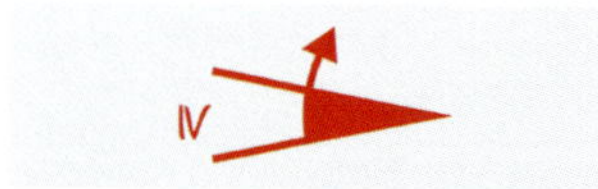

Abb. 8: Lange Brennweite, Schwenk nach rechts.

Kameraschwenks:
Ein Pfeil an der Mittellinie verdeutlicht einen Kameraschwenk. In Abbildung 8 schwenkt die Kamera von ihrer Blickrichtung aus gesehen nach rechts – kurz: nach *Kamerarechts**. Korrekturschwenks, um den Schauspieler im Bild zu halten, sowie *Atmer** werden nicht eingezeichnet. Mit diesem Symbol sind nur prägnante Schwenks gemeint.

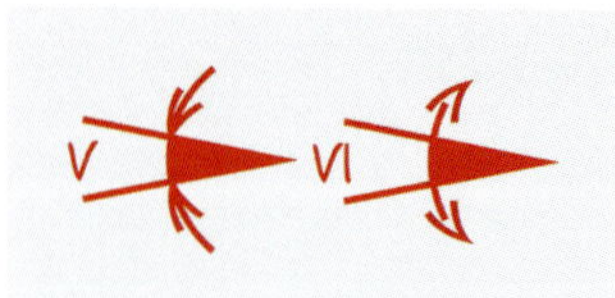

Abb. 9: Zoom-in (V) und Zoom-out (VI).

Zooms:
Pfeile an beiden Seiten des A zeigen einen Zoom an – Kameraposition V in Abbildung 9 verdeutlicht ein Zoom-in, Position VI ein Zoom-out.

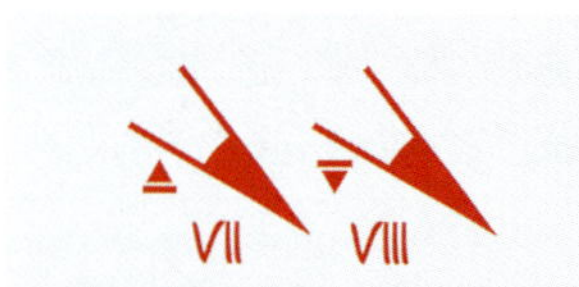

Abb. 10: Kameraperspektive oberhalb (VII) und unterhalb (VIII) der Augenhöhe.

Perspektive:
Ein Dreieck über einem Strich steht symbolisch für eine obersichtige Perspektive. Den Strich kann man dabei als Augenhöhe verstehen. Dementsprechend verdeutlicht ein Dreieck unterhalb des Striches eine untersichtige Perspektive. Wo genau Sie dieses Symbol an die Kamera zeichnen, ist egal, solange es nicht zu Missverständnissen führt, welche Kamera damit gemeint ist.

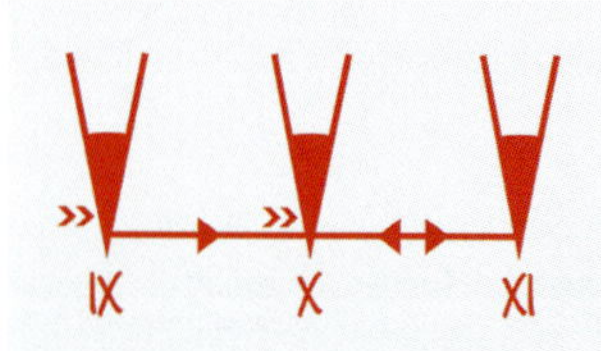

Abb. 11: Fahrt von Pos. IX über X bis XI. Dort stoppt sie und fährt anschließend zu Pos. X zurück.

Kamerafahrten:
Eine zusätzliche Linie von der Spitze des A aus gibt die Kamerabewegung wieder. Pfeile in der Mitte dieser Linie verdeutlichen die Bewegungsrichtung. Gerade bei Kamerafahrten gilt: Jede wichtige Kameraposition bekommt eine eigene römische Nummer, z.B. die Start- und Endposition sowie alle wichtigen Zwischenstopps. Dabei sollte zum leichteren Verständnis darauf geachtet werden, dass möglichst die Nummerierung auch dem Ablauf der Bewegung entspricht.

Generell bedeutet jedes Kamerasymbol, dass dort die Kamera die Bewegung anhält. In seltenen Fälle möchte man, dass die Kamera ohne Stopp über eine Position weiterfährt. Dies stelle ich mit einem kleinen Doppelpfeil in Bewegungsrichtung dar, wie in Abbildung 11 bei Position IX und X zu sehen ist. Demzufolge muss die Kamera etwas anfahren, um für Position IX bereits in Bewegung zu sein, bevor auf sie geschnitten wird.

Nachdem die Kamera Position IX passiert hat, bleibt sie nicht auf Position X stehen, sondern überfährt diese bis zur XI. Dort stoppt sie, weil sich an dieser Position kein Doppelpfeil befindet, und fährt an der entsprechenden Stelle im Drehbuch zur Endposition X zurück. Diese Rückfahrt erkennt man an den Pfeilen entlang der Linie. Am Ende überfährt die Kamera diese Position X nicht, weil weder ein Doppelpfeil aus dieser Richtung kommend am Kamerasymbol eingezeichnet wurde, noch ein entsprechender Pfeil in der Mitte der Verbindungslinie zu Position IX zu sehen ist.

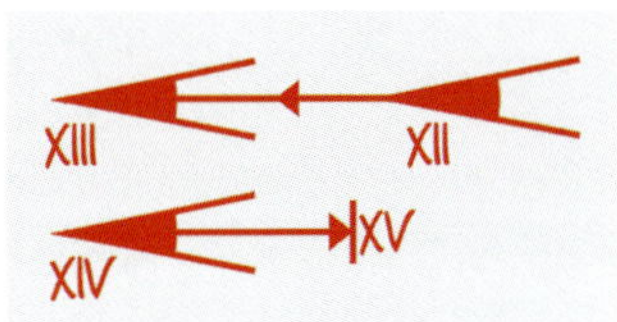

Abb. 12: Eine Rückfahrt von Pos. XII zurück auf die XIII bzw. Ranfahrt von der XIV auf die XV.

Abb. 13: Links: Pos. 1 der Rolle F (Blickrichtung nach oben), Mitte: dessen Pos. 2 mit Drehung, Rechts: Komparse.

Auf die gleiche Art und Weise verfahre ich mit Vorausfahrten oder Rückfahrten, mit dem einzigen Unterschied, dass die Linie, welche die Schienen andeutet, durch das Kamerasymbol hindurch verläuft. Manchmal kommt es vor, dass der Floorplan zu voll wird und ein Kamerasymbol nicht mehr hineinpassen würde. Dann deute ich die Endposition der Fahrt nur mit einem Pfeil und der dazugehörigen römischen Ziffer an, wie in Abbildung 12 gezeigt.

Schauspieler:
In Abbildung 13 ist die Position 1 des Schauspielers der Rolle F mit Blickrichtung nach oben sowie dessen zweite Position mit einer Drehung dargestellt. Ganz rechts steht ein Komparse ohne Rollenbezeichnung.

Ein einfacher Kreis symbolisiert den Kopf eines Menschen. Der Buchstabe kürzt dabei den Namen der Rolle ab, niemals den realen Namen des Schauspielers, schließlich könnten kurzfristige Umbesetzungen anstehen. Jede wichtige Position bekommt auch hier eine eigene Zahl. Die ausgemalte Teilfläche innerhalb des Kreises steht für das Gesicht und gibt somit die Blickrichtung an. Statt dieser ausgemalten Teilfläche zeichnen manche Kollegen ‚kleine Nasen' an den Rand der Kugel, um die Blickrichtung darzustellen. Der Pfeil bei F2 erklärt, dass sich der Schauspieler nach rechts dreht. Das angedeutete Gesicht dreht sich in Pfeilrichtung.

Es kommt vor, dass man auch *Komparsen** einzeichnen möchte, weil sie z.B. den Weg eines Schauspielers kreuzen sollen oder die Kamera kurzzeitig verdecken müssen. Zur besseren Unterscheidung bekommen diese möglichst keine Bezeichnung; das Gesicht deute ich lediglich mit einem Strich an und halte das Symbol farblich neutral.

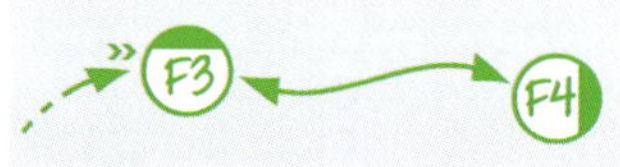

Abb. 14: Rolle F tritt auf, bewegt sich, ohne zu stoppen, über die Position 3 zu 4, stoppt und bewegt sich zur passenden Zeit zurück zu 3.

Bewegungen der Schauspieler:
In Abbildung 14 tritt die Rolle F auf, bewegt sich, ohne zu stoppen, über die Position 3 zu 4, stoppt und bewegt sich zur passenden Zeit zurück zu 3.

Mit den Bewegungen der Schauspieler verfahre ist genau wie mit den Kameras: Pfeile zwischen den einzelnen Positionen stehen für die Bewegungsrichtung. Da die Person in Abbildung 14 zwischen der Position 3 und 4 hin- und herläuft, bekommt der Pfeil entsprechend zwei Pfeilspitzen. Prinzipiell gehe ich davon aus, dass die Person an allen markierten Stellen stoppen wird. Sollte das einmal nicht gewünscht sein, symbolisiere ich dies mit einem kleinen Doppelpfeil, wie er links neben Position F3 zu sehen ist.

Für Auftritte und Abgänge sollte man auf die Darstellung der Startposition vor dem Auftritt bzw. der Endposition nach dem Abgang verzichten. Ein gestrichelter Pfeil reicht für die Markierung von Auftritt und Abgang völlig aus. Solche Pfeile sind übrigens auch ganz praktisch, um Bewegungen *im Off** anzudeuten.

Damit hätten wir alle wichtigen Symbole zusammen, die in diesem Buch verwendet werden. Sie können diese gleich in den folgenden Übungen anwenden oder Ihre eigene Legende testen.

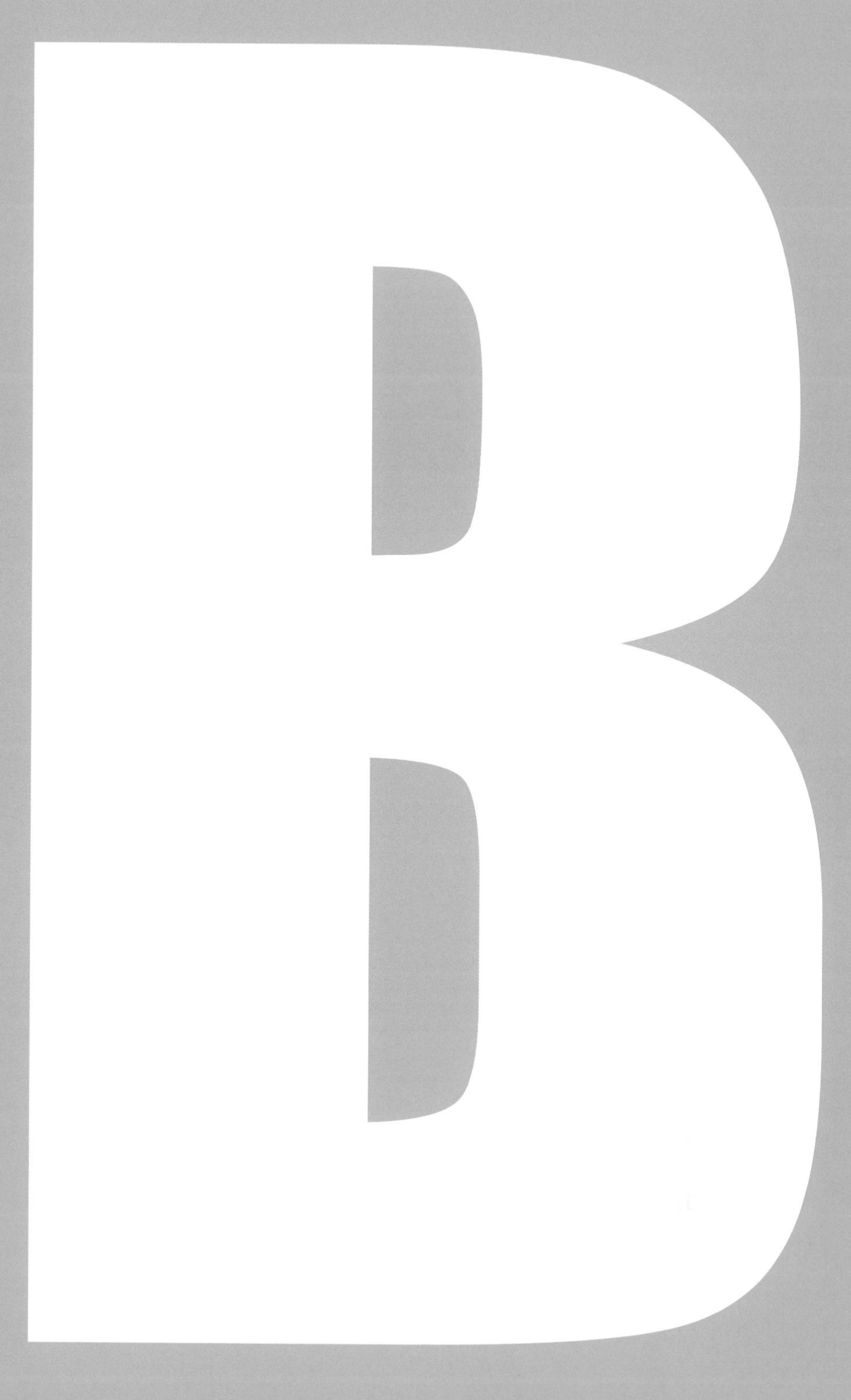

DIE AUFLÖSUNG ÜBEN

Bevor wir uns auf alles Wissenswerte rund um die Auflösung einer Szene stürzen, biete ich Ihnen eine einmalige Chance: Sie können jetzt Ihre gewohnte Art, eine Szene aufzulösen, auf den Prüfstand stellen. Vielleicht arbeiten Sie ja bereits instinktiv gemäß dem in diesem Buch vermittelten Wissen oder haben bereits eine eigene Bildsprache entwickelt. Um das herauszufinden, starten wir mit zwei Übungen. Nachdem Sie das Buch gelesen haben, können Sie Ihre Arbeit anhand der Übungen mit dem erworbenen Wissen und meiner Auflösung am Ende des Buches vergleichen. So sehen Sie, was Sie bereits gut beherrschen und was Sie vielleicht noch verbessern können. Wer will sich schon die Chance auf diesen Aha-Effekt entgehen lassen? Also los.

B1 SZENENARTEN

Die gängigen Lehrmittel unterscheiden grob zwischen zwei Arten von Szenen: personenzentrierte Szenen (engl.: *character-driven scenes*) und handlungszentrierte Szenen (engl.: *action-driven scenes*).

Handlungszentrierte Szenen legen den Schwerpunkt auf die Beantwortung der Frage „Wie handeln die gezeigten Personen?". Es passiert hier also entsprechend viel im Drehbuch (engl.: *script*). Dadurch können in kürzerer Zeit verschiedene Handlungsstränge erzählt werden, wodurch die Geschichte vorangebracht wird. Der Nachteil dabei liegt auf der Hand: Wenn viel passieren soll, bleibt oft nur wenig Möglichkeit, dem Zuschauer zu erzählen, wie sich die gezeigte Person dabei fühlt und was in ihrem Kopf vorgeht. Bei Geschichten mit einem hohen Anteil an handlungszentrierten Szenen besteht die Gefahr, dass selbst wichtige Figuren eher eindimensional oder sogar klischeehaft wirken. Dafür verleihen Szenen dieser Art einem Werk Dynamik.

In personenzentrierten Szenen wird die Aufmerksamkeit des Zuschauers auf die handelnden Personen, deren Gedanken, Beweggründe und Emotionen gelenkt und weniger auf die eigentliche Handlung. Man könnte auch sagen, dass sich diese Szenen mehr auf die Frage „Warum handeln die gezeigten Personen so?" konzentrieren. Das zu beantworten führt meist zu dialogreichen Szenen, in denen die Vielschichtigkeit und Komplexität der Charaktere hervorgehoben werden kann. Diese Szenen verleihen einem Werk Tiefe. Geschichten mit einem Übermaß an personenzentrierten Szenen ziehen sich jedoch wie Kaugummi in die Länge, da schlicht nicht wirklich viel passiert und die Handlungsstränge eher zäh vorankommen.

Zu diesem Thema stieß ich auf einen Artikel des Dramaturgen Ron Kellermann. Er bringt die themazentrierten Szenen ins Spiel – also Szenen, die zwar mit Hilfe der handelnden Personen dargestellt werden, deren Bedeutung für das Gesamtwerk aber auf der Darstellung des Themas liegt. Als Filmemacher mag ich diesen Ansatz sehr, weil dadurch unsere Aufmerksamkeit auf die Aussage des Werkes gelenkt wird. Deshalb möchte ich Ihnen die Idee dieser Szenenart hier vorstellen, bitte aber darum, diese mit Vorsicht zu betrachten, da es dazu bisher noch keine Untersuchungen gibt.

Wie der Name schon sagt, steht in solchen Szenen das Thema des Filmes im Zentrum. Es wiegt hier schwerer, als die Handlung oder die Darstellung der Charaktere. Die Szene behandelt also die Frage „Was will mir die Geschichte damit sagen?". Die Antwort darauf verleiht dem Werk Bedeutung.

Ein Beispiel themazentrierter Szenen gibt die Nestbauszene aus *Fight Club* (Regie David Fincher, 1999) ab: Darin wird uns die Wohnung des *Protagonisten** vorgestellt. In einer Animation tauchen Schritt für Schritt mehr IKEA-Möbeln auf. Schwebende Textbausteine lassen das Gefühl entstehen, wir würden gerade in einem IKEA-Katalog blättern. Darüber spricht der Erzähler über seinen Drang, die Wohnung passend zu seiner Persönlichkeit einzurichten. Im Klang seiner Stimme schwingt Unzufriedenheit mit. Er tut es, weil es die Gesellschaft so fordert, aber es macht ihn nicht glücklich. Auf den ersten Blick lernen wir hier die Hauptperson näher kennen. Man könnte also sagen, es handelt sich hier um eine personenzentrierte Szene. Allerdings ist der Fakt, dass er seine Wohnung ohne Freude nach dem IKEA-Katalog einrichtet, nur mäßig interessant. Viel spannender ist die Vorgehensweise, wie anhand des *Protagonisten** das Thema des Filmes erklärt wird: Männer zweiter Klasse, die versuchen, ihrem Leben irgendwie Bedeutung zu verleihen. Hier wird also die Charakterdarstellung als Vehikel für das Thema benutzt, was diese an sich unscheinbare Szene so wertvoll für den gesamten Film macht.

Ein weiterer Vertreter dieser Szenenart ist die berühmte Pillenszene aus *Matrix* (Regie Lana und Lilly Wachowski, 1999). Neo und Morpheus sitzen sich in zwei Sesseln gegenüber. Der weise Morpheus reicht dem unwissenden Neuling eine rote und eine blaue Pille. Schluckt Neo die blaue Kapsel, wird er in der Matrix als Unwissender weiterleben und alles bleibt für ihn wie gewohnt. Entscheidet er sich für die rote Kapsel, wird Morpheus ihn aus der Matrix führen und ihm damit die Wahrheit über die Unterdrückung der Menschheit durch die Maschinen vor Augen führen. Die Wachowskis hätten die Szene auch kürzen können, indem Morpheus seinem Zögling schlicht die rote Pille gibt und weiter geht die Reise. Damit wäre es eine handlungszentrierte Szene geworden. Doch stattdessen gaben sie Neo die Chance, mit der blauen Pille einen bequemen Rückzieher zu machen, und schmückten die Szene mit sehr tiefgründigen Worten von Morpheus aus. Somit rückte sehr stilvoll das Thema des Films ins Zentrum: Kämpfe, oder du bleibst ein Sklave des Systems. In kaum einer Szene kommt die Wahl für oder gegen den goldenen Käfig so stimmungsvoll zur Geltung.

Diese Beispiele verdeutlichen, dass an der Idee der themazentrierten Szenen durchaus etwas dran ist. Da diese aber noch zu unerforscht ist, werden wir uns in den folgenden Übungen auf die zwei klassischen Arten beschränken und nur diese am Ende des Buches genauer untersuchen.

B2 ÜBUNG 1 – EINE PERSONENZENTRIERTE SZENE AUFLÖSEN

Aufgabenstellung

Lösen Sie die folgende, personenzentrierte Szene ganz nach Ihrem eigenen Geschmack auf. Konzentrieren Sie sich darauf, dem Zuschauer zu erzählen, was in Torsten, der Hauptfigur, vorgeht.

Zeichnen Sie dazu in den Floorplan (Abb. 15) die handelnden Personen ein, sowie alle Kamerapositionen und -bewegungen. Markieren Sie zudem im Drehbuch die jeweiligen Stellen, an denen Sie in die dazu passende Einstellung schneiden wollen. Erstellen Sie zu guter Letzt eine Liste mit allen Kameraeinstellungen, sortiert nach der Drehreihenfolge – eine sogenannte ‚Shotlist'. Auf den nächsten Seiten finden Sie das Drehbuch und einen Floorplan. Wenn Sie nicht im Buch selbst arbeiten möchten, können Sie die Übung auch herunterladen:

DOWNLOADLINK ZUM DREHBUCH DER ÜBUNG 1
» Heiko Rasche, 2016
» www.halem-verlag.de/szenische-aufloesung

Backstory der Charaktere

Um erzählen zu können, warum die Charaktere handeln wie sie nun einmal handeln, hilft es, zunächst einmal die Personen kennenzulernen. Dementsprechend erarbeitet sich der Regisseur zusammen mit seinen Schauspielern eine plausible Hintergrundgeschichte zu den jeweiligen Rollen (engl.: *backstory*). Es lohnt sich, auch den Autor der Geschichte dazu heranzuziehen, denn dieser hat sich sicher viele Gedanken über die Charaktere gemacht. Da dies allerdings keine dramaturgische Übung werden soll, sondern wir uns auf die Auflösung konzentrieren wollen, gebe ich Ihnen hier eine mögliche Backstory vor:

Torsten (Anfang 40):
Er liebt Regeln und Gesetze. Struktur im Leben ist ihm wichtig. Durch seinen Arbeitskollegen Kai hat er seine Neigung zur Bisexualität entdeckt. Er ist zwar mit Nicole verheiratet, hat jedoch eine Affäre mit Kai. Er selbst kann nicht entscheiden, ob er eine ungewisse Zukunft mit Kai wagen soll, oder doch lieber bei einem gesellschaftlich akzeptierteren aber unglücklichen Eheleben bleibt.

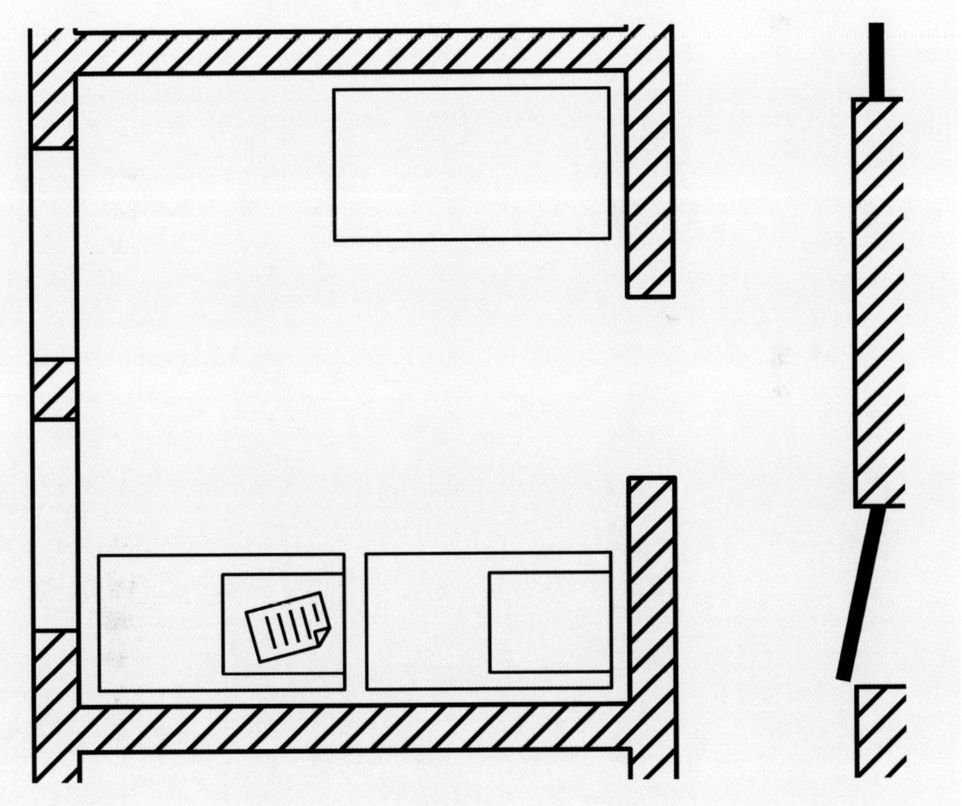

Abb. 15: Floorplan Übung 1 – zwei Kopierer links und ein Tisch rechts.

Kai (Ende 30):
Er verkörpert eher das Chaotische. Wenn er etwas will, will er es sofort und mag es nicht, Dinge im Voraus zu planen. Torsten soll seiner Meinung nach endlich mit Nicole Schluss machen, damit er mit ihm glücklich werden kann. Offiziell hat er sich nicht geoutet, es machen aber im Büro entsprechende Gerüchte die Runde.

Nicole (Ende 30):
Sie selbst weiß nichts von Torstens Affäre mit Kai. Sie mag Kai sehr. Deshalb möchte sie, neugierig wie sie ist, unbedingt herausfinden, was an dem Gerücht dran ist, dass er etwas mit Männern habe.

Drehbuch zur Übung 1

BÜRO - KOPIERRAUM **INNEN/TAG**

In einem kleinen, schlecht belüfteten Raum steht der Kopierer des Büros. Abgesehen von der übergroßen Maschine füllen den Raum nur Regale mit diversen Papiersorten und ein Tisch, auf dem sich Locher, Tacker und andere Utensilien zwischen dem Papiermüll der Mitarbeiter tummeln. Torsten steht am Kopierer und legt ein Buch ein. Die Kopie ist zu dunkel eingestellt. Er scheint nicht bei der Sache zu sein. Kai kommt in den Raum, sieht Torsten, wirft einen kurzen, prüfenden Blick in den Gang, schleicht sich an Torsten an und küsst ihn in den Nacken. Torsten erschreckt.

TORSTEN

Mann Kai. Ich hab' doch gesagt, nicht im Büro. Wenn Nicole das sieht.

KAI

Ja ja, du Schallplatte. Dann zieh es doch endlich durch.

TORSTEN

Ja genau, als ob man das mal eben beim Abendessen klären kann. Ich sag's dir noch mal: Arbeit ist Tabuzone.

Nicole kommt in den Kopierraum.

NICOLE

Hi Kai. Hi Schatz.

Sie küsst Torsten.

TORSTEN

Arrr Nicole, nicht auf Arbeit, bitte.

Kai muss sich ein Lächeln verkneifen.

NICOLE

Was ist denn heute wieder los?

KAI

Ich glaube der Kopierer macht nicht das, was sein Meister von ihm möchte.

Nicole kopiert ebenfalls ein Formular.

TORSTEN

Der Kopierer hat halt kein Respekt vor den Wünschen seines Meisters!

NICOLE

Ach Schatz, sei nicht so streng mit ihm. Es ist doch nur ein Gerät, das tut was es kann.

KAI

Genau.

TORSTEN

Das sehe ich anders.

KAI

So oft, wie du jetzt schon dieses,
was ist das überhaupt,…

Er schnappt sich eine Kopie.

KAI (WEITER)

…dieses Rezept schon kopiert hast, wärst du
mit abschreiben wohl schneller gewesen.

Kai reicht die Kopie an Nicole weiter.

TORSTEN

Es ist zu dunkel, siehst du doch.

KAI

Was hast du denn damit vor?

NICOLE

Ist das für heute Abend?
(zu Kai) Wir wollen kochen, zumindest so
lange der Ofen den Koch respektiert.
Komm doch vorbei, wenn du möchtest. Wir
kochen sowieso immer zu viel.

TORSTEN

Das halte ich für keine gute Idee.

Beide schauen Torsten überrascht an.

```
                NICOLE
Wieso denn?

                KAI
Ja, wieso denn?

                TORSTEN
Na weil,… Also… Na gut.

                KAI
Klasse, Rotwein oder Weißwein?
```

B3 ÜBUNG 2 – EINE HANDLUNGS-ZENTRIERTE SZENE AUFLÖSEN

Aufgabenstellung

In der zweiten Übung steht die Handlung an sich im Vordergrund. Wer genau die Handlung ausführt, und warum die Figuren überhaupt so handeln wie sie es tun, ist hier eher unwichtig. Entsprechend kurz fällt die Backstory der handelnden Personen aus. Genau genommen betrachten wir in dieser Übung nicht eine einzige Szene, sondern eine Sequenz von vier Szenen. Inszenieren Sie diese vier Szenen möglichst spannend, ohne dass der Zuschauer die Orientierung verliert.

Der Floorplan für die Kellergänge beinhaltet mehrere Türen. Suchen Sie sich eine aus, von welcher Anne ihre Flucht antritt. Zeichnen Sie auch in dieser Übung sowohl die Positionen und Bewegungen der Schauspieler als auch die der Kamera in den Floorplan ein. Markieren Sie im Drehbuch, wann in die jeweilige Einstellung geschnitten werden soll. Erstellen Sie zum Schluss eine Liste mit allen Einstellungen, sortiert in Drehreihenfolge.

Auch für diese Übung können Sie das Drehbuch und den Floorplan als PDF herunterladen:

DOWNLOADLINK ZUM DREHBUCH DER ÜBUNG 2
» Heiko Rasche, 2016
» www.halem-verlag.de/szenische-aufloesung

Backstory der Charaktere

Der Entführer (Mitte 30):
Ein sehr kaltblütiger Mann, der in seinem Leben wenig Freude erfahren hat. Er selbst hat die Entführung nicht geplant. Er führt sie nur aus, egal wie viel vom Opfer danach noch übrig bleibt.

Anne (Ende 20):
Sie ist die Tochter eines einflussreichen Politikers, den die Entführer erpressen wollen. Mit ihrem Mut zum Risiko haben die Entführer nicht gerechnet.

Drehbuch zur Übung 2

1 HEIZUNGSRAUM **INNEN/NACHT**

Anne hockt an der Wand eines Heizungsraumes. Ihr Mund ist geknebelt, ihre Hände hinter dem Rücken mit einem Seil an einem Rohr festgebunden. Abgesehen von den Metallrohren, die aus dem Boden bis in die Decke ragen, gibt es nichts in diesem kahlen dunklen Raum, nicht einmal ein Fenster. Nur eine Stahltür kennt den Weg raus. Eine Neonlampe erleuchtet den Raum.
Der Entführer, ein großer Mann mit Skimaske übers Gesicht gezogen, kommt durch diese Tür mit einer kleinen Flasche Wasser und einer Pistole in der Hand. Er nimmt Anne den Knebel aus dem Mund.

ENTFÜHRER
Hier, trink das.

Er steckt ihr grob die Flasche in den Mund. Das Wasser läuft der Frau aus den Mundwinkel. Er hält ihr die Pistole vor's Gesicht, bis die Flasche leer ist.

ANNE

Bitte, lassen Sie mich gehen.

Routiniert steckt er ihr den Knebel wieder in den Mund. Ihre flehenden Worte verkommen zu herzergreifenden Geräuschen, bis der Mann den Raum verlässt. Nachdem die Türlaut scheppernd ins Schloss fällt, wird es still. Behutsam ertönt ein schabender Ton. Anne beginnt, ihre Seilfessel an einer scharfkantigen Halterung zu reiben, welche das Rohr mit der Wand fixiert. Das Seil reist auf, sie kommt frei, nimmt den Knebel aus dem Mund und schleicht Richtung Tür. Sie öffnet diese vorsichtig.

2 VORRAUM MIT FERNSEHER **INNEN/NACHT**

Durch den Spalt der Tür erkennen wir einen kleinen Vorraum. Unverputzte Wände und der Betonboden deuten auf ein Kellergewölbe hin. Seitlich führt ein Gang aus dem Raum hinaus. Alles hier wirkt irgendwie improvisiert. Der Entführer sitzt mit dem Rücken zu Anne entspannt auf einem Stuhl vor einem Fernseher, welcher auf einem mit Essen zugemüllten Klapptisch steht. Er schaut nicht wirklich in den Fernseher, sondern ist voll und ganz in das äußerliche Putzen seiner Waffe vertieft. Anne drückt die schwere Tür etwas weiter auf und schleicht in Richtung Gang. In der Glasscheibe des Fernsehers spiegelt sich die flüchtende Frau. Kurz bevor sie den Gang erreicht, knallt die Tür laut ins Schloss. Der Entführer schreckt auf. Anne rennt los.

ENTFÜHRER

HEY!

Er nimmt die Verfolgung auf.

3 KELLERGÄNGE **INNEN/NACHT**

Anne rennt panisch einen langen, schlecht beleuchteten Gang entlang. Links und rechts gehen zahllose Türen ab. Der Entführer läuft ein paar Meter hinterher, geht in die Hocke und schießt.

Die junge Frau fällt zu Boden. Ihr Peiniger richtet sich langsam auf, küsst seine Waffe und läuft siegessicher in ihre Richtung. Sein Opfer steht vor Schmerzen schreiend auf. Das Hosenbein färbt sich blutrot. Er hat ihren Oberschenkel durchschossen. Sie humpelt panisch um die Ecke.

Unter starken Schmerzen kämpft sich Anne an einer T-Kreuzung nach rechts. Der Mann erreicht die erste Ecke, doch sein Opfer ist schon außer Sichtweite. An der T-Kreuzung hält er kurz an und schaut auf den Boden. Bluttropfen verraten ihm den Weg nach rechts. Er wird schneller. Es folgt die nächste Kreuzung. An jeder Seite gehen mehrere Türen ab.

Nach einem bestätigenden Blick auf Boden prüft er ein paar Türen. Eine Türklinke ist mit etwas Blut verschmiert. Mit gezogener Waffe riskiert er einen Blick hinein.

4 KELLER **INNEN/NACHT**

Obwohl etwas Licht durch ein hoch gelegenes, kleines Fenster scheint, dominiert die Dunkelheit den Raum. Es stapeln sich Müll und alte Möbel neben überfüllten Regalen und Schränken.

Der Entführer betritt den Raum.

ENTFÜHRER
Was soll'n jetzt dieser Unsinn hier?

Überraschend zieht er ein Bettlaken hoch; Stühle kommen zum Vorschein. Er geht weiter. Im Halbdunkel entdeckt er weiter

```
hinten einen großen Metallschrank. Rote Flüssigkeit scheint
aus dem Schrank heraus gelaufen zu sein. Er zielt mit seiner
Waffe auf die Tür…

          ENTFÜHRER
          Damit machst du dir den Aufenthalt in
          unserem kleinen Hotel nur ungemütlicher.

…und reist sie schlagartig auf. Ein Farbeimer war vor langer
Zeit einmal umgefallen.
Hinter ihm türmt sich plötzlich Anne auf und erschlägt
ihn mit einer Metallstange. Ihr Peiniger fällt zu Boden, sie
schnappt sich die Waffe und humpelt hastig aus dem Raum.
```

Floorplan der Übung 2

Bis hierhin haben Sie in den Übungen die Szenen hauptsächlich nach Ihrer gewohnten Art aufgelöst. Dies bildet ein geeignetes Ausgangsmaterial, welches Sie von Kapitel zu Kapitel weiterentwickeln können. Am Ende des Buches werden wir uns dann konkret mit diesen Übungen auseinandersetzen, sodass Sie Ihre Arbeit mit meiner Auflösung direkt vergleichen können.

Hübsche Bilder mit der Kamera zu zaubern, ist ja schön und gut. Doch eine Kamera kann noch viel mehr. Wer genau weiß, was die Bilder im Kopf seiner Zuschauer auslösen, der kann auch gezielt deren Wirkung beeinflussen. Dazu schauen wir uns die menschliche Wahrnehmung mal genauer an.

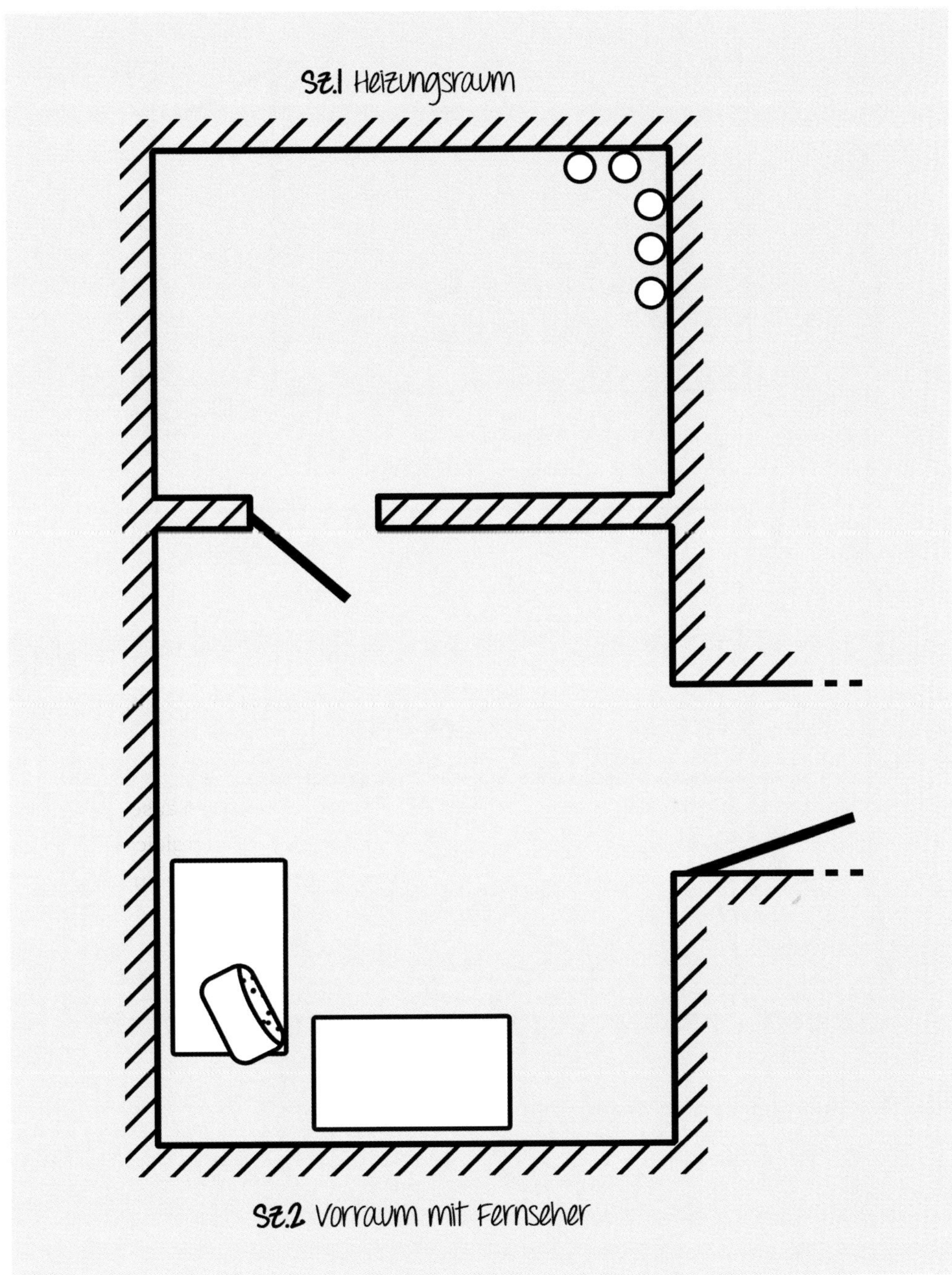

Abb. 16: Floorplan der ersten beiden Szenen aus Übung 2.

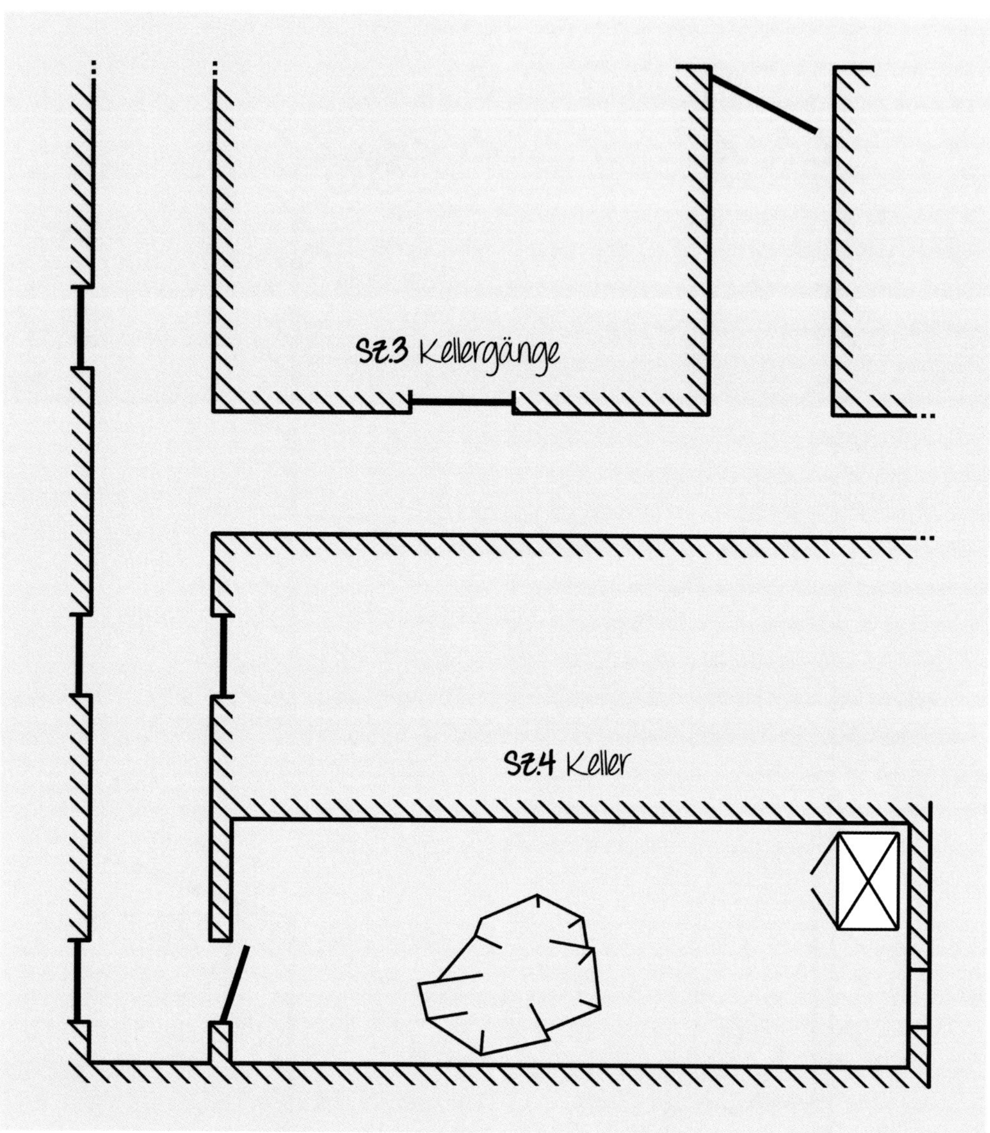

Abb. 17: Floorplan der letzten beiden Szenen aus Übung 2.

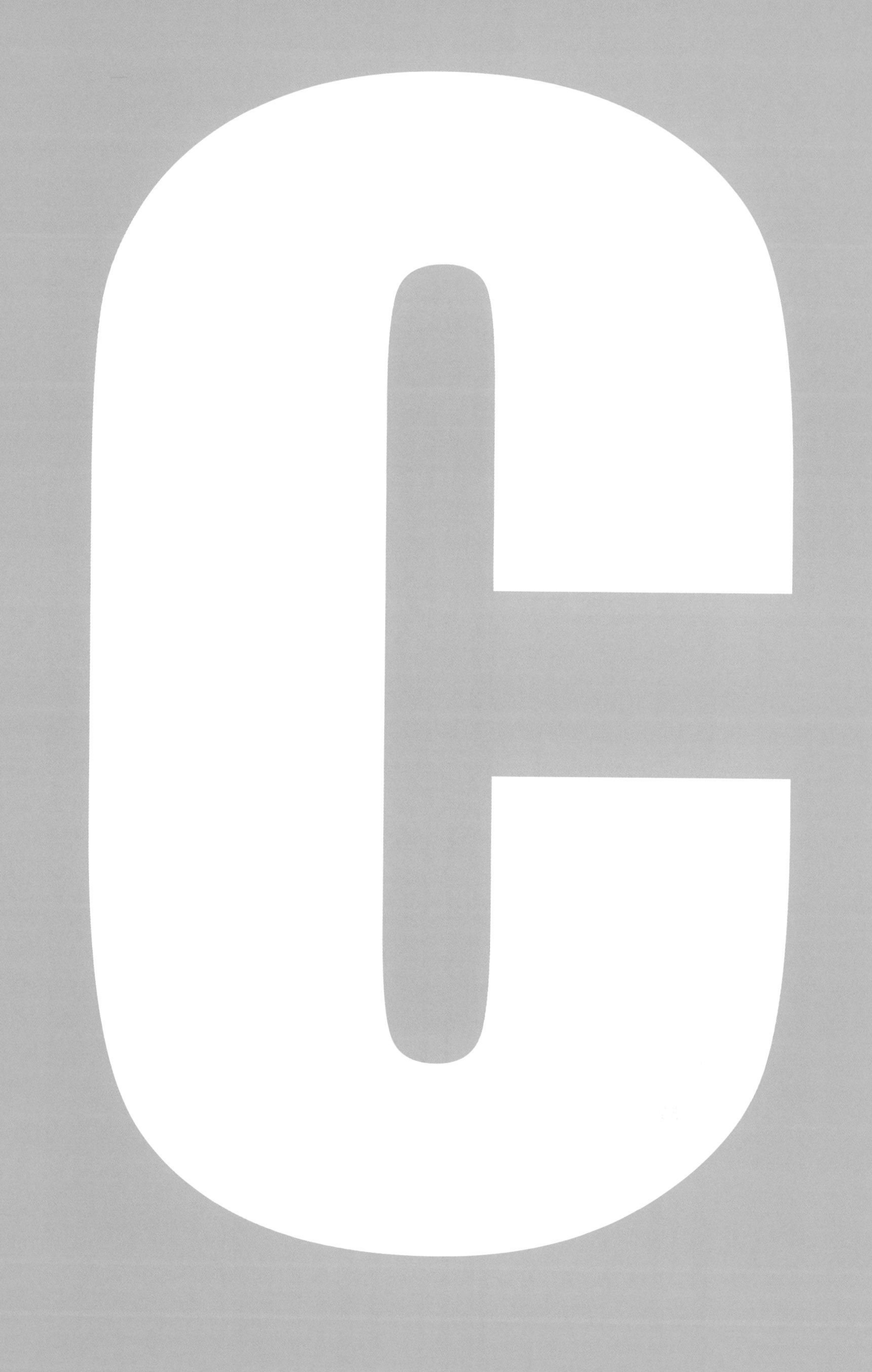

UNSERE WAHRNEHMUNG

So funktionieren wir

Filme werden üblicherweise entsprechend den zu erwartenden Emotionen in Genres eingeteilt: Freude erwartet den Zuschauer in Komödien, Angst in Horrorfilmen oder Herzschmerz in Liebesfilmen. Je intensiver die emotionale Erfahrung für den Zuschauer ist, desto stärker wird der Film zum Erlebnis. Entsprechend positiv fällt der Film auf. Deshalb ist es die Kür des Filmschaffenden, gezielt beim Zuschauer Emotionen zu erwecken. Jede Person reagiert jedoch anders auf gesehene Szenen – sei es durch individuelle, eigens gemachte Erfahrungen, durch persönliche Gewohnheiten, wie beispielsweise bei regelmäßigem Konsum von Szenen mit Gewaltdarstellung, oder schlicht aufgrund des eigenen Geschmacks. Es ist also nicht möglich, alle Menschen mit einem Film auf die gleiche Weise emotional zu berühren. Jeglicher Versuch ist zum Scheitern verurteilt.

Dennoch vereint uns Zuschauer ein kleinster gemeinsamer Nenner, egal welche Kultur uns geprägt hat: Wir sind Menschen – und dem menschlichen Körper wohnen gewisse Funktionsweisen inne, die sich in den letzten Jahrhunderten kaum geändert haben. Diese können wir uns als Filmschaffende zunutze machen. Das Fundament dazu bildet das Wissen darüber, wie wir Menschen Bilder wahrnehmen und verarbeiten.

C1 IMMERSION – DER FILM ALS ÜBERGANGSERLEBNIS

Nach den Computerspielen kann man Filme wohl als die komplexeste Kunstform bezeichnen, die es aktuell gibt, da sie Elemente aus allen anderen Kunstformen miteinander verbindet: Man bedient sich der Architektur, um Sets zu erschaffen, Musik wird extra für den Soundtrack komponiert, Maler erschaffen Artworks, Modedesigner kreieren Kostüme u.v.m. All diese involvierten Kunstformen haben dabei ein gemeinsames Ziel: Am Ende soll ein wundervoller Film entstehen, der dem Zuschauer die gewünschte, emotionale Erfahrung bietet.

Ein tolles Filmerlebnis kann dabei tief in das Unterbewusstsein des Menschen eindringen und Spuren hinterlassen. Kurzzeitig können wir in eine andere Welt eintauchen und unsere eigene vergessen. Dirk Blothner spricht diesbezüglich in seinem Buch *Erlebniswelt Kino* von einer „Sphäre zwischen Leben und Traum" und bezeichnet diese als eine Art „Übergangserlebnis" (Blothner 1999: 164). Sobald der Konsument die ihm vorgesetzte Welt, beispielsweise im Kino oder bei einem Computerspiel, für eine gewisse Zeit als die reale Welt akzeptiert und die eigentliche Realität hintenanstellt, spricht man von einer Immersion.

Ähnlich wie ein Traum kommen die dargestellten Erlebnisse unseren Empfindungen sehr nahe, ohne wirklich die eigenen Erlebnisse zu sein. Gerade bei Filmen mit extremer Gewaltdarstellung und Pornografie schlagen aus diesem Grund Zensurinstitutionen regelmäßig Alarm. Ebenso verhält es sich mit Propaganda, denn während die Filmbilder auf uns einwirken und wir dabei unser aktives Bewusstsein abschalten, wird auch unser Urteilsvermögen geschwächt. Das macht uns für Botschaften jeglicher Art empfänglicher.

Diese Nähe der filmischen Welt zum eigenen Leben und den eigenen Träumen lässt uns auch an Erfahrungen teilhaben, die im normalen Alltag ausbleiben. Der Wunsch nach Unterhaltung jedes Einzelnen baut darauf auf. Damit diese Art der Bedürfnisbefriedigung nicht irgendwann zur Gewohnheit verkommt, wollen wir immer wieder Neues sehen und überrascht werden. Entsprechend ist die Industrie ständig gefordert, sich neue Techniken und Geschichten einfallen zu lassen, damit wir nicht der enttäuschenden Erfahrung des Hab-ich-schon-mal-irgendwo-Gesehen erliegen. Werden die Bedürfnisse der Zuschauer nicht erfüllt, sinkt deren Aufmerksamkeit. Sie distanzieren sich vom Film und gehen im schlimmsten Fall als Zuschauer verloren.

C2 KINO VS. FERNSEHEN VS. MOBILE ENDGERÄTE

In unserer modernen Zeit hat man viele Möglichkeiten, einen Film zu genießen. Jede Auswertungsform, sei es Kino, TV oder mobile Endgeräte, stellt an den Filmschaffenden unterschiedliche Herausforderungen. Entsprechend von Vorteil ist es für die Auflösung, wenn man bereits die finalen Auswertungsformen kennt. Filme, die im Kino klasse wirken, können auf einem Handydisplay als unübersichtliches Chaos den Zuschauer enttäuschen.

Kino:
Der Kinosaal bietet im Vergleich zu den anderen Auswertungsformen die wohl idealsten Voraussetzungen, um einen Film als Übergangserlebnis zwischen Traum und Wirklichkeit zu erleben. Die Leinwand ist groß genug, um je nach Sitzposition den Hauptteil des Blickfelds auszufüllen. Die Kameraeinstellungen entsprechen dadurch nahezu dem eigenen Blick. Der Saal ist abgedunkelt, damit uns abgesehen vom projizierten Film keine anderen Seheindrücke stören. Eine Vielzahl von Lautsprechern simuliert ein realistisches Hörerlebnis von allen Seiten. Gleichzeitig sind jegliche Gespräche im Kinosaal verpönt. Die Sitze sind oft gut gepolstert, damit die Zuschauer auch einen *Herr der Ringe*-Marathon schmerzfrei genießen können. Dank dieser wunderbaren Faktoren ist es für uns Filmemacher vergleichsweise einfach, bei unseren Zuschauern eine Immersion zu erzeugen. Hinzu kommt, dass die Zuschauer nicht sofort umschalten können, wenn ihnen eine Passage des Filmes nicht so gefallen sollte. Dadurch können Filme im Kino mehr wagen als TV-Filme. Kinogänger entscheiden sich bewusst für den Genuss eines Filmes ohne jegliche Ablenkung oder Nebentätigkeit.

Obwohl von den Zuschauern die Seherfahrung eines Filmes im Kino oft als besonders toll empfunden wird, gingen die Deutschen 2013 laut der von der FFA herausgebrachten Studie im Schnitt gerade einmal 1,6 Mal ins Kino. Das sind nicht einmal zwei Kinofilme pro Jahr. Im Vergleich zu anderen Ländern sind wir damit wohl eher Kinomuffel. Isländer beispielsweise lieben das Kino. 2013 führte die Insel mit durchschnittlich 4,8 Besuchen pro Einwohner die Weltrangliste der Kinobesucher an. Die Amerikaner folgten mit 4,7 und Südkorea mit 4,6. Für 2016 sieht die Statistik für Deutschland sogar noch schlechter aus: Mittlerweile werden hierzulande nur noch 1,4 Tickets pro Einwohner gelöst. Wenn Sie also in Deutschland einen Film in die Kinos bringen möchten, müssen Sie und Ihre Geldgeber davon überzeugt sein, dass der durchschnittliche Deutsche bereit sein wird, eines seiner 1,4 Kinotickets für Ihren Film zu lösen. Wenn Sie davon nicht überzeugt sein sollten, lassen Sie es lieber.

Fernseher:
In einer Zahl ausgedrückt lief der Fernseher in deutschen Haushalten 2015 durchschnittlich 223 Minuten pro Tag. Auch hier offenbart sich der Germane als Gewohnheitstier, denn auch diese Zahl stagniert seit 2010. Darin ist die Nutzung von Smart-TV-Anwendungen jenseits des linearen Fernsehens nicht mit einberechnet. Diese sind auch nach wie vor noch nicht so signifikant, wie man gemeinhin glaubt. Laut den 2016 von der Gfk veröffentlichten Zahlen besitzen 40 Prozent der deutschen Haushalte einen Smart-TV. Allerdings nutzen gerade einmal 22 Prozent der Haushalte diesen für Internetdienste wie VoD-Angebote.

Das Fernsehgerät wird also nach wie vor hauptsächlich für den Konsum von linearem, klassischem Fernsehprogramm genutzt. Allerdings wenden sich die Zuschauer immer häufiger parallel auch anderen Dingen zu. Laut der von der Seven One Media GmbH 2015 beauftragten Studie gaben die befragten 14- bis 49-Jährigen an, was sie parallel zum Fernsehen noch so tun: 74 Prozent telefonieren zumindest ab und zu (14 % tun das häufig). 69 Prozent erledigen den Haushalt, während der Fernseher läuft (31 % davon sind häufig auf diese Art fleißig). Außerdem surfen 60 Prozent der Teilnehmer gern im Internet (wobei 33 % davon das Internet sehr häufig parallel zum TV nutzen). Der Fernseher verkommt also leider sehr oft zu einem Nebenbeimedium. Das hört man als Film- und Fernsehschaffender sicherlich nicht gern, müssen wir aber als normal akzeptieren und entsprechend reagieren. Komplexe Handlungsstränge, mit vielen Einstellungen, straff geschnitten, könnten die Nerven eines vom Arbeitstag gestressten Zuschauers, der nebenbei die Wäsche noch erledigen muss, überstrapazieren.

Er ist von einem für ihn angenehmeren Unterhaltungsprogramm nur einen Tastendruck entfernt.

Im Vergleich zum Kino ist es für uns Macher um einiges schwieriger, die Zuschauer in einen Zustand der Immersion zu versetzen, wenn unsere Produkte auf einem Fernseher geschaut werden. Abgesehen von Home-Cinema-Anlagen liegt es in der Natur des Fernsehers, dass der Bildschirm im Vergleich zur Kinoleinwand verhältnismäßig klein ist und wenig Platz im Blickfeld des Betrachters einnimmt, trotz geringerem Betrachtungsabstand. Der Zuschauer vor dem Fernseher kann durch diverse einstreuende Reize schneller abgelenkt werden. Beispielsweise wird selten das Licht im Raum so abgedunkelt wie im Kino, und nicht jeder besitzt eine 5.1-Soundanlage. Wäre das aus Sicht des Filmschaffenden nicht schon schlecht genug, wird das Kunstwerk auch noch regelmäßig an den spannendsten Stellen, auf die die Produktion intensiv mit allen Mittel hingearbeitet hat, durch Werbung unterbrochen. 2008 klagten in Schweden zwei Regisseure gegen einen Fernsehsender, da dieser die hart erarbeitete Spannung durch Werbung vernichtete. Sie gewannen den Prozess. Trotzdem wird das wohl eher die Ausnahme bleiben, denn als Folge dieses Prozesses müssen nun Regisseure in ihrem Vertrag schriftlich der Unterbrechung ihrer Werke durch Werbung zustimmen – aus kunstlerischer Sicht der K.-o.-Schlag für die Immersion.

Das Fernsehen bietet uns also ein sehr breites Spektrum von Zuschauern – angefangen bei Genießern, die Filme ausleihen oder streamen, bis hin zu den Nebenbeikonsumenten von Produkten mit Werbeunterbrechung.

Mobile Endgeräte:

Laut der Mobile Activity Trends Studie von 2016 schaut jeder Zweite auf seinem Smartphone oder Tablet auch Bewegtbildinhalte an. Dieser hohe Anteil ist an sich sehr erfreulich, doch die Chance, dem Zuschauer ein immersives Erlebnis zu bieten, ist bei diesen Geräten kaum noch möglich. Der Bildschirm ist noch kleiner und die Musik ertönt nur aus kleinen, miserabel klingenden Lautsprechern oder Kopfhörern. Besonders Smartphones werden vom Konsumenten gern unterwegs auf längeren Reisen oder auch nebenbei während einer Fahrt in U-Bahn, Bus oder Ähnlichem eingesetzt. Das trägt wiederum stark zu Ablenkungen und Unterbrechungen des Sehvergnügens bei. Außerdem strengt der kurze Betrachtungsabstand zum Gerät auf Dauer die Augen an. Als kleines

Trostpflaster bleibt für uns, dass der 3D-Trend sich auch auf diesen Geräten ausbreitet. Mittlerweile sind die ersten Produkte auf dem Markt, die Bilder ohne Brille dreidimensional darstellen können. Dies wird die eher geringe Möglichkeit zur Immersion etwas verbessern.

Trotz der schlechten Möglichkeit der Immersion bieten diese Geräte auch Vorteile für uns auf der Macherseite: Der kleine Bildschirm lässt schnelle Kamerabewegungen leichter verschmerzen. Im Gegensatz zum Kino ist keine Kopfbewegung notwendig, um alles zu erkennen. Handkameraaufnahmen stellen hier kein Problem dar. Zudem können Produktionskosten gespart werden. Schließlich wäre es unnötig, ein Projekt in 4k-Auflösung zu drehen, welches für den Konsum über ein solch kleines Display konzipiert ist. Ein weiterer, nicht zu unterschätzender Vorteil ist der Ich-zeig'-dir-mal-was-Faktor. Anders als bei den weitverbreiteten Offline-TV-Geräten kann man mit mobilen Endgeräten Freunden schnell und unkompliziert Bewegtbildinhalte empfehlen und diese abrufen. Aus diesen Gründen bieten mobile Endgeräte eine großartige Plattform für Produktionen mit sehr kurzer Spiellänge, wie beispielsweise Musikvideos, YouTube-Clips oder Kurzfilme.

Die Wahl der Auswertungsform hat Auswirkungen auf die Auflösung: Jede Form bietet nicht nur unterschiedlich stark die Möglichkeit zur Immersion, sondern fördert oder behindert auch die Aufnahme von Informationen durch die Augen und Ohren des Zuschauers. Als Regel gilt:

Je mehr Platz das gezeigte Bild im Blickfeld des Betrachters einnimmt, desto länger braucht dieser, um es komplett erfassen zu können. Dafür erhöht sich die Chance zur Immersion.

Auf kleinen Displays kann man größere Bereiche des Bildes auf einen Blick erfassen. Informationen am Bildrand werden schnell erkannt. Dementsprechend können hierbei Kamerapositionen gewählt werden, die das gesamte Filmbild zur Übermittlung von Informationen ausnutzen. Auf einer großen Kinoleinwand lassen sich zwar auch wichtige Informationen am Bildrand erzählen, doch braucht der Zuschauer länger, um diese zu bemerken und noch länger, um diese komplett zu erfassen. Der Grund liegt in der Art und Weise, wie wir Mensch Informationen aufnehmen.

C3 MIT DEN AUGEN DES PUBLIKUMS SEHEN

Um ein Kopfkino bei unseren Zuschauern erzeugen zu können, müssen wir darauf Einfluss nehmen, wie und welche Bildinformationen in die Köpfe hineinkommen. Dabei sind wir von den Möglichkeiten abhängig, die uns unser Körper zur Verfügung stellt.

Obwohl die Kinoleinwand je nach Sitzposition das gesamte Blickfeld des Zuschauers einnehmen kann, sieht dieser nicht alle Bildanteile gleich gut. Das von der Leinwand reflektierte Licht trifft auf die Netzhaut auf. Diese ist bestückt mit einer Vielzahl von Rezeptoren. Man unterscheidet dabei zwischen rot-, grün- oder blauempfindlichen Zapfen und helligkeitsempfindlichen Stäbchen. Diese Rezeptoren kann man sich wie die lichtempfindlichen Pixel auf einem Kamerachip vorstellen. Jedoch sind sie nicht so gleichmäßig auf der Netzhaut angeordnet wie die Pixel eines Kamerachips. Im Bereich der Fovea ist die Konzentration von Rezeptoren am größten. Bildanteile, die in diesem Bereich auf die Netzhaut treffen, sehen wir scharf. Je weiter man sich von diesem Bereich der Netzhaut entfernt, desto großflächiger verteilen sich die Rezeptoren. Deshalb sehen wir am Rand unseres Blickfeldes unscharf und ungenau. Hinzu kommt noch, dass die Rezeptoren nicht einfach nur das Auftreffen von Lichtinformationen an den Sehnerv weiterleiten, sondern hauptsächlich die Veränderung von Lichtinformationen übermitteln, wie der Wissenschaftler Dr. Gunnar Johansson in einem Experiment nachweisen konnte. Dazu fixierte er eine Lichtquelle auf eine Kontaktlinse. So erhielt die Netzhaut stets die gleiche Lichtinformation, selbst wenn sich das Auge bewegte. Nach kurzer Zeit wurde das Licht als schwächer wahrgenommen, bis es schließlich scheinbar verschwand.

Das bedeutet im Umkehrschluss, dass ein Rezeptor nach kurzer Zeit Schwarz (also keine Lichtinformation) als Signal weiterleitet, wenn keine Veränderung auf der Netzhaut registriert wird. Warum sehen wir aber dennoch einen Gegenstand, wenn wir ihn mit den Augen fixieren und uns nicht bewegen? Der Grund dafür liegt in den sakkadischen Augenbewegungen.

Diese sind ein wichtiger Bestandteil unserer visuellen Wahrnehmung und wirken sich deshalb auch auf den Schnitt und die szenische Auflösung aus.

Sakkaden

Wir sehen nur die Bereiche in unserer Umgebung scharf, deren Licht in der Region der Fovea auf unsere Netzhaut trifft. Damit wir dennoch ein ganzes Objekt scharf erkennen können, springt das Auge minimal hin und her, um es abzutasten. Diese sprunghaften Bewegungen werden Sakkaden genannt. Dadurch wird zugleich automatisch verhindert, dass wie oben beschrieben keine Lichtveränderung mehr wahrgenommen wird. Die Dauer einer Sakkade liegt zwischen 20 und 100 Millisekunden. Während der Bewegung werden Experimenten zufolge gerade noch 10 Prozent der Lichtinformationen übertragen. Das glauben Sie nicht? Dann probieren Sie folgendes Experiment aus:

Stellen Sie sich vor einen Spiegel und betrachten Sie ein Auge. Wechseln sie nun schnell zwischen ihren Augen hin und her. Sie werden höchstens eine ganz kleine Bewegung entdecken. Filmen Sie sich dabei und Sie werden stattdessen auf der Aufnahme sehr umfangreiche Augenbewegungen feststellen können.

Stellen Sie sich nun vor, wie Sie im Kino vor einer großen Leinwand sitzen und in vielen Bereichen des Bildes passiert etwas. Jede kleinste Augenbewegung, die geschieht, um ein Objekt abzutasten oder um zu einem anderen Bereich im Bild zu springen, kostet Ihrer Wahrnehmung, je nachdem wie weit der Blick wandert, ungefähr ein Filmbild. Zwischen jeder Sakkade vergeht eine Zeit von durchschnittlich 200 bis 600 Millisekunden, da die neu fokussierte Bildinformation auch im Gehirn wahrgenommen werden muss und es eine Latenzzeit gibt. Das ist die Dauer zwischen Reiz und Start einer Sakkade. Bei einem eigenen Versuch brauchte ich durchschnittlich 4 Sekunden bzw. 14 Sakkaden, bis ich ein unbekanntes Bild einer Halbtotale mit vielen, unterschiedlichen Elementen im Bild erfassen konnte. Für die Betrachtung eines Fernsehbildes, das ca. ein Viertel des Blickfeldes einnimmt, halbiert sich die Anzahl der Sakkaden meinen Stichproben nach. Wenn ich meine Zahlen mit denen der Wissenschaftler vergleiche, liege ich wie erwartet zwischen den 3 und 9,8 Sekunden, die man für ein unbekanntes Bild mit 14 Sakkaden zur Erfassung braucht.

Im Übrigen erhöht sich die Zeit in 3D-Filmen noch. Untersuchungen haben gezeigt, dass die Zuschauer in einer Einstellung stets den Vordergrund zuerst nach wichtigen Informationen absuchen. Befindet sich der *Protagonist** allerdings weiter hinten im Bild, wie beispielsweise bei einer *Over-the-shoulder-Einstellung**, brauchen die Augen eine gewisse Zeit, um die Tiefe des Raumes zu fokussieren und den *Protagonisten** einzuordnen. Dadurch erhöht sich die Zeit, bis die Einstellung komplett wahrgenommen wurde, um 0,5 bis 2 Sekunden. Knapp 10 Sekunden für eine Halbtotale? Bestimmt sind Sie etwas skeptisch, was diese Zahlen angeht. Das ist auch angebracht, denn unser Gehirn bedient sich eines Tricks, um die Wahrnehmung etwas zu beschleunigen.

Wir sehen, was wir zu sehen erwarten

Das Gehirn erhält nahezu permanent Bildinformationen und muss diese verarbeiten. Um diese Informationsflut schneller zu verwerten, vergleicht es das eben Gesehene mit bereits gespeicherten „Erfahrungsmustern, von denen ein passendes ausgewählt und uns vom Gehirn als Wahrnehmung präsentiert wird", so A. H. Müller (2003: 188). Es muss also nicht jede gezeigte Einstellung im Film von den Augen des Zuschauers komplett abgetastet werden. Das Gehirn hilft mit seinen gespeicherten Erfahrungen und Informationen nach. Noch dazu reicht die bloße Erwartung bestimmter Informationen aus, um die Wahrnehmung zu beschleunigen. Sind jedoch keine vergleichbaren Informationen vorhanden oder wird die Erwartung nicht bestätigt, werden neue Informationen gespeichert. Dieser Vorgang dauert dann entsprechend länger. Das ist auch der Grund, weshalb wir immer kurz Zeit zur Orientierung benötigen, wenn wir einen unbekannten Raum betreten.

Das ist einer der Gründe für sogenannte ‚*Establishing-Shots*'*. Sie zeigen den Handlungsort meist in einer Totalen und werden ein wenig länger gezeigt, um dem Zuschauer die Möglichkeit zu geben, sich im *filmischen Raum** zu orientieren.

Da wir also ständig im Austausch mit unseren Erfahrungen sind, kommt A. H. Müller (ebd.) zu dem Schluss: „Wir sehen, was wir zu sehen

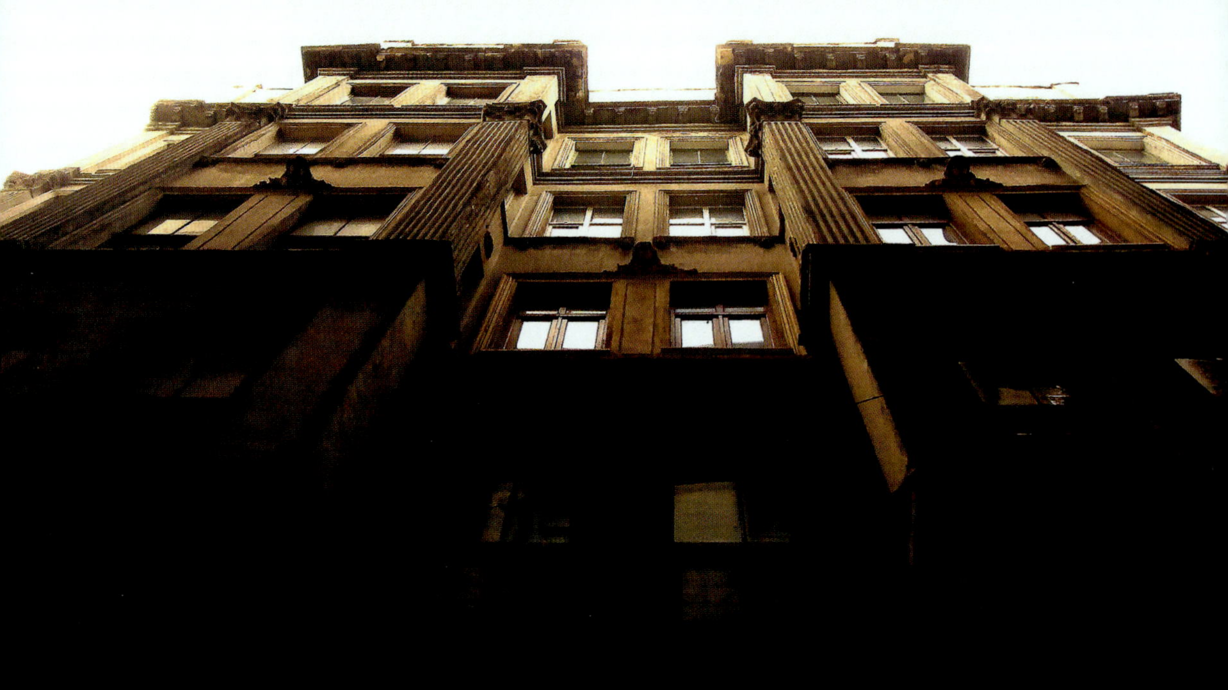

Abb. 18: Die Trapezform des Hauses wird im realen Leben als rechteckig empfunden.

erwarten." Ein Beispiel macht es deutlich: Stellen wir uns vor, wir gehen eine Straße entlang, vorbei an Hochhäusern. Wenn wir nach oben schauen, sehen wir die Hochhäuser als schiefe Trapeze, nehmen sie aber trotzdem als rechteckig wahr, weil wir wissen, dass die Fenster rechteckig sind und das Gebäude senkrecht auf dem Boden steht. Außerdem erhält das Gehirn zusätzlich die Information: Kopf schaut nach oben. Legen wir uns mit dem Rücken auf die Straße, werden uns die Trapeze viel schneller bewusst, da wir den Kopf gerade halten. So verhält es sich auch, wenn Sie die Abbildung 18 betrachten.

Dieser Effekt tritt ebenfalls auf, während wir einen Film schauen. Wir erkennen die Trapeze schneller, obwohl wir wissen, dass der Blick der Kamera nach oben gerichtet ist. Aus diesem Grund wirken schiefe Perspektiven im Film viel bestürzender als in der Wirklichkeit. Zusammenfassend lässt sich sagen:

Je mehr Informationen in einer Aufnahme dem Betrachter vorher bekannt sind, desto schneller kann er ein Bild erfassen.

C4 WAHRNEHMUNG SICH BEWEGENDER OBJEKTE

Wenn man jegliche Augenbewegungen einschließlich der Sakkaden außer Acht lässt, nehmen wir eine Bewegung nur dadurch wahr, dass sich das Licht von einem Rezeptor auf der Netzhaut zum nächsten bewegt. Passiert dies großflächig auf der Netzhaut, registrieren wir statt der Bewegung eines Objektes unsere Fortbewegung im Raum.

Halten sich bewegte und unbewegte Flächen im Sichtfeld etwa die Waage, kann das Gehirn nicht mehr unterscheiden, ob sich das Objekt bewegt oder wir uns bewegen. Dieser Effekt tritt zum Beispiel auf, wenn wir von einer Brücke aus auf einen Brückenpfeiler im Wasser schauen. Das Bild ähnelt dann stark dem Eindruck, als würde man sich auf einem Schiff befinden, welches durchs Wasser fährt. Auch tritt dieser Effekt auf, wenn zwei Züge nebeneinander im Bahnhof stehen. Fährt der benachbarte Zug los, während man im stehenden Zug aus dem Fenster schaut, kann man das Gefühl bekommen, dass sich stattdessen der eigene Zug bewegt.

Genauso verhält es sich auch auf der Leinwand im Kino, sobald sich die Bildanteile mit einer Eigenbewegung in der Waage halten mit den Bildanteilen, die sich durch die Kamerabewegung verschieben. Außerdem fehlen dem Zuschauer Indikatoren wie Muskelkontraktionen, Gewichtsverlagerung oder Fahrtwind, um zu erkennen, ob er bzw. die Kamera sich bewegt oder der betrachtete, vorbeifahrende Zug. Soll der Zuschauer in diesem Fall eine eigene Bewegung repräsentiert durch eine Kamerabewegung erkennen, muss eine Einstellungsgröße gewählt werden, in der sich mehr Bildanteile durch die Bewegung der Kamera verändern als durch die Bewegung des vorbeifahrenden Zuges. Oder allgemein ausgedrückt:

Die Bewegung, die der Zuschauer bemerken soll, muss auch die meisten Bildanteile bewegen.

Bewegung erregt im Allgemeinen viel schneller unsere Aufmerksamkeit als statische Objekte. Nehmen wir ein sich bewegendes Objekt am Rande des Sichtbereiches wahr, richten wir reflexartig unser Auge darauf, für mindestens eine Sakkade. Vor einer Leinwand, die das gesamte Blickfeld des Betrachters einnimmt, muss dieser im Gegensatz zum Fernseher große Augenbewegungen vollführen, um das gesamte Bild abzutasten, oder um auf Bewegungen im Blickfeld reagieren zu können. Entsprechend häufig und weit müssen sich seine Augen bewegen. Dies wirkt auf Dauer ermüdend. Zudem findet bekanntlich zwischen den Sakkaden fast keine Informationsaufnahme statt. Der Zuschauer im Kino kann also im gleichen Zeitraum weniger Bildinformationen empfangen, als der Fernsehzuschauer, da er mehr Sakkaden braucht, um das gesamte Bild zu erfassen. Dieser Effekt macht sich vor allem bei intensiven Kamerabewegungen wie z.B. bei Handkameraaufnahmen und schnellen Schnitten bemerkbar. Gerade auf großen Leinwänden sollten also Bewegungen lieber dezent und bewusst genutzt werden, da dieses Mehr an Sakkaden dem Zuschauer entsprechend mehr Kraft kostet, um ein hektisches Gewackel zu erfassen. Junges Publikum kann da gut mithalten. Mit höherem Alter kommt man jedoch ganz schön geschafft aus dem Kino. Das trübt entsprechend den Filmgenuss. Dafür lassen sich damit wieder billig gebaute Sets, Kostüme und Make-up kaschieren, da ja in der kurzen Zeit nicht alles im Bild mit Sakkaden abgetastet werden kann. Wie oben erwähnt lässt sich das noch steigern, indem man den filmischen Raum nicht via *Establishing-Shots** einführt.

C5 WAHRNEHMUNG VON RAUMTIEFE

Unser Gehirn nutzt eine ganze Menge von Informationen, um die räumliche Tiefe und die damit verbundene Anordnung von Objekten im Raum zu erfassen. Mit diesen Faktoren können wir Filmemacher wunderbar spielen, um gezielt Raumtiefe zu erzeugen, oder Bilder absichtlich flach wirken zu lassen. Weil die Faktoren einen so hohen Einfluss auf die Wahrnehmung unserer Zuschauer haben, sind sie ein nicht zu unterschätzendes Hilfsmittel im Werkzeugkasten der szenischen Auflösung:

Werkzeug 2: Die Faktoren zur Darstellung von Raumtiefe

- Verdeckung/Überlagerung
- Licht und Schatten
- Farbtemperatur und Verblassung
- diagonale Fluchtlinien
- relative Größe
- Strukturen
- Erfahrung
- Parallaxe

Eine Manipulation dieser Faktoren verändert die Wirkung des Raumes. Damit lässt sich beispielsweise eine neue Erzählebene etablieren oder ein bestimmter Stil für den Film festlegen.

Wie sich diese Faktoren genau auf die wahrgenommene Tiefe eines Raumes auswirken, lässt sich am besten erklären, wenn gewisse Elemente zur Tiefenwahrnehmung im Bild fehlen, wie beispielsweise in dem expressionistischen Gemälde von August Macke.

Wir sehen auf dem Gemälde vier, in der Tiefe gestaffelt angeordnete Mädchen. Die vorderen verdecken zum Teil die hinteren. Die Überschneidung und Verdeckung gibt uns eine Ahnung davon, wie die Mädchen

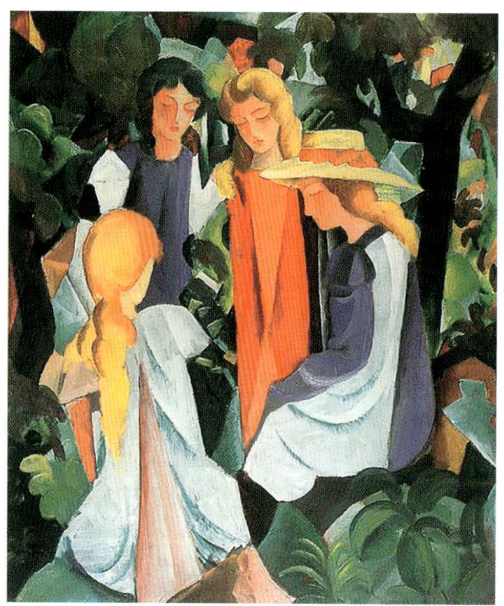

Abb. 19: Vier Mädchen im Park von August Macke.

im Raum platziert sind. Derartige Überschneidungen können natürlich nur eine Tiefe vermitteln, die der Ausdehnung des verdeckenden Objektes entspricht. In diesem Fall also der räumlichen Ausdehnung eines Mädchens. Wir können aber keine Aussage darüber machen, ob z.B. die beiden hinteren Mädchen auf gleicher Höhe stehen oder sich eine weiter hinten befindet, dafür aber etwas größer gewachsen ist. Dass uns das Mädchen links unten am nächsten steht, erkennen wir nur durch die Beschaffenheit des Baumes, auf welchem die beiden vorderen Mädchen sitzen. Deckt man den Teil des Baumes ab, auf dem sie sitzen, könnte sich das Mädchen mit dem Hut auf gleicher Ebene befinden wie das rotblonde Mädchen links unten.

Diesen Effekt können wir uns im Film sehr gut zunutze machen, indem die Schauspieler Objekte im Hintergrund teilweise verdecken oder selbst von Objekten im Vordergrund zum kleinen Teil verdeckt werden. Die Tiefenwirkung steigert sich dadurch enorm. Übrigens: für die Anordnung von Personen und Objekten im Bild, um mehr Räumlichkeit zu erzielen, gibt es im englischen Sprachraum den Begriff *deep staging*.

Gerade in expressionistischen Werken fehlen oft Lichtquellen und Schatten, die uns Dreidimensionalität und damit räumliche Tiefe suggerieren. Besonders die Schatten geben dabei Hinweise über die räumliche Ausdehnung von Objekten. Zudem helfen auch Lichtkanten, sogenannte ‚Spitzlichter', bei der Tiefenwahrnehmung. Dies wird vor allem in der Schwarz-Weiß-Fotografie deutlich: Dort hat der Betrachter nicht die Farbe als Anhaltspunkt für die Tiefe und muss sich daher mehr auf Licht und Schatten verlassen.

In der Farbfotografie hilft uns beispielsweise die Farbtemperatur bei der Raumwahrnehmung. Warme Farbtöne wirken zu uns näher positioniert als kalte Farbtöne. Dabei spielt die natürliche Verblassung von weit entfernten Objekten eine wichtige Rolle: Wir sind es gewohnt, dass sehr weit entfernte Objekte blasser und bläulicher wirken. Dieser Effekt wird durch die Partikel in der Luft hervorgerufen.

Ein weiteres Indiz für Tiefe liegt in der Linienführung. Bilder mit überwiegend waagerechter und senkrechter Linienführung wirken flach und undramatisch. Schräge Linien dagegen geben einen Eindruck von Tiefe. Durch unser räumliches Sehen sind wir es gewohnt, dass Fluchtlinien – also Linien, die auf uns zu bzw. von uns weg zeigen, auch ‚Flucht' genannt – sich am Horizont in sogenannten ‚Fluchtpunkten' treffen.

Man sollte es also vermeiden, im Film frontal gegen Wände zu filmen, da dadurch keine Fluchtlinien zu sehen sind. Es wird so kaum Tiefe vermittelt. Das Bild wirkt eher langweilig und träge. Besser ist es, sich etwas schräg zu den Kanten von Möbeln und Wänden zu positionieren, damit diese diagonal durch das Bild wandern und so Tiefe vermitteln. Dieser Effekt verstärkt sich, je mehr Fluchtpunkte direkt im Bild zu sehen sind. Durch solche markanten Linien kann man den Blick des Betrachters führen und die Aufmerksamkeit auf bestimmte Bildinhalte lenken, beispielsweise indem eine Person vor dem Fluchtpunkt positioniert wird oder Linien den Blick um ein Objekt herumführen.

Auch die relative Größe hilft bei der Verortung von Objekten im Raum. Sie wird häufig für optische Täuschungen genutzt: Je größer ein Objekt ist, bzw. je mehr Platz es im Sichtfeld einnimmt, desto dichter befindet es sich scheinbar vor uns. Aus diesem Grund fühlen wir uns bei Aufnahmen mit Teleobjektiven auch näher an die abgefilmte Person herangezogen.

Wiederholen sich Objekte im Blickfeld oder Texturen auf einem Objekt, so ergibt sich eine regelmäßige Struktur. Der Abstand zwischen diesen Wiederholungen innerhalb der Struktur hilft uns, die Raumtiefe einzuschätzen. Solche Strukturen finden sich vielfach in unserer Umgebung. Denken Sie zum Beispiel an die Gitterstruktur von Fliesen an der Wand oder von Pflastersteinen auf dem Boden, oder an parkende Autos auf einem vollen Parkplatz.

Je älter wir sind, desto stärker greift das Gehirn auf seine Erfahrungen zurück. Beispielsweise wissen wir aus Erfahrung, dass der Mond sehr weit weg sein muss, da wir in unserem Leben nie gesehen haben, dass dieser sich einmal vor einem Objekt befunden hat, abgesehen vielleicht von der Sonne. Optische Täuschungen nutzen solche Gewohnheiten gern aus.

Die Parallaxe ist ein sehr wichtiger Faktor zur Raumwahrnehmung und wird besonders bei 3D-Filmen genutzt. Normalerweise betrachten wir ein

Objekt gleichzeitig mit unseren beiden Augen. Wenn wir eine Sichtachse von jedem Auge aus auf den fokussierten Punkt ziehen, bilden diese Achsen einen Winkel. Dies ist der parallaktische Winkel. Objekte vor und hinter dem fokussierten Punkt weichen nun für jedes Auge von ihrer eigentlichen Position ab. Man kann dies sehr schön mit Hilfe des Daumensprung-Experimentes selbst erfahren:

Während Sie diese Zeilen lesen, haben Ihre Augen die Buchstaben scharf gestellt. Bleiben Sie mit Ihren Augen auf die Schrift fokussiert und bewegen nun Ihren Daumen in das Blickfeld zwischen Augen und Buch hinein. Wenn Sie daraufhin abwechselnd eines Ihrer Augen schließen, während Sie weiterhin die Buchstaben fixieren, springt der Daumen scheinbar hin und her. Der Abstand zwischen den beiden Positionen des Daumens nennt man ‚*Disparität*'*. Dieses Wissen wird im Kapitel zu 3D wichtig werden.

Leider wird in der Literatur immer wieder der allgemeine Begriff ‚Parallaxe' auch für einen Zusammenhang benutzt, der als ‚Bewegungsparallaxe' zu bezeichnen ist. Darin liegt ein nicht zu unterschätzender Unterschied. Die Namensverwechslung sorgt hier immer wieder für Verwirrung. Bewegungsparallaxe entsteht, wenn wir selbst unsere Position verändern. Aufgrund unserer eigenen Bewegung scheinen sich Objekte im Raum unterschiedlich schnell in unserem Blickfeld zu bewegen, je nachdem, wie weit entfernt sie sich von uns befinden. Diesen Effekt kennt jeder, der während einer Autofahrt aus dem Fenster schaut: Uns sehr nahe befindliche Objekte bewegen sich entsprechend schnell durch unser Blickfeld, während weiter entfernte Objekte nur langsam ihre Position verändern. Am Horizont ist keine Bewegung mehr wahrnehmbar.

Diese begriffliche Ungenauigkeit führt zu dem weit verbreiteten Irrglauben, der Mensch ziehe Bewegungsparallaxe zur Tiefenwahrnehmung heran. Zwar könnte man sie theoretisch hierfür nutzen, unser Gehirn ist allerdings dazu nicht in der Lage, wie experimentell nachgewiesen werden konnte (Rock 1998: 56). Vielmehr spielt bei diesem Effekt die Tiefenwahrnehmung durch die weiter oben genannten Faktoren eine Rolle. Dennoch können wir uns den Effekt der Bewegungsparallaxen für die szenische Auflösung zunutze machen, um ein spannenderes Bild entstehen zu lassen. Dazu werden wir uns im Kapitel F3 mit Pivot-Shots näher beschäftigen.

Unser Gehirn kann die Parallaxe also nur dann zur Wahrnehmung der Raumtiefe heranziehen, wenn wir zeitgleich bzw. innerhalb einer Sakkade ein Objekt aus zwei Blickwinkeln betrachten. Erfolgt dies jedoch zeitlich versetzt oder müssen wir uns bewegen, um einen anderen Blickwinkel einnehmen zu können, wie bei der Bewegungsparallaxe, kann unser Gehirn diese Informationen nicht zur Tiefenwahrnehmung nutzen.

Für die Immersion brauchen wir eine realistische, räumliche Darstellung, obwohl der Film meist nur zweidimensional ist. Trotzdem helfen die Faktoren zur Wahrnehmung von Raumtiefe dabei, ein Gefühl von Räumlichkeit zu erzeugen.

Alle bisher genannten Wahrnehmungsmöglichkeiten sorgen dafür, dass der Zuschauer das gezeigte Bild besser verstehen kann. Doch die Kamera kommuniziert noch viel mehr als nur die Raumtiefe. Letzten Endes können wir sie als eine Art erweitertes Auge des Zuschauers verstehen, welches stellvertretend für diesen eine Position im Raum einnimmt. Es sollte also für jeden Kameramann die Wahl der Kameraposition nicht aus rein ästhetischen Gründen stattfinden. Eine geschickt positionierte und bewegte Kamera kann viel mehr bei unseren Zuschauern bewirken, als nur Raumtiefe zu vermitteln und ein schönes Bild zu zeigen. Sie kann viel tiefer an den Emotionen der Zuschauer rütteln. Der Schlüssel dazu liegt in der Proxemik.

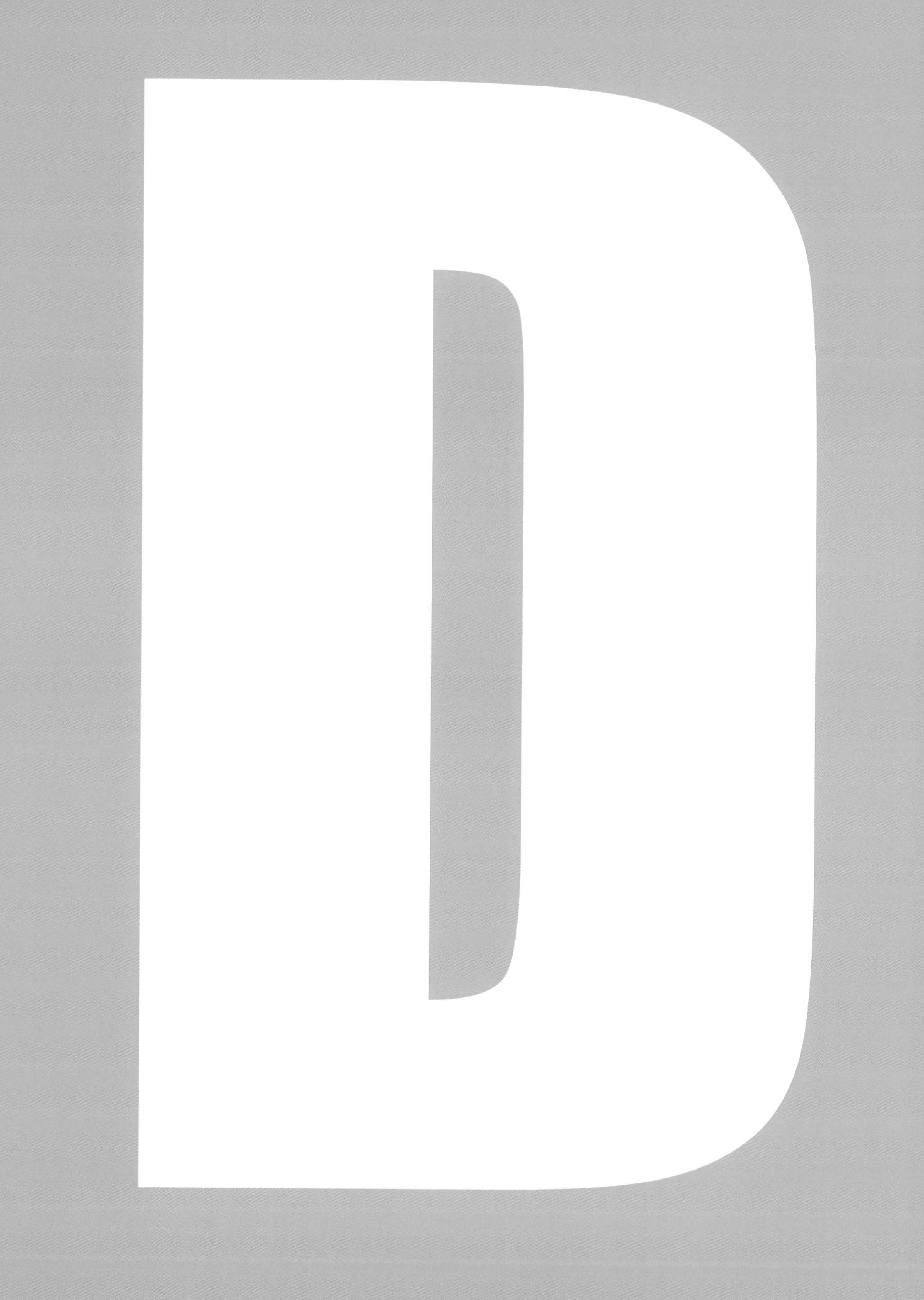

KAMERA-POSITIONEN

Der Raum und seine Wirkung

Wenn Sie eine Dialogszene abfilmen, worauf legen Sie dabei Wert? Versuchen Sie, möglichst schöne Bilder zu kreieren, oder konzentrieren Sie sich lieber auf die Übermittlung des Inhaltes? Es gibt Kameramänner, die stets ein besonders schönes Bild herstellen wollen und deshalb alles den ästhetischen Gesichtspunkten unterordnen. Das hat zur Folge, dass der Film zwar sehr hübsch ausschaut, sich der Schwerpunkt der Bilder aber vom Inhalt wegbewegt. Der Zuschauer kann sich unter Umständen dann nicht mehr so gut in den Film hineinversetzen. Somit bleibt schlimmstenfalls die gewünschte Immersion im Kino aus. Damit wurde der Film praktisch „totästhetisiert", wie es A. H. Müller in seinem Buch *Geheimnisse der Filmgestaltung* sehr schön auf den Punkt bringt (2003: 124). Schöne Bilder heben natürlich die Qualität einer Produktion, lenken den Zuschauer aber auch von der Handlung ab. Deshalb plädiere ich dafür, den überwiegenden Teil der Bilder entsprechend der Wirkung auf den Zuschauer zu komponieren und sich mit schönen Bilder auf bewusst ausgesuchte Highlights zu beschränken.

Eine Vielzahl von Faktoren nehmen auf die Wirkung eines Bildes Einfluss. Da wären zum einen all die technischen Faktoren wie beispielsweise die Lichtempfindlichkeit des Chips, die *Schärfentiefe**, die Bildrate, das Aufnahmeformat u.v.m. Da man mit diesen technischen Aspekten an sich ganze Bücher füllen kann, gehe ich hier absichtlich nur begrenzt darauf ein. Es wird ohnehin meiner Meinung nach viel zu viel Wert auf diese technischen Faktoren gelegt. Dabei sind die physischen Eigenschaften viel spannender. Darunter zähle ich die Position der Kamera im Raum, ihre Bewegung und ihre Perspektive.

Legen wir los mit der Position: Je nachdem, wo man die Kamera hinstellt, sieht man entsprechend nur einen Ausschnitt einer Person oder eines Objektes. Die Proxemik hilft uns dabei, zu verstehen, was der Standpunkt und der Blickwinkel beim Zuschauer auslösen können. Die in den folgenden Kapiteln beschriebenen Wirkungen sind als Grundregeln zu verstehen, auf die man stets zurückgreifen kann, wenn man sich mit der Wirkung auf den Zuschauer auseinandersetzt. Trotzdem sollten Sie stets im Hinterkopf behalten, dass es immer auch vom erzählten Inhalt abhängt, wie eine Einstellung empfunden wird. Wir können uns zwar in Armlänge zu einem Schauspieler befinden, trotzdem kann sich dieselbe Person unerreichbar weit weg anfühlen. Schauen Sie sich beispielsweise die Figur des Hans Landa in dem Film *Inglourious Basterds* (Regie Quentin Tarantino, 2012) an.

Die von Christoph Waltz verkörperte Figur wirkt anfangs unnahbar stark. Niemand kann ihm etwas anhaben, egal wie nah wir ihm als Zuschauer dank der Kamera kommen. Im Laufe des Filmes wendet sich das Blatt, sodass sich diese Unerreichbarkeit auflöst.

D1 DIE PROXEMIK

Schon Konstantin S. Stanislawski erkannte Anfang des vergangenen Jahrhunderts die drei Kreise der Aufmerksamkeit des Schauspielers. Er nutzte damit seine Beobachtungen zur Wahrnehmung des Menschen und übersetzte diese in eine Schauspieltechnik. Damals fehlte ihm der wissenschaftliche Background zu seinen Beobachtungen. Mit dem heutigen Wissen können wir dem Kind endlich einen Namen geben. Ohne es zu wissen, beschrieb Stanislawski damals drei der vier Distanzzonen aus der Proxemik.

Die Proxemik ist ein Gebiet der Psychologie und der Kommunikationswissenschaft. Dieser Wissenschaftsbereich beschäftigt sich mit der sozialen und kulturellen Prägung von Räumen und Distanzen, sowie deren Auswirkung auf die nonverbale Kommunikation. Das mag jetzt für den einen oder anderen von Ihnen etwas steif klingen. Einfach ausgedrückt betrachtet die Proxemik den Raum, in dem sich zwei Kommunikationspartner befinden. Es wird versucht, zwei zentrale Fragen zu klären: Wie wirken die Positionen und Abstände der Personen und der Objekte im Raum auf die Kommunikationspartner? Warum wirken sie so?

Wenn man einen der beiden Kommunikationspartner durch eine Kamera als stellvertretendes Auge des Zuschauers ersetzt, liegt es auf der Hand, dass die in der Proxemik erforschten Wirkungen von Räumen und Distanzen auch auf Kamerapositionen zutreffen. Statt des Gerätes könnte man auch einen Zuschauer hinstellen. Sowohl der Raum als auch die darin befindlichen Schauspieler kommunizieren mit diesem Zuschauer, vertreten durch die Kamera, egal ob bewusst oder unbewusst. Wer also die Proxemik versteht, kann sie gezielt in seiner szenischen Auflösung einsetzen und damit zielgerichteter auf den Zuschauer einwirken.

Einflussfaktoren des räumlichen Verhaltens

So unterschiedlich wir alle sind, so unterschiedlich nehmen wir auch den uns umgebenden Raum wahr. Eine ganze Reihe von Faktoren wirkt dabei gleichzeitig auf uns ein und beeinflusst damit unsere Kommunikation. Hier einige Beispiele:

Tabelle 1: Strukturelle, personelle und interpersonelle Faktoren der Raumwahrnehmung (nach Heilmann 2009: 64)

Strukturelle Faktoren	Personelle Faktoren	Interpersonelle Faktoren
» Raumgröße und -höhe » Barrieren » Materialien (z.B. Glas/Stein) » Bewegungstempo und -richtung des Raumes (bei Fahrzeugen)	» Körpergröße » Eigene Erfahrungen » Eigenes Bewegungs-tempo und eigene -richtung » Wahrnehmung der Umgebung als privater Raum oder öffentlicher Raum	» Kulturelle Normen » Soziale Hierarchie » Mimik, Gestik und Blickkontakt

Dabei scheinen gerade die kulturellen Normen als Teil der interpersonellen Faktoren eine übergeordnete Stellung gegenüber allen anderen Faktoren zu haben. So gibt es zwar in jeder Kultur berufsbedingte Hierarchien, aber die kulturellen Normen bestimmen dabei die konkrete Distanz. Beispielsweise begrüßt man im westlichen Kulturkreis seinen Vorgesetzten durch respektvolles Händeschütteln statt mit einer freundschaftlichen Umarmung. In Japan wird ebenfalls dem Vorgesetzten Respekt gezollt, jedoch mit einer größeren Distanz. Je höher der Vorgesetzte gestellt ist, desto tiefer verbeugt man sich bei dessen Begrüßung. Ein weiteres Beispiel ist das Nord-Süd-Gefälle in Europa in Bezug auf zunehmende Gestik und ein geringeres Bedürfnis nach Distanz. Zum Beispiel können Männer im Süden ihren männlichen Freunden durchaus auch ein Bussi geben, also ein Küsschen, ohne dass dabei der andere durch die eigenen Lippen berührt wird – in anderen Teilen Europas undenkbar.

Die vier Distanzkategorien

Die Distanz spielt in der Proxemik eine zentrale Rolle. Im Allgemeinen beschreibt sie die Entfernung zu einem Bezugspunkt oder -objekt. In den 60er-Jahren entdeckte der Anthropologe Edward T. Hall unterschiedliche Wirkungen von Distanzen auf den Menschen und teilte diese in vier Kategorien ein:

» Intime Distanz
» Persönliche Distanz
» Soziale Distanz
» Öffentliche Distanz

Jede Kategorie wird zudem in eine Nahe und eine Weite Phase unterteilt. Die Übergänge zwischen den Distanzkategorien sind fließend. Wie wir diese Entfernungen also letzten Endes tatsächlich wahrnehmen, hängt wiederum von den zu Beginn des Kapitels genannten Faktoren ab. Deshalb gelten die hier erläuterten Distanzen hauptsächlich für nord- und mitteleuropäische sowie nordamerikanische Kulturkreise, weniger hingegen für südeuropäische, arabische oder fernöstliche Normen.

Wie diese Distanzkategorien mit den Kameraeinstellungen zusammenhängen verdeutlicht die Abbildung 20. Außerdem gibt sie einen Überblick über die Vielfalt an Bezeichnungen für Einstellungsgrößen. Sie lässt auch erkennen, dass sich nicht immer die deutschen Bezeichnungen für Kameraeinstellungen mit den amerikanischen decken.

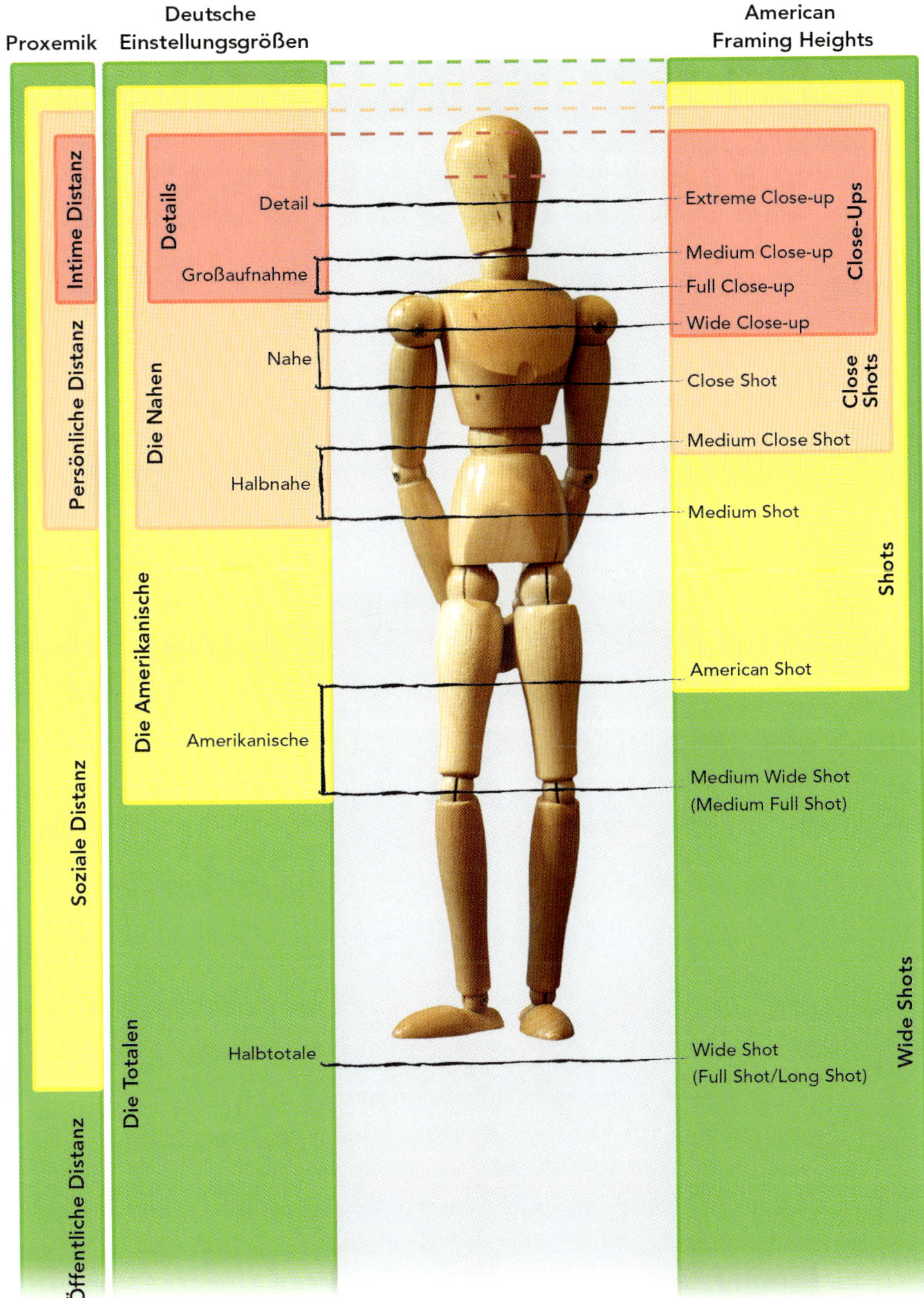

Abb. 20: Deutsche und amerikanische Einstellungsgrößen sowie die dazu passende proxemische Distanzkategorie.

D2 PROXEMIK DER EINSTELLUNGSGRÖSSEN

Die Einstellungsgrößen sind ein Klassiker. Gefühlt kommen sie in nahezu jedem Buch vor, dass sich mit der Bildsprache von Filmen auseinandersetzt. Deshalb gehe ich in diesem Kapitel gleich einen Schritt weiter und verknüpfe sie mit der Proxemik. Damit erweitert sich die Funktion der Einstellungsgrößen von der bloßen Möglichkeit zur Bildbeschreibung zu einem starken Werkzeug, dass im Werkzeugkasten der szenischen Auflösung nicht fehlen darf:

Werkzeug 3: Die Einstellungsgrößen

Viele Kameramänner nutzen Einstellungsgrößen schlicht als System, um besser beschreiben zu können, was sie im Bild sehen wollen. Verknüpft mit dem Wissen aus der Proxemik wird aus bloßen Bildbeschreibungen ein mächtiges Werkzeug, um Zuschauer zu beeinflussen. Hierzu gehört:

- die reale Position der Kamera im Raum
- die gefühlte Position der Kamera durch die Wahl der Brennweite
- die Perspektive

Die Einstellungsgröße hat erst einmal nichts mit dem eigentlichen Kamerastandpunkt zu tun, sondern gibt vielmehr den gefühlten Standpunkt und damit die gefühlte Distanz zu einer Bezugsperson wieder. Auch wenn die Kamera weit weg steht, kann durch ein Teleobjektiv eine Einstellungsgröße gewählt werden, als stünde man sehr nah vor der Bezugsperson. Wie genau sich die Wahl des Objektivs auf das Bild auswirkt, werde ich in Kapitel E näher erklären. Hier soll es erst einmal nur um Kameras mit normaler Brennweite gehen. Die hier beschriebenen Wirkungen von Einstellungsgrößen sind dabei stets unter Vorbehalt zu verstehen, denn sie hängen immer auch vom Kontrast zur vorangegangenen Einstellung ab.

Da im Film bevorzugt Menschen gezeigt werden, beziehen sich die Einstellungsgrößen immer auf einen Menschen. Es kommt allerdings vor, dass sich mehrere Menschen auf verschiedenen Ebenen im Raum befinden. In solchen Fällen empfiehlt es sich, zur Einstellungsgröße immer die Bezugsperson oder Personengruppe mitzubenennen. Einstellungen werden danach beschrieben, wie viel von einer stehenden Person im Bild zu sehen ist. Je nach Anzahl der Personen, Position der Kamera und Körperhaltung der Personen ist es nicht immer einfach, eine korrekte Beschreibung der Einstellungsgröße vorzunehmen. Deshalb sind diese Bezeichnungen immer als ungefähre Angaben zu verstehen und sind zudem abhängig vom individuellen Geschmack des Kameramannes. Die Übergänge zwischen den Größen sind fließend. Man sollte sich also besser nicht zu sehr an den Begriffen festbeißen. In der Hektik am Set gibt es oft wichtigere Dinge zu klären, als die Frage, ob die Einstellung gerade eine Nahe oder doch eine Halbnahe ist – die Wirkung ist das Entscheidende.

Legen wir los mit den einzelnen Distanzkategorien der Proxemik. Diese lassen sich wunderbar mit den Einstellungsgrößen verknüpfen:

Intime Distanz

Die Nahe Phase der intimen Distanz kann man nicht wirklich als Distanz bezeichnen, da hier die Entfernung zwischen zwei Menschen bei weniger als 15 cm liegt bzw. Körperkontakt besteht. Abgesehen von Kindern, die sich an ihren Eltern oder Spielkameraden festhalten, kommt man sich nur dann so nahe, wenn sehr viel Vertrauen zwischen den beiden Personen herrscht, z.B. in erotischen Momenten oder wenn ein sehr enger Freund quasi eine Schulter zum Weinen anbietet.

In diesem Abstand nimmt man den Partner besonders bewusst wahr: Geruch, Körperwärme und Atem, Berührungen durch Kopf und Schenkel sind möglich. Hier steht die Körperlichkeit im Vordergrund, eine Kommunikation über Sprache und Mimik fällt hier schwerer. Das Herstellen dieser großen Nähe ist nur im beiderseitigen Einverständnis zulässig und wird ansonsten zu peinlichen oder auch unangenehmen Situationen führen.

Die Weite Phase der intimen Distanz beginnt ab 15 cm und reicht bis 45 cm, also bis zum Handgelenk eines ausgestreckten Armes bzw. ungefähr eine Armlänge. Hier ist der Kontakt mit dem Gegenüber via Becken,

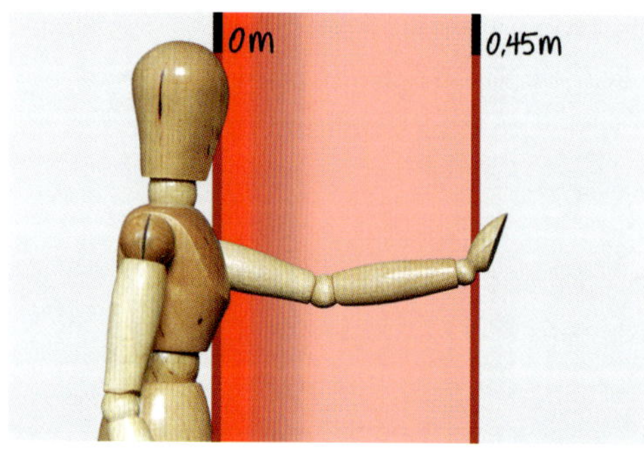

Abb. 21: Die intime Distanzzone reicht ca. eine Armlänge weit.

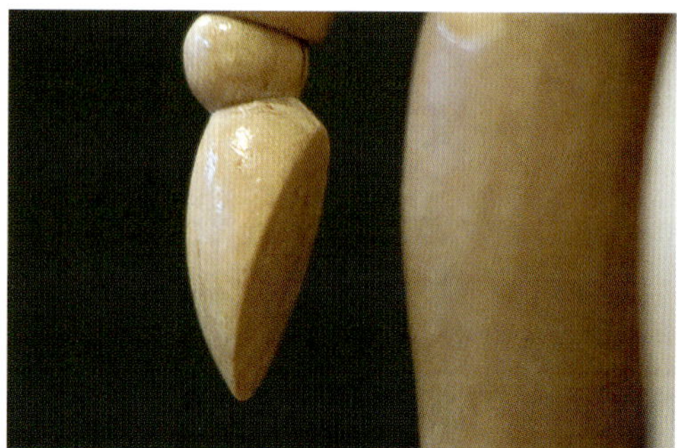

Abb. 22: Detail der Hand einer Gliederpuppe.

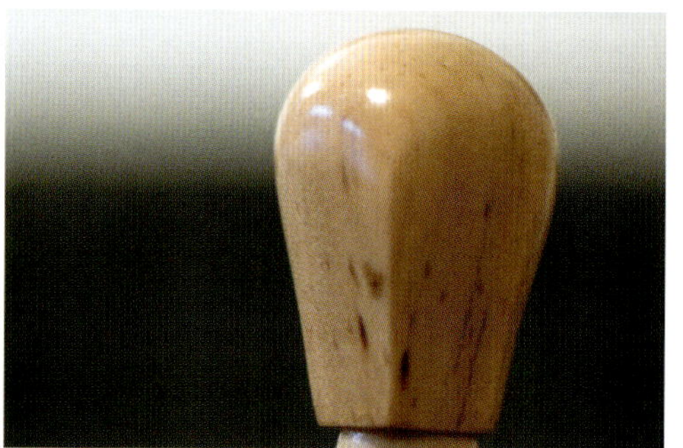

Abb. 23: Die Großaufnahme.

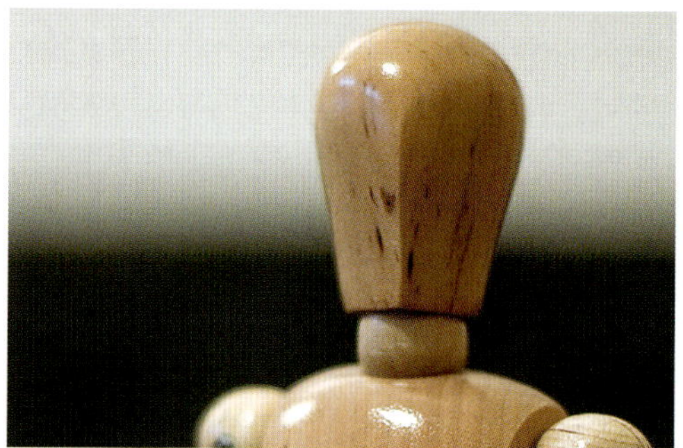

Abb. 24: Full Close-up.

Kopf und Schenkel erschwert möglich. Man kann die Person aber immer noch bequem mit den Händen berühren und sich flüsternd unterhalten. Mimik kommt hier schon besser zur Geltung.

Dennoch darf man sich einem Fremden auf diese kurze Distanz nicht ohne Weiteres nähern. Betritt man die Weite Phase der intimen Distanz ohne beidseitiges Einverständnis, wie z.B. in einem Fahrstuhl, laufen bestimmte sozial akzeptierte Verhaltensmuster ab: Beide Personen werden durch enge Gesten (z.B. Arme dicht am Körper halten) und Vermeidung von Blickkontakt (z.B. indem man in die Ferne schaut) versuchen, die Distanz kommunikativ zu erhöhen. Nutzt man eine solche Situation z.B. in einer überfüllten U-Bahn schamlos aus und berührt absichtlich fremde Fahrgäste, begeht man wohl einen der schlimmsten Fehler der nonverbalen Kommunikation westlicher Gesellschaften (vgl. Julius Fast: *Körpersprache*. 1993, S. 30). Die Reaktion der betroffenen Person dürfte klar sein.

Ersetzt man einen der Kommunikationspartner durch eine Kamera mit Objektiv mit normaler Brennweite, betrachtet man sein Gegenüber in Einstellungsgrößen vom Detail bis zur Großaufnahme.

Das Detail:
In einem Detail (Extreme Close-up) wird ein Objekt bildfüllend abgebildet. Es kann sich hierbei z.B. um einen Ring oder eine Hand handeln. Für Einstellungen, die noch kleinere Objekte ablichten, gibt es in der Praxis keine extra Bezeichnungen. Einen Sonderfall bildet der Italian Shot. Hier sieht man nur die Augen und die Nasenwurzel eines Menschen.

Das Detail wird verwendet, wenn der Zuschauer des Films etwas genau betrachten soll. Dafür müssten wir uns in der realen Welt sehr nahe an das Objekt heranbewegen. Sollte es sich dabei um einen Körperteil eines Menschen handeln, müssten wir entsprechend in die nahe intime Distanzzone eindringen. Bei einem Italian Shot wird es noch persönlicher: Wenn wir wirklich nur die Augen unseres Gegenübers sehen wollen, müssen wir sogar so nahe herangehen, als wollte man diese Person fast küssen, um weder Haaransatz noch die Nasenspitze zu sehen.

Werden Körperteile im Detail gezeigt, bekommt diese Einstellung einen hohen Grad an Intimität. Allerdings ist eine räumliche Einordnung des Details nahezu unmöglich. Die Umgebung, in welcher sich das gezeigte Objekt befindet, ist in der Regel nicht zu erkennen.

Wird von einer sehr weiten Einstellung, wie beispielsweise einer Halbtotale, auf ein Detail geschnitten, muss das Detail in der vorangegangenen Halbtotale vom Zuschauer entdeckt worden sein, um dieses einordnen zu können. Deshalb wirkt so ein extremer Umschnitt in den meisten Fällen eher holprig und unelegant.

Man betrachtet im Alltag vergleichsweise selten ein Objekt im Detail. Aus dieser Sehgewohnheit heraus sollte man entsprechend sparsam mit solchen Einstellungen umgehen. Gerade, wenn Emotionen und Intimität eine Rolle spielen, empfiehlt es sich, lieber die Großaufnahme zu nutzen, um der allgemeinen Gewohnheit zu entsprechen, besonders im Kino. Der Zuschauer braucht aufgrund der Größe der Leinwand mehr Sakkaden, um das Detail komplett erfassen zu könnten. Die Nähe eines Details wirkt dadurch entsprechend stark. Eine Großaufnahme des Objektes hingegen würde im Kino dem Betrachter helfen, es schneller zu erfassen und behält dabei trotzdem die Wirkung des Etwas-ganz-genau-Betrachtens bei.

Christopher Nolan – der Regisseur von *Memento*, *Inception* und *The Dark Knight* – sprach in einem *Vice*-Interview über seine Verwendung von Detail-Shots: Er nutzt sie sehr gern, weil sie dem Zuschauer die Textur der Welt zeigen. Für ihn kommt hier also etwas Haptisches hinzu. Außerdem lässt sich seiner Meinung nach mit Detailaufnahmen gut verbergen, dass man kein Geld hat. Im Vergleich zu weiteren Einstellungen ist es viel leichter, Details schön darzustellen, ohne dass es billig wirkt.

VICE-INTERVIEW MIT CHRISTOPHER NOLAN
» VICE Media GmbH, 2014
» https://youtu.be/jUpA7Qma_9E?t=15m55s

Von der Großaufnahme bis zum Full Close-up:
Die Große (Medium Close-up und Full Close-up) zeigt das gesamte Gesicht und etwas Hals. Hier steht die Gefühlswelt der Person im Vordergrund. Jedes noch so kleine Zucken der Augen ist zu erkennen. Die Mimik kommt voll zur Geltung. Die Gestik und die Umgebung hingegen sind nur sehr begrenzt unter bestimmten Umständen zu erkennen.

In dieser Einstellungsgröße befindet sich die Kamera innerhalb der weiten intimen Distanzzone. Der Zuschauer müsste nur seinen Arm ausstrecken, um die Person zu berühren, stünde er auf der gefühlten Position der Kamera. Dies verleiht der Einstellung ein hohes Maß an Privatsphäre zwischen der abgebildeten Person und dem Zuschauer. Auf dieser Distanz kann man sich flüsternd unterhalten und Geheimnisse mitteilen. Handelt es sich bei der Person im Bild um einen Unsympathen oder Bösewicht, kann diese Nähe sehr unangenehm, wenn nicht sogar bedrohlich auf den Betrachter wirken.

In einer Variation der Großaufnahme wird der obere Teil der Schultern mit ins Bild genommen. Diese Einstellung wird im amerikanischen System als Full Close-up bezeichnet und findet in Interviews häufig Anwendung. Man möchte die Mimik des Interviewpartners voll auskosten, muss aber unterhalb des Kinns noch Platz für die *Bauchbinde** lassen, damit Teile des Gesichtes nicht vom Text verdeckt werden. Geht der Kameramann einen Schritt rückwärts, um mehr von der Bezugsperson ins Bild zu bekommen, begibt er sich gleichzeitig in dessen persönliche Distanzzone.

Persönliche Distanz

Auch die persönliche Distanzzone wird in eine Nahe und eine Weite Phase unterteilt. C. M. Heilmann gibt eine Entfernung von 45 cm bis 70 cm als nahe persönliche Distanz an, laut J. Fast reicht diese sogar bis 90 cm. Während innerhalb der intimen Distanz die komplette Mimik nicht auf einen Blick zu erkennen war, entfaltet diese nun ihr größtes Potenzial, denn das Gesicht des Gegenübers ist ab der Nahen Phase auf einen Blick genau zu erkennen. Dabei bleibt der Kommunikationspartner mindestens auf Armlänge entfernt. Trotzdem können die beteiligten Personen sehr schnell mit ihren Extremitäten in die jeweilige Intime Distanzzone eindringen, was ein Ausweichen oder Abblocken eines Angriffes schwierig macht. Deshalb wirken ausladende Gesten sehr bedrohlich.

Befreundete Personen des anderen Geschlechts können diesen Bereich der Bezugsperson problemlos betreten. Nähert sich allerdings eine fremde Person anderen Geschlechts auf diese Entfernung, werden schnell gewisse Absichten vermutet, da diese Distanz, wie der Name schon sagt, etwas Persönliches hat. Eine Ausnahme davon bilden Partys: Aufgrund der lauten Musik ist die verbale Kommunikation eingeschränkt. Die lockere Atmosphäre trägt dazu bei, dass man sich seinem Gegenüber auf diese Distanz nähern darf, ohne dass dies sofort als aufdringlich empfunden wird. Man könnte sagen, dass es sich hierbei um ein Schlupfloch in der westlichen Gesellschaft handelt, damit man sich einander annähern kann.

Die Weite Phase der persönlichen Distanz reicht von 70 bzw. 90 cm bis zu 1,5 m. Hier kommen wir auf eine Distanz, bei der die Gestik so langsam an Bedeutung gewinnt. In dieser Entfernung können sich zwei Personen noch immer die Hand geben. Berührungen des Körpers sind hingegen nur noch sehr schwer bis gar nicht mehr möglich, weshalb sich diese Distanz schon sicherer anfühlt. Man hält quasi seinen Kommunikationspartner über seine Armlänge hinaus auf Abstand. Deshalb sind Begegnungen innerhalb der Weiten Phase der persönlichen Distanz meist nicht mehr privat, es reicht aber noch für ein persönliches Gespräch in gesellschaftlich üblicher Lautstärke. In öffentlichen Räumen wird diese Distanz meist zwischen zwei weniger eng befreundeten Menschen eingenommen. Damit sendet man eine Botschaft aus von „Ich halte Sie auf Armeslänge von mir entfernt" bis „Ich habe Sie dazu ausersehen, mir ein wenig näher zu stehen als die anderen Gäste".

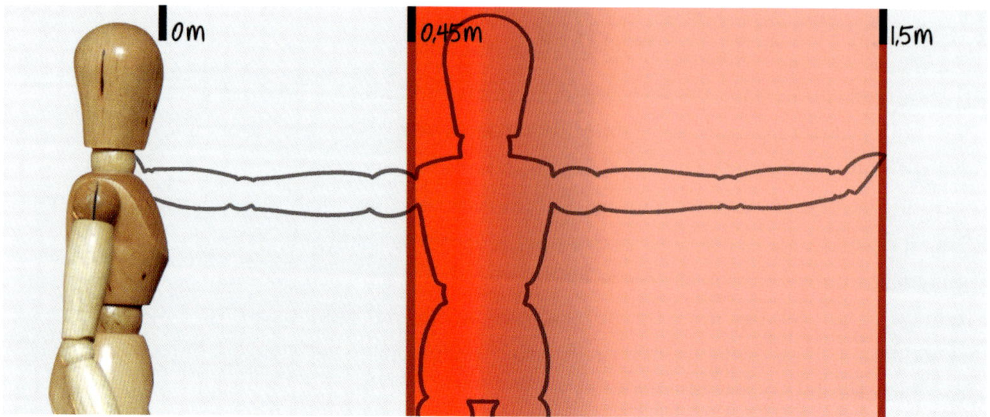

Abb. 25: Die persönliche Distanzzone reicht ca. eine Körperspannweite abzüglich der Armlänge für die intime Distanz.

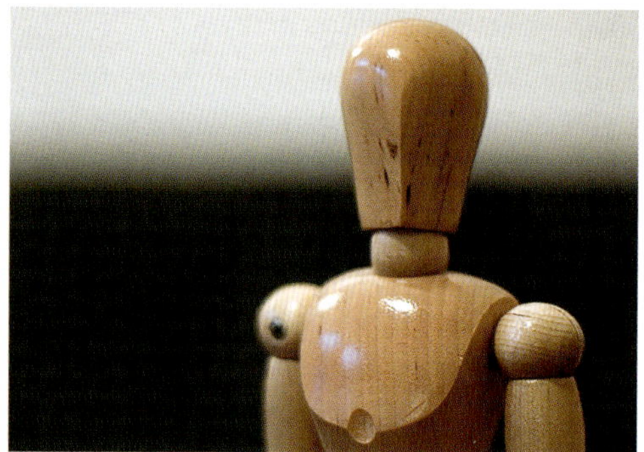

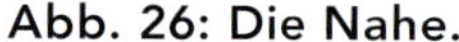

Abb. 26: Die Nahe.

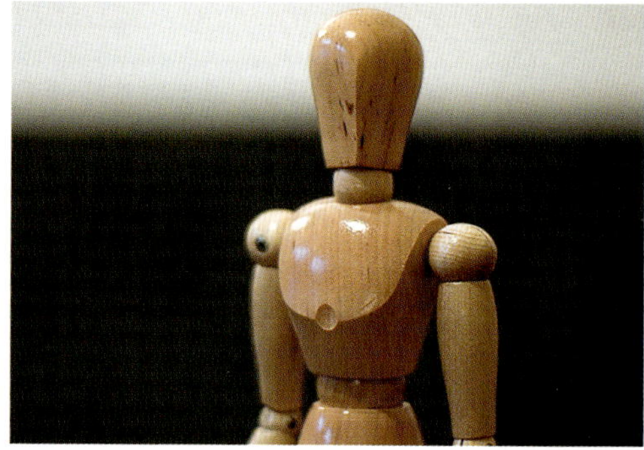

Abb. 27: Die Halbnahe.

Am Set kann man sich die Ausdehnung dieser Distanzzone, wie in Abbildung 25 angedeutet, sehr leicht herleiten: Man bittet den Schauspieler, seinen Arm auszustrecken oder man legt eine Hand auf die Schulter des Schauspielers. Anschließend streckt man die andere Hand in die entgegengesetzte Richtung aus. Der Arm, dessen Hand auf der Schulter ruht, befindet sich in der intimen Distanzzone des Schauspielers. Die Distanz von der eigenen Schulter bis zum Handgelenk des anderen, ausgestreckten Armes begrenzt in etwa die persönliche Distanzzone. In diesem Bereich lassen sich mit einer Kamera, die mit einem normalbrennweitigen Objektiv ausgestattet wurde und einen Chip im Kleinbildformat besitzt, Einstellungsgrößen von der Nahen bis zur Halbnahen ablichten.

Von der Nahen bis zur Halbnahen:
Wenn wir die persönliche Distanzzone einer Person betreten und ihr in die Augen schauen, können wir die Oberarme und die Brust noch wahrnehmen. Entsprechend vertritt die Nahe Einstellung (Wide Close-up und Close Shot) diese Distanzzone. Personen, die uns so nahekommen, können wir faktisch gar nicht neutral wahrnehmen.

Emotionen und Mimik sind noch immer im Bild sehr präsent, stehen aber nicht mehr ausschließlich im Mittelpunkt wie bei der Großaufnahme. Die Körperhaltung gewinnt bei dieser Entfernung an Bedeutung. Trotzdem ist für die Gestik schlicht noch nicht genug Platz im Bild, es sei denn, die Person fasst sich mit den Händen ins Gesicht oder Haar.

Einstellungsgrößen vom Haaransatz bis zum Bauchnabel oder sogar bis zum breitesten Punkt an der Hüfte nennt man Halbnahe (Medium Close Shot und Medium Shot). Man könnte sich noch die Hände reichen und hielte trotzdem einen respektvollen Abstand. In der Halbnahen werden Gesten so langsam interessant. Zwar reichen weit ausufernde Armbewegungen noch immer aus dem Bild heraus, dafür wirken Bewegungen in Richtung Kamera besonders eindringlich, schließlich könnte die Hand die Intime Distanzzone der Zuschauer berühren – ein nützlicher Effekt für 3D-Filme.

Soziale Distanz

Die soziale Distanz wird manchmal auch als gesellschaftliche Distanz bezeichnet. Ihre Nahe Phase reicht von ca. 1,5 m bis zu 2 m. Die einzeln stehende Person in Abbildung 28 steht gerade noch in der nahen sozialen Distanz zur Gruppe.

Aus dieser Entfernung nimmt man fast den gesamten Körper des Gegenübers wahr. Ein lockeres Beisammensein ist hier möglich, ohne aufdringlich zu wirken, denn ab einer Distanz von 1,5 m werden, gerade im Berufsalltag, allgemeine und unpersönliche Angelegenheiten kommuniziert. In diesem Abstand spricht der Abteilungsleiter mit seinen Angestellten und diese wiederum mit den Kunden. Unterschwellig wird mit dieser Distanz eine Sie-arbeiten-für-mich-Botschaft vermittelt.

Nahtlos geht die Nahe Phase in die Weite Phase über, welche von 2 m bis ungefähr 4 m reicht. Diese Entfernung ist für ein Gespräch unter vier Augen zu groß. Man müsste schlicht zu laut sprechen, um sich zu verständigen –

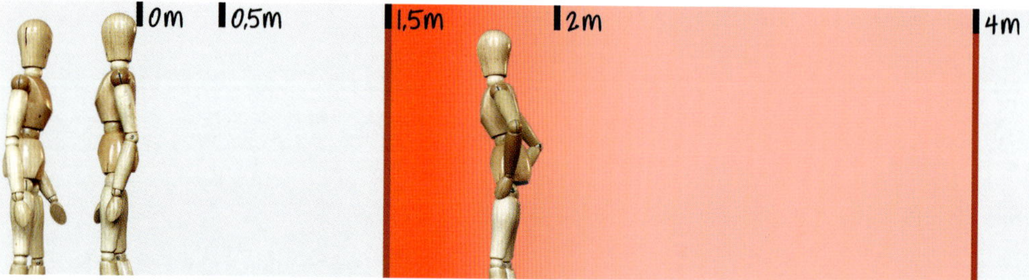

Abb. 28: Die soziale Distanzzone.

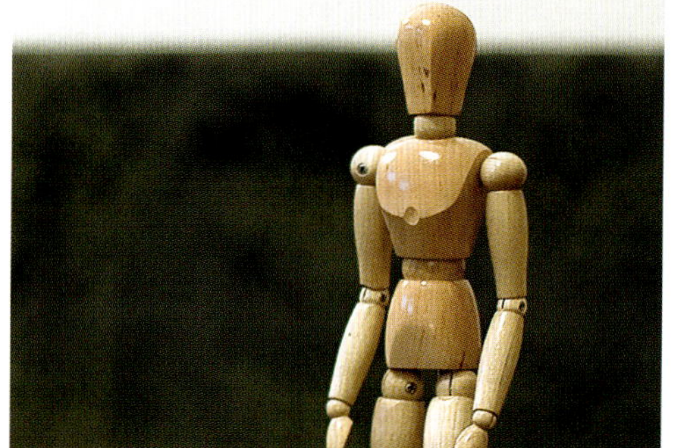

Abb. 29: Die Amerikanische.

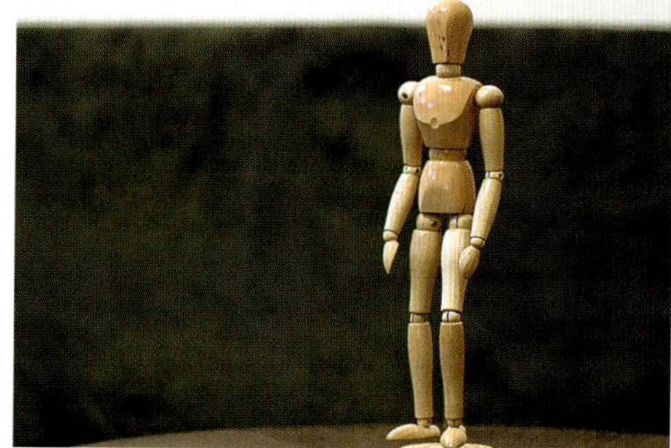

Abb. 30: Die Halbtotale.

Außenstehende könnten mithören. Die Weite Phase der sozialen Distanz ist vielmehr für Gruppengespräche und Vorträge geeignet.

Kommuniziert man auf diese Distanz, so wird es allgemein als weniger angenehm empfunden, wenn man den Blickkontakt nicht aufrechterhält, da der Kontakt hier vorrangig visuell hergestellt wird. Unterlässt man den Blickkontakt, schließt man die Person faktisch aus.

Julius Fast misst dieser Entfernung sogar eine Art Schutzfunktion bei. Wird der Empfang eines Hotels beispielsweise so eingerichtet, dass sich die Empfangsdame auf die weite soziale Distanz zum Kunden halten kann, so kann sie während der Kommunikation weiterarbeiten, ohne unhöflich zu wirken.

In großen Räumen kann die Weite Phase auch zu Gruppenbildung führen, welche dann in der Regel als ein einziger Kommunikationspartner empfunden wird. Diese Distanz verleitet also eher dazu, eine Gruppe als Einheit anzusprechen, als eine einzelne Person daraus. Das spiegelt sich auch in den Einstellungsgrößen Amerikanische und Halbtotale wider.

Von der Amerikanischen bis zur Halbtotale:
Die Amerikanische (American Shot und Medium Wide Shot) setzt als Vertreter der Nahen Phase der sozialen Distanzzone die Gestik und die Körperhaltung in den Mittelpunkt. Die Körpersprache erzählt uns in dieser Einstellung sehr viel über die abgelichtete Person, während die Mimik an Bedeutung verliert.

Innerhalb der Weiten Phase der sozialen Distanz lassen sich Personen in einer Halbtotale (Full Shot) fotografieren. In dieser Einstellung gewinnt die Umgebung an Bedeutung: Wir können nun die genaue Position der Person im Raum erkennen. Zwar geht der private Bezug zur abgebildeten Person verloren, doch steht nun die Handlung im Vordergrund.

Wenn mehrere Personen im Bild zu sehen sind, kann man in beiden Einstellungen den Bezug der Personen untereinander gut erkennen. Man sieht beispielsweise, wer den Ton angibt und wer von der Gruppe ausgeschlossen wird. Die Körpersprache lässt sich gut ablesen.

Der mit Preisen ausgezeichnete Regisseur Benjamin Heisenberg erklärte in einem Interview in der Zeitschrift *Film & TV Kameramann (5/2014)*, dass sich die weiteren Einstellungen besser für komödiantische Szenen eignen als nähere. Das liegt seiner Einschätzung nach daran, dass „man die Personen halb oder ganz sieht und so ihre Bewegung und auch Konstellationen im Raum zueinander wahrnimmt".

Öffentliche Distanz

Ihre Nahe Phase reicht von 4 m bis 8 m und wird nur bei Gruppen als kommunikative Distanz benutzt. So kann ein Lehrer immer noch einen Schüler in der letzten Reihe ansprechen, oder eine Gruppe mit einer anderen Gruppe kommunizieren. Allerdings muss man nun laut sprechen. Es kann nur noch eine großflächige Mimik und Gestik die Aufmerksamkeit der Kommunikationspartner erhaschen.

Die Weite Phase von 8 m und mehr wird bei Politikern und Berühmtheiten eingehalten. So wird bei Reden, Auftritten oder Konzerten das Publikum nicht nur aus Sicherheitsgründen auf Distanz gehalten. Sie ermöglicht es auch, dass die in der Öffentlichkeit stehende Person entsprechend von möglichst vielen Menschen gleichzeitig wahrgenommen werden kann. Würde sich eine Berühmtheit in einer Menschenmenge auf persönlicher

Distanz befinden, könnte sie nur von den umstehenden Personen erkannt werden. Alle anderen bekämen lediglich eine Menschentraube zu sehen. Dieser letzten Kategorie wird bei normaler Brennweite durch die Totale und die Supertotale repräsentiert.

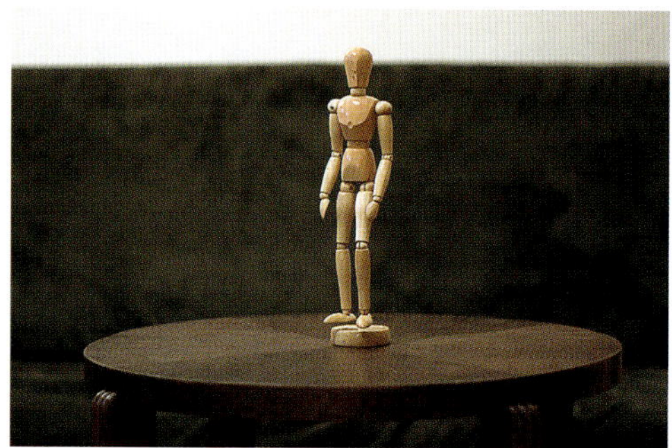

Abb. 31: Die Totale.

Die Totale:

In der Totalen (Extreme Full Shot) stehen die Umgebung und die Gruppendynamik im Vordergrund. Mit dieser Einstellung begeben wir uns auf öffentliche Distanz. Die Person selbst nimmt nur noch einen kleinen Teil im Bild ein. Unsere Aufmerksamkeit verschiebt sich dadurch mehr auf den Raum und wie die Person mit dem Raum interagiert.

Solch weite Einstellungsgrößen helfen im Übrigen auch, computeranimierte Handlungen glaubhaft in die Filmwelt einzubinden. Wenn Indiana Jones im vierten Teil der Filmreihe die Wasserfälle herunterstürzt, wird dies in sehr großzügigen Totalen gezeigt, damit man nicht so genau erkennen kann, dass die Figuren computeranimiert sind. Außerdem lenkt die Umgebung, sprich die Wasserfälle, vom eigentlichen Bildinhalt ab (*Indiana Jones und das Königreich des Kristallschädels*, Regie Steven Spielberg, 2008).

D3 MÖGLICHKEITEN DER DISTANZ-VERÄNDERUNG

Egal wo wir uns befinden, die vier Distanzkategorien der Proxemik begleiten uns, als würden wir in imaginären Seifenblasen stecken. Diese unsichtbaren Distanzblasen verändern sich ständig, ohne dass wir es bewusst wahrnehmen. Dementsprechend können wir darauf Einfluss nehmen.

Distanzverringerung durch Blickkontakt

Obwohl die Augen und ihre Ausdrucksformen zur Mimik zählen, gehört der Blickkontakt an sich durch seine Möglichkeit der Distanzüberbrückung zur Proxemik. Der Blickkontakt ist meist der erste Schritt zur Kommunikationsaufnahme. Menschen, die uns anschauen, haben eine direkte Wirkung auf uns und es verkürzt sich die gefühlte Distanz. Anders ausgedrückt: Menschen, die uns anschauen, fühlen sich näher an als Menschen, die wegschauen. Das Wegschauen unterbricht die Kommunikation.

Dementsprechend neigen Menschen dazu, anderen den Blickkontakt zu verwehren, wenn diese aufgrund widriger Umstände in ihre intime Distanzzone eindringen müssen. Denken Sie nur an das Beispiel, wenn sich viele Menschen in einen Fahrstuhl drängen müssen: Durch das Wegschauen wird instinktiv die gefühlte Distanz erhöht.

Bei der Arbeit mit einer Kamera spielt der Blickkontakt dann eine Rolle, wenn sich die Kamera einer Handlungsachse nähert oder sie einen *POV-Shot** repräsentiert, wie z.B. bei *Over-the-shoulder-Einstellungen**. Je näher wir im Filmbild einem Blickkontakt kommen, desto stärker fühlt sich der Zuschauer direkt angesprochen.

Bewegungsrichtung und Geschwindigkeit

Jegliche Art von Bewegung wirkt sich auf Distanzen aus: Schnellere Bewegungen überbrücken Distanzen entsprechend schneller und benötigen in derselben gemessenen Zeit mehr Raum als stehende oder sich langsam bewegende Objekte. Sich schnell bewegende Objekte wirken also viel distanzverringernder als langsame. Mit einer Ausnahme: Befinden wir uns in einem Raum, aus dem es keine Fluchtmöglichkeit gibt, wirken auch sich langsam auf uns zubewegende Objekte extrem distanzverringernd durch ihre Bedrohlichkeit. Denken Sie nur mal an das Messer in der berühmten Duschszene aus *Psycho* (Regie Alfred Hitchcock, 1960). Obwohl sich das Messer im Schneckentempo dem Duschvorhang in dem kleinen Badezimmer nähert, wirkt die Bewegung sehr bedrohlich. Stellen sie sich die gleiche Situation mal im Freien vor. Da damit Möglichkeiten zur Flucht gegeben wären und die Chance bestünde, gesehen zu werden, würde die Szene stark an ihrer Wirkung einbüßen.

DIE DUSCHSZENE AUS PSYCHO VON ALFRED HITCHCOCK

» Universal Pictures via Movieclips auf YouTube, 2011
» https://youtu.be/0WtDmbr9xyY

Auch die Bewegungsrichtung ist ausschlaggebend dafür, wie wir die Distanz zum sich bewegenden Objekt wahrnehmen. Ein auf uns zufahrendes Auto wirkt viel präsenter als ein Auto, das an uns vorbeifährt. Diese Präsenz wirkt, ähnlich wie der Blickkontakt, distanzverringernd.

Hierfür gibt es ein anschauliches Beispiel aus dem Jahre 2008: Auf einer Pressekonferenz trat der damalige Präsident der USA, George Bush, zusammen mit dem irakischen Ministerpräsidenten Nuri al Maliki vor Journalisten. Ein irakischer Reporter zog seine Schuhe aus und warf diese nach George Bush. Dieser duckte sich reflexartig vor den heransausenden Schuhen. Obwohl Nuri al Maliki weniger als einen Meter neben Bush stand, zeigte er beim Wurf des ersten Schuhs keinerlei Ausweichreaktionen. Die Bewegungsrichtung des Schuhs wich offenbar gerade so weit vom irakischen Ministerpräsidenten ab, dass dieser Schuh kein Ausweichen nötig machte. Erst als der zweite Schuh auf George Bush zuflog, streckte Nuri al Maliki seinen Arm aus, um diesen Schuh zu fangen. Seine Wahrnehmung sagte ihm also, dass die Flugbahn dieses Schuhs innerhalb seiner intimen Distanzzone sein müsse. Seiner Wahrnehmung nach hätte er ihn also mit seiner Hand erreichen müssen. Er kam jedoch nicht an den Schuh heran. Die Bewegungsrichtung und -geschwindigkeit verringerte also die gefühlte Distanz für den irakischen Ministerpräsidenten. Seine Wahrnehmung spielte ihm einen Streich.

VIDEO ZUR SCHUHATTACKE

» CBS News, 2008
» https://youtu.be/_RFH7C3vkK4

Wie in Kapitel C4 erklärt, ziehen Bewegungen in unserem Blickfeld sehr stark unsere Aufmerksamkeit auf sich. Bewegen sich viele Objekte innerhalb unserer Distanzblasen, werden wir dadurch stark abgelenkt und sogar irritiert. Personen, die durch Filme und Computerspiele an schnelle Schnitte und Raumveränderungen gewöhnt sind, werden laut C. M. Heilmann weniger von solchen Bewegungen irritiert als andere (2009: 71).

Im Film lässt sich damit gezielt die Aufmerksamkeit des Zuschauers steuern. Sobald sich im Hintergrund etwas bewegt, wird der Zuschauer definitiv für mindestens eine Sakkade seinen Blick darauf werfen. Je näher sich das sich bewegende Objekt zur Kamera befindet, desto mehr Aufmerksamkeit bekommt es. Das kann durchaus auch ablenken.

Stellen Sie sich eine Partyszene vor: Der *Protagonist** unterhält sich mit einer Dame und bewegt sich dabei durch einen Partysaal voller Gäste. Sowohl im Vordergrund als auch im Hintergrund stehen *Komparsen**, die sich unterhalten. Einige bewegen sich. Als Zuschauer wird man von diesen Menschen abgelenkt. Es verleitet einfach zu sehr, die anderen Partygäste kurz zu betrachten, sie als nicht bedrohlich einzuordnen und mit dem Blick weiterzuwandern. Den Zuschauern wird damit ein wenig erschwert, der Unterhaltung des *Protagonisten** mit der Dame zu folgen. Wenn die Unterhaltung belanglos ist, kann dieser Effekt auch erwünscht sein. Vielleicht sollen die Zuschauer auch jemand Bestimmtes unter den Partygästen erkennen? Sollen die Zuschauer hingegen der Unterhaltung möglichst ablenkungsfrei folgen, obwohl der Raum mit Partygästen gefüllt ist, müssen die *Protagonisten** viel Platz im Bild einnehmen durch nahe Einstellungsgrößen. Außerdem sollten sich die Partygäste im Hintergrund des Bildes aufhalten und niemand durch das Bild wischen. Schnelle Bewegungen und ausladende Gesten sind natürlich für die *Komparsen** untersagt.

Barrieren und Fluchtmöglichkeiten

Die uns umgebenden Distanzblasen werden entsprechend der natürlichen Gegebenheiten des Raumes geformt. Barrieren vergrößern – je nach Möglichkeit, dieses Hindernis zu überwinden – die wahrgenommene Distanz.

So treffen wir z.B. in einer Arztpraxis im Eingangsbereich auf einen Empfangsschalter. Obwohl wir vom Abstand her betrachtet in die persönliche Distanzzone der Person dahinter treten, fühlt sich diese sicher nicht persönlich bedrängt, da es für uns nicht so einfach wäre, das Hindernis zu überwinden oder es wegzuschieben. Ähnlich verhält es sich mit dem Schreibtisch im Büro. Ein zugegeben sehr kleines, aber vorhandenes Hindernis bietet auch die Tasche, die wir auf einer Parkbank neben uns ablegen. Sie bietet eine symbolische Grenze, sodass andere nicht so leicht in die intime Distanzzone eindringen können.

Ebenso beeinflusst das Vorhandensein oder Fehlen von Fluchtmöglichkeiten unser Distanzempfinden: Im Freien können wir jederzeit auf andere Personen und Objekte durch Ausweichen reagieren und so die gewünschte Distanz herstellen. Man wird daher auch nicht ohne Weiteres gezwungen, in die persönliche Distanzblase eines anderen einzudringen. Anders verhält es sich in geschlossenen Räumlichkeiten. Wie in Bezug auf Bewegungsgeschwindigkeit erwähnt, können wir uns regelrecht bedrängt fühlen, wenn uns der Fluchtweg durch Personen bzw. Barrieren versperrt wird. Dieser Fakt trägt dazu bei, dass Ein- und Ausgänge immer eine erhöhte Aufmerksamkeit erfahren.

Stellen Sie sich nur einmal folgende unangenehme Situation vor: Eine Person, die Sie absolut nicht ausstehen können, betritt den Raum und bleibt direkt am einzigen Ein- bzw. Ausgang stehen. Diese Person bildet so eine kleine Barriere, da Sie in ihre persönliche Distanzzone eindringen müssten, um den Raum zu verlassen. Man kann das Gedankenspiel noch auf die Spitze treiben: Nehmen wir an, dass das Verhältnis zu dieser Person am Eingang wirklich extrem schlecht ist, kann man sich durchaus im Raum „gefangen" fühlen.

Auch wenn es vielleicht auf den ersten Blick etwas verwirrend klingt: Für die Wahrnehmungspsychologie bilden auch Fenster, Zäune und Gitter Fluchtmöglichkeiten. Schließlich ist eine Kommunikation über einen Zaun hinweg möglich. Eine Gefängniszelle mit Fenster wirkt etwas beruhigender als eine Zelle ohne Fenster, auch wenn keine wirkliche Fluchtmöglichkeit dadurch besteht. Glaswände und -böden wirken absolut nicht wie eine Barriere, egal wie dick sie sind. Deshalb wirken Glas- und Gitterböden für viele Menschen beängstigend. Wenn Sie also eine ausweglose Situation inszenieren wollen, sollten Sie es vermeiden, Fluchtmöglichkeiten wie Fenster und Türen mit ins Bild zu nehmen.

Kulturelle Normen

Die kulturellen Normen nehmen als Einflussfaktor auf die Raumwahrnehmung eine Sonderstellung ein. Das gilt auch in Bezug auf die Distanzblasen. Im deutschsprachigen Kulturraum hat sich eine spezielle Raumwahrnehmung für persönliche, private Zonen entwickelt. Laut J. Fast kann unter Umständen für uns Deutsche ein ganzer Raum die Funktion einer privaten, persönlichen Distanzblase haben. Wir können innerhalb eines ganzen Raumes mit einem anderen Menschen über private Dinge reden. Befinden sich aber andere, unbeteiligte Personen in diesem Raum, kann diese private Ausdehnung für Dritte unangenehm oder sogar beleidigend werden. E. T. Hall vermutet, dass Deutsche ein außergewöhnlich exponiertes Ego haben, das es ihnen erlaubt, Räume dermaßen auszudehnen, und belegt dies mit einem Beispiel:

Im Zweiten Weltkrieg wurden deutsche Kriegsgefangene jeweils zu viert in einer Hütte im Lager untergebracht. Prof. Hall schreibt, daß sie sich sofort daranmachten, ihre Hütte zu unterteilen, um Privatsphären einzurichten. „In Kriegsgefangenenlagern ohne Hütten oder Baracken versuchte jeder einzelne deutsche Gefangene, sich eine eigene Unterkunft zu basteln" (Hall 1966). Sie privatisierten sich den Raum ganz nach Belieben. Auch das typische Reservieren von Strandliegen mit Handtüchern passt zu der Aussage von E. T. Hall. Die Liege wird förmlich durch die Existenz des Handtuches privatisiert, obwohl sie dem Handtuchbesitzer gar nicht gehört; in Hotels gehört oft noch nicht einmal das Handtuch den deutschen Gästen.

Das ist noch nicht alles: Irgendwann werden gar keine Requisiten wie Handtücher mehr gebraucht, um den privaten Bereich zu markieren. Beispielsweise hegen wir einen gewissen Anspruch auf einen an sich öffentlichen Platz, wenn wir diesen regelmäßig nutzen, z.B. den immer selben Sitzplatz im Hörsaal der Uni oder den immer selben Tisch im Lieblingslokal. Dies führt dazu, dass sich in der deutschen Sprache sogar das Wort ‚Stammtisch' eingebürgert hat. Ein äquivalentes, eigenständiges Wort dafür gibt es beispielsweise im Englischen nicht. Es werden also Sitzplätze personalisiert, obwohl sie einem eigentlich nicht gehören. Da werden im Büro schon mal private Fotos oder Blumen aufgestellt oder die Sitzbank in der Schule mit Symbolen verziert. Für die Inszenierung in Serienproduktionen bedeutet das, dass der im deutschen Kulturraum geprägte Zuschauer den Sitzplatz der Protagonisten als Stammplatz wahrnehmen kann. Ein besetzter Platz führt so ganz subtil zu einem Angriff auf die Heldin.

Wir Deutschen bauen unsere Wohnungen gern nach einem Maximum an Privatsphäre aus. Wenn wir diese benötigen, machen wir einfach die Tür zu. Dringen Unbefugte in diese privaten Zonen ein, kann das schwerwiegende Auswirkungen haben: Immer wieder hört man, wie Menschen im deutschen Kulturraum nicht mehr ruhig in ihrer Wohnung schlafen können oder sogar einen Umzug in Betracht ziehen, nachdem eingebrochen wurde. Obwohl die Sicherheitsvorkehrungen nach dem Einbruch erhöht wurden, bleibt oft der Gedanke im Hinterkopf zurück, dass die Wohnung nicht mehr sicher sei.

Im Nahen Osten gibt es solche Privatgemächer, wie wir sie in der westlichen Welt kennen, nicht. Ein nahöstlich geprägter Araber zieht sich in sich selbst zurück, um jede Art der Kommunikation abzubrechen, wünscht sich aber dennoch, jemanden um sich zu haben. Dieses Sich-selbst-Isolieren, würden Amerikaner wiederum als Beleidigung bzw. als ein strafendes Schweigen interpretieren.

Auf das Kino angewendet wird es fernöstlich geprägten Zuschauern stärker als eine Vereinsamung vorkommen, wenn sich der Held in private Bereiche zurückzieht. Bei westlich geprägten Zuschauern lässt sich das Bedürfnis des Helden nach Privatsphäre entsprechend länger hinauszögern, indem ein entsprechender Zugang zu privaten Bereichen verwehrt wird.

Verletzung von Distanzzonen

Normalerweise kontrollieren wir genau, wen wir wie nahe an uns heranlassen. Wenn wir selbst einem Menschen näher sein wollen, suchen wir unbewusst nach Zeichen, die uns diesen Schritt erlauben, etwa beim Flirten. Manchmal zwingen uns aber auch die Gegebenheiten des Raumes dazu, in die persönliche Distanzzone unseres Kommunikationspartners oder sogar noch näher heranzurücken. In Bezug auf die intime Distanzzone führte ich bereits das Fahrstuhlbeispiel an. Überfüllte U-Bahnen wären ebenfalls ein Beispiel für solche Situationen. In diesen Momenten versuchen wir den vorhandenen Platz möglichst gleichmäßig zu verteilen und ziehen damit imaginär eine Art Grenzlinie. Nur so wird die eigentlich unerwünschte Nähe akzeptiert. Bricht nun jemand dieses unausgesprochene Übereinkommen, wird die intime Distanzzone aktiv verletzt und Ärger ist damit vorprogrammiert.

Nehmen wir als Beispiel einen vollen Kinosaal. Hier wird man gezwungen, sich nur wenige Zentimeter neben einen eventuell unbekannten Menschen zu setzen. Normalerweise wird in dieser Situation die Armlehne als Grenze und Barriere anerkannt. Nimmt der Nachbar allerdings die gesamte Armlehne in Beschlag oder setzt sich so hin, dass seine Beine in unseren Raum hineinragen, oder wird durch das Hochlegen der Füße auf den Vordersitz sogar unser Sichtfeld eingeschränkt, ärgert sich jeder über so ein Verhalten und wird entsprechend reagieren.

Auch bei der Polizei kennt man die Wirkung des Eindringens in Distanzzonen. In einer Broschüre über Verhöre wird empfohlen, dass sich zwischen der verhörten Person und dem Polizisten kein Hindernis wie z.B. ein Tisch befinden soll, da dies als Barriere dem Häftling unbewusst ein wenig Sicherheit gibt. Weiterhin wird vorgeschlagen, dass man zu Beginn des Verhörs einen großen Abstand zum Häftling einnimmt und diesen dann von Frage zu Frage immer weiter verkürzt, bis sich letzten Endes das Knie des Polizisten faktisch zwischen den Beinen des Verhörten befindet. Durch dieses sprichwörtliche Auf-den-Leib-Rücken wird die Verteidigungshaltung des Verhörten durchbrochen und sein Selbstbewusstsein sinkt. Dieses Vorgehen hat sich laut J. Fast in der Praxis als besonders effektiv erwiesen (Fast 1993: 53).

Gestörte oder extreme Distanzwahrnehmung

Letzten Endes hat also jeder Mensch seine ganz individuellen Distanzblasen um sich herum, die von den unter D1 besprochenen Faktoren beeinflusst werden und sich damit auch auf unsere Wahrnehmung von Distanzen auswirken. Dies kann natürlich auch zu extremen und krankhaften Erscheinungen führen.

Ein von Dr. Kinzel durchgeführtes Experiment verdeutlicht dies sehr anschaulich: Er teilte Gefängnishäftlinge, die sich freiwillig gemeldet hatten, in zwei Gruppen ein. Die eine Gruppe hatte Gewalttaten in ihrem Strafregister, die andere nicht. Anschließend stellte er jeden Probanden einzeln in die Mitte eines leeren Raumes. Der Versuchsleiter stand am Rand und bewegte sich langsam auf den Probanden zu. Die Versuchsperson wurde aufgefordert, Stopp zu rufen, wenn ihr der Versuchsleiter zu nahegekommen war. Laut Dr. Kinzel stoppte die Gruppe der Gewalttäter den Versuchsleiter bereits bei der doppelten Entfernung im Vergleich zur Kontrollgruppe. Diese Gewalttäter sagten später aus, dass sie sich bedroht oder angegriffen fühlten, wenn ihnen jemand zu nahe käme. Dasselbe Gefühl hätten diese Männer empfunden, als sie andere Häftlinge angriffen, weil sich diese angeblich mit ihnen angelegt hätten. Offensichtlich ist die persönliche Distanzzone dieser Gewalttäter viel größer ausgelegt. Ein Verletzen dieser Zone wirkt für sie existenzbedrohend, weshalb sie mit Gewalt reagieren.

Auf die breite Masse übertragen lohnt es sich jedoch nicht, diese Extreme der Wahrnehmung in Bezug auf das Publikum zu beachten. Sie können aber beispielsweise das Wissen über das oben beschriebene, krankhafte Verhalten für die Arbeit mit Schauspielern nutzen, die Gewalttäter verkörpern sollen.

Distanzveränderung durch Höhenunterschied

Die Wahrnehmung von Distanzen wird durch Höhenunterschiede beeinflusst. Man geht dabei immer vom jeweiligen Augenpaar aus. Bei zwei sich gegenüberstehenden Menschen vergrößert sich z.B. der subjektive Abstand, sobald sich einer der beiden hinsetzt. Der Abstand von Augenpaar zu Augenpaar wird größer.

Ebenso bekommt das Gegenüber, zu dem ‚aufgeschaut' wird, etwas Starkes, etwas uns Erhabenes und Machtvolles. Aus diesem Grund bauten Herrscher ihre Prunkstatuen auf große Sockel, damit das vorbeilaufende Volk hinaufschauen musste. Auch Triumph- und Prestigebauten sind stets so angelegt, dass man aufschauen muss. Im Umkehrschluss kann man festhalten, dass ein Gleichsetzen auf Augenhöhe Distanz verringert, je nach Ausgangspunkt.

D4 DIE WAHL DES BLICKWINKELS

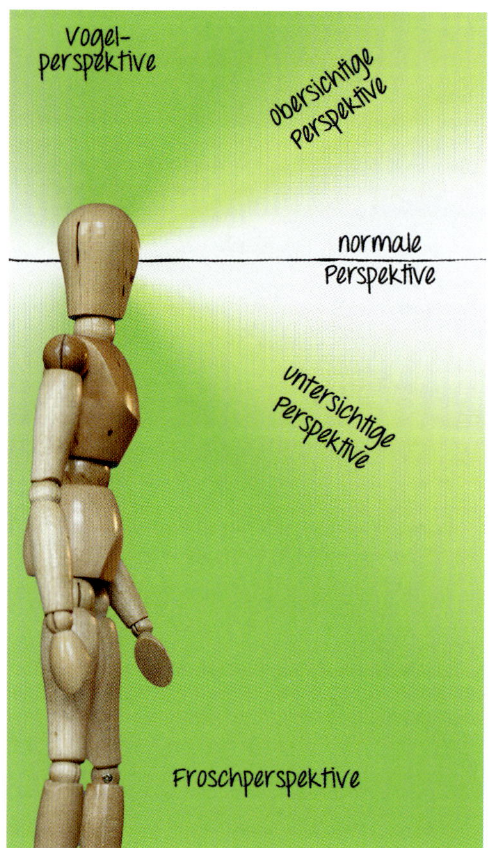

Abb. 32: Die Bereiche der verschiedenen Perspektiven.

Die Proxemik beschreibt den Blickwinkel immer vom Auge des Betrachters, in unserem Fall der Kamera, zu den Augen der Bezugsperson. Der gemessene Abstand zwischen diesen beiden Augenpaaren ergibt die jeweilige Distanz. Ich empfehle bei der Wahl der richtigen Perspektive für eine Einstellung stets auch die vorangegangenen Einstellungen zu betrachten. Ein leicht untersichtiger Blick auf eine Person wirkt anders, je nachdem, ob die Perspektive vorher untersichtig oder obersichtig war. Gehen Sie deshalb bei den folgenden Beschreibungen davon aus, dass wir von einer Einstellung mit normaler Perspektive auf die nun folgenden Einstellungen schneiden.

Normale Perspektive

Fotografiert man ein Gesicht aus einem Winkel im weißen Bereich der Abbildung 32, wirkt der Blickwinkel in der Regel neutral: Dieser Bereich spiegelt den Blickwinkel wider, den wir normalerweise haben, während wir mit anderen Menschen kommunizieren. Frauen sind in der Regel etwas kleiner und müssen deshalb häufig zu Männern etwas aufschauen und Männer entsprechend herabschauen. Dies wird dennoch als normal empfunden und hat deshalb keinerlei nennenswerte Auswirkung auf die Bildsprache.

Wenn wir dem Kamerabild mit normaler Perspektive Einstellungen mit einem veränderten Blickwinkel voranstellen, ändert sich die Wirkung entsprechend: Wurde eine Person im Vorfeld mehrfach untersichtig abfotografiert, kann eine neutrale Perspektive auf Augenhöhe degradierend wirken – als würde die Person auf den Boden der Tatsachen zurückgeholt. Wurde die Person hingegen zuvor immer obersichtig abgefilmt, wirkt der Wechsel auf eine normale Perspektive etwas beflügelnd oder befördernd.

Untersichtige Perspektive

Als untersichtig werden die Kamerawinkel unterhalb der Augenhöhe bezeichnet. Der Himmel bzw. die Raumdecke kommen ins Bild. Abgefilmte Personen werden scheinbar oben zusammengedrückt und unten auseinandergezogen. Hier wird Macht assoziiert. Auch Gebäude wirken übermächtig, je weiter sie über uns hinausragen.

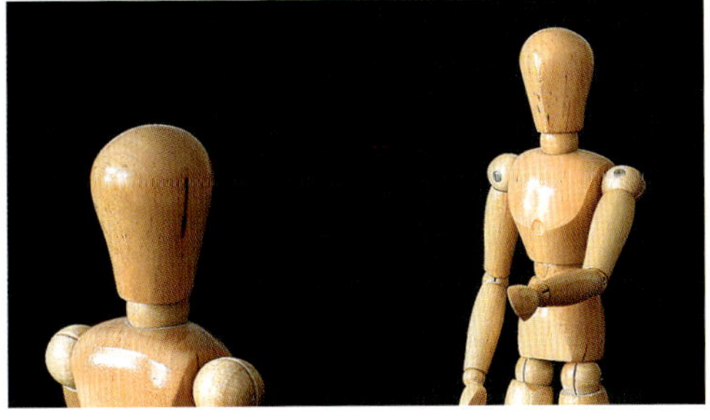

Abb. 33: Untersichtige Perspektive der Figur im Vordergrund.

Bezieht sich die Untersicht auf eine Person, bekommt der Zuschauer das Gefühl vermittelt, kleiner als die Bezugsperson zu sein und damit aufschauen zu müssen. Da wie erwähnt Frauen häufig kleiner sind als Männer, kann auch eine leichte Untersicht für weibliche Zuschauer völlig normal wirken. Auf Männer wirkt diese Perspektive dafür etwas schneller ungewöhnlich.

Dennoch zeigt solch eine Verschiebung der Perspektive sehr gut die Beziehung zweier gleich großer Personen im Bild zueinander. Wie in Abbildung 33 dargestellt, erscheint durch die Untersicht die Person im Vordergrund etwas mächtiger als die Person im Hintergrund und ihr damit überlegen. Sie sieht scheinbar auf uns und auf die hintere Person herab, obwohl sich beide eigentlich auf Augenhöhe befinden.

Das Extrem der Untersicht ist die Froschperspektive. Dabei befindet sich die Kamera und damit der Zuschauer quasi auf dem Fußboden und blickt sehr steil zum Protagonisten auf. Man ist seinem Gegenüber im wahrsten Sinne des Wortes unterlegen. Wenn dabei der Eindruck entsteht, es könne etwas auf den Betrachter herabstürzen, kann sich auch ein

Schwindelgefühl breitmachen. Objektive mit kurzer Brennweite können diesen Effekt noch verstärken und lange Brennweiten diesen verringern.

Obersichtige Perspektive

Hierbei befindet sich die Kamera oberhalb der Augenhöhe und schaut auf die Bezugsperson herab. Der Boden nimmt mehr Raum im Bild ein. Der Kopf wird vergrößert und die Füße verkleinert dargestellt. Dadurch wird dem Zuschauer das Gefühl eigener Überlegenheit suggeriert. Auch der Beschützerinstinkt kann je nach Bezugsperson angesprochen werden. Häuser wirken eher anheimelnd und gemütlich. In Abbildung 34 wird die Figur im linken Vordergrund dieses Mal obersichtig fotografiert. Dadurch wirkt sie schwächer und der Figur im Hintergrund unterlegen.

Da Männer häufig größer gewachsen sind als Frauen, werden geringe obersichtige Perspektiven von Männern eher als normal empfunden, weshalb die erniedrigende Wirkung vor allem durch extremere Winkel erreicht wird. Durchschnittlich gewachsene Frauen empfinden diesen Blickwinkel etwas schneller als ungewöhnlich.

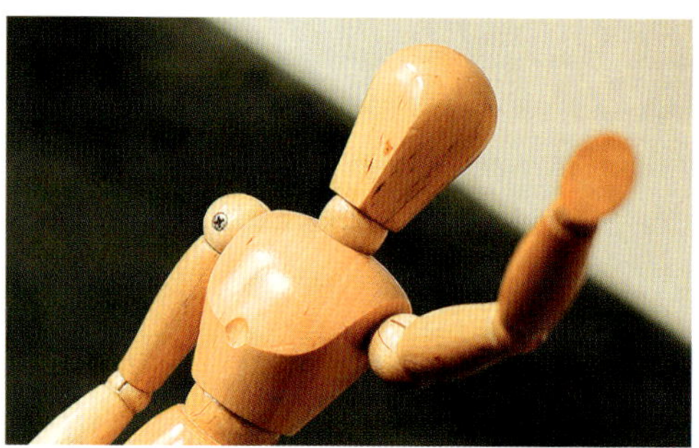

Abb. 34: Ein obersichtiger Blick auf die Figur im Vordergrund.

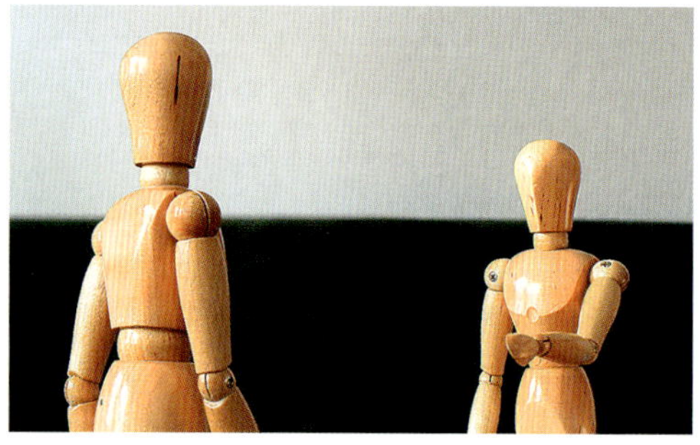

Abb. 35: Die schräge Perspektive.

Der extremste obersichtige Winkel ist die Vogelperspektive. Die Kamera schaut dabei wie ein Vogel steil von oben auf die Bezugsperson. Je weiter weg wir uns befinden, desto hilfloser kommt uns die Person auf dem Boden vor. Haben wir zusammen mit der Kamera einen sicheren Standpunkt, oder anders ausgedrückt: Wissen wir im Publikum, dass wir in der gefilmten Szenerie nicht herunterfallen können, so kann sich die Überlegenheit noch verstärken.

Bekommt der Zuschauer allerdings das Gefühl, dass sein erhöhter Standpunkt nicht fest und sicher ist, können sich Angst- und Schwindelgefühle einstellen. Durch den Raumdehnungseffekt weitwinkliger

Objektive werden diese Gefühle verstärkt, durch Teleobjektive hingegen abgeschwächt.

Stellen Sie sich einen Blick aus dem Fenster nach unten auf die Straße vor. Dieser Standpunkt ist fest und damit ungefährlich. Treten Sie nun gedanklich an den Abgrund einer Schlucht; Steine brechen von der Bodenkante ab und fallen in die Tiefe. Wenn jetzt die Kamera über den Abgrund schaut, wünschen Sie sich sicherlich, Sie stünden in einem sicheren Raum an einem Fenster und würden einfach nur auf eine Straße schauen.

Ein Sonderfall stellt der komplett senkrechte Blick über die handelnde Person dar. Der untere Teil des Körpers wird von Kopf und Schulter verdeckt. Dadurch verringert sich der Eindruck von Tiefe. Die gezeigten Personen und Objekte wirken wie Figuren auf einem Schachbrett, was den Zuschauer zu einem gottähnlichen Beobachter macht. Dies hat auch etwas von einem allmächtigen Erzähler der Geschichte, der alles im Blick hat und steuern kann.

Schräge Perspektive

Die schräge Perspektive, auch ‚dutch angle' genannt, wirkt auf uns im Verhältnis zu den anderen Perspektiven hochgradig irritierend und schwindelerregend. Wir sind es gewohnt, dass wir den Horizont immer gerade wahrnehmen, selbst wenn wir auf einem steilen Hang stehen oder wir einfach nur den Kopf neigen. Wie unter C3 in Bezug auf die Trapezform von Häusern erklärt, fehlen dem Publikum im Kinosaal wichtige Informationen wie das Gleichgewicht. Deshalb muss eine so auffällige Perspektive streng motiviert sein, sonst wird auch hier die Immersion für den Zuschauer gestört. Laut Jeremy Vineyard verstärkt sich dieses Schwindelgefühl noch durch prägnante vertikale Linien wie Hochhäuser, die durch das Kippen zu Diagonalen werden (Vineyard 2001: 17).

D5 PROXEMIK SICH BEWEGENDER OBJEKTE IM BILD

Jetzt bekommen Sie Gelegenheit, ihr bisher gelerntes Wissen anzuwenden. Mit einer kleinen Aufgabe werden wir uns mit der Proxemik sich bewegender Objekte beschäftigen:

Die Aufgabe:

Zeichnen Sie einen Floorplan der nachfolgend beschriebenen Szene. Legen Sie drei Kamerapositionen fest, die folgende Kriterien erfüllen:

» **Position 1:** Diese Position soll sich die ganze Szene hindurch für die Zuschauer etwas unangenehm anfühlen. Sie sollen sich nicht sicher fühlen dürfen.

» **Position 2:** Auf dieser Position sollen die Zuschauer die Handlung entspannt beobachten können, ohne zeitweise ein unangenehmes Gefühl zu bekommen.

» **Position 3:** Für einen Teil der Handlung sollen die Zuschauer beim Blick auf dieses Kamerabild ein Gefühl von Gefahr empfinden und sich für einen weiteren Teil der Handlung relativ geschützt vorkommen.

WAS BISHER GESCHAH

Meathook ist ein skrupelloser Kopfgeldjäger. Im Verlauf der Handlung sägte er bereits einigen Menschen den Kopf ab. Die Heldin dieser Geschichte versucht Meathook hinter Gitter zu bekommen, bevor er ihren Sohn finden kann. Die folgende

```
Szene ist ein seltener Moment, in welchem wir Meathook
privat erleben.

WOHNZIMMER                                        INNEN/NACHT
_____________________________________________________________

Meathook sitzt in seinem Wohnzimmer auf dem Sofa. Er schlingt
ein nur halb durchgebratenes, halbes Hähnchen in sich hinein,
während der Fernseher läuft. Als in den Nachrichten von
seinem letzten Mord gesprochen wird, steht er auf, läuft zum
Fernseher und schaltet ihn aus. Danach widmet er sich wieder
entspannt seiner Mahlzeit.
```

Eine mögliche Lösung:
Um die Proxemik sich bewegender Objekte besser zu verstehen, hilft uns die Metapher der Distanzblasen aus Kapitel D3 weiter: Die Distanzzonen kann man sich als riesige, unsichtbare Seifenblasen vorstellen, welche sich um eine Person herum mitbewegen. Diese unsichtbaren Blasen verändern sich ständig, da sie von anderen Objekten beeinflusst werden, wie beispielsweise von Barrieren oder Personen, sowie von deren Bewegungsgeschwindigkeit. Dadurch ergibt sich für jede Distanzzone ein speziell durch diese Einflüsse geformter, unsichtbarer Raum. Steven D. Katz nennt diesen Raum „circle of action" (Katz 1991: 229). Im Deutschen kann er etwas freier als ‚Aktionsradius' bezeichnet werden. Der Aktionsradius nimmt so viel Fläche ein, wie die gewählte Distanzzone im Raum während der gesamten Handlung braucht. Das Ganze klingt etwas sehr abstrakt, weshalb ich den Aktionsradius anhand der Aufgabe erklären werde.

Die Abbildung 36 auf der nachfolgenden Seite zeigt meinen Floorplan zur oben beschriebenen Szene. Die dicke, blaue Linie stellt die Handlungsachse von Meathook dar. Der rote Bereich gibt in etwa den Aktionsradius seiner intimen Distanzblase während des Bewegungsvorganges wieder. Gegenstände wie Tisch, Sofa oder Fernseher bilden Barrieren und beeinflussen damit die Distanzblase – je nachdem, wie einfach die Barrieren zu überwinden sind. Abhängig von der Bewegungsgeschwindigkeit des Mannes vergrößert oder verkleinert sich diese Blase. Da sich Meathook auf beiden Positionen zumindest für einen kurzen Moment nicht bewegt, ist der rote Bereich um diese Punkte herum am kleinsten.

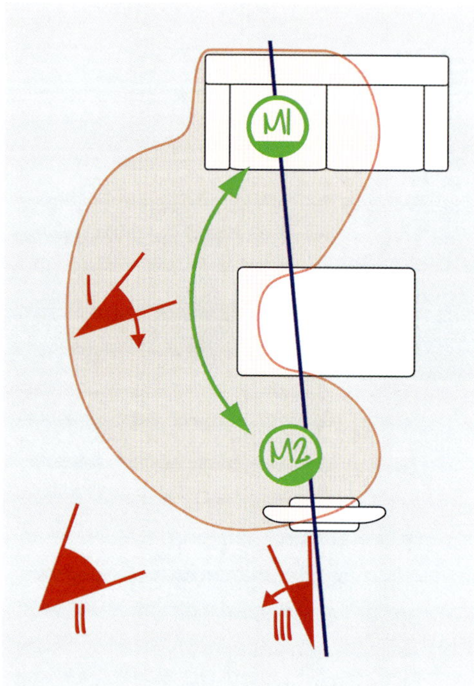

Abb. 36: Aktionsradius einer sich bewegenden Person.

Auf der empfundenen Kameraposition I stehen wir innerhalb seines Aktionsradius. Die Kamera muss hier sehr stark mitschwenken, um die gesamte Handlung einfangen zu können, was der Bewegung eine größere Bedeutung verleiht. Auch ist die Schwenkdistanz auf dieser Position fast am größten, vorausgesetzt man will der Handlung folgen. Es muss mit einer hohen Geschwindigkeit geschwenkt werden, was wiederum dazu führt, dass die Bewegung von Meathook automatisch schneller wirkt. Welche Auswirkungen diese hat, erfahren Sie unter Kapitel F1 zur Schwenkgeschwindigkeit.

Auf Kameraposition I nehmen wir als Zuschauer entsprechend viel mehr Anteil an der Bewegung, wodurch Spannung beim Zuschauer aufgebaut wird. Man wird selbst nicht in die Handlung involviert, aber das Gefühl, man könnte Teil der Handlung werden, steigt. Schließlich würde der Mann uns auf dieser Position beinahe umrennen. Handelt es sich bei dieser Person um einen Mörder, bekäme der Zuschauer auf Position I ein sehr mulmiges Gefühl. Neutral zu bleiben ist hier unmöglich, es fehlen Barrieren. Auch ist die Möglichkeit zur Flucht erschwert, denn der Mörder müsste fast während des gesamten Bewegungsvorganges nur die Hand ausstrecken und schon hätte er uns geschnappt.

Gefühlt befindet sich Kameraposition II außerhalb des Aktionsradius für die intime Distanz. Der Zuschauer wahrt einen neutraleren Abstand. Er wird mehr zum Beobachter und ist nicht direkt in die Handlung involviert, wenn auch nicht gänzlich ausgeschlossen, schließlich befindet er sich zeitweise noch in der persönlichen Distanzzone. Dadurch eignet sich diese Position besser, um die Haltung eines Erzählers zu vertreten. Die Kamera muss auf dieser Position je nach Brennweite kaum schwenken, um die Handlung einzufangen. Außerdem verändert sich die Körpergröße der Person nur wenig im Bild, da sie sich von diesem Standort aus betrachtet hauptsächlich im Mittelgrund aufhält. Auf Position II droht den

Zuschauern kaum Gefahr, da genug Distanz sowie Fluchtmöglichkeiten vorhanden sind.

Position III wird auf der Handlungsachse wahrgenommen. Der Fernseher ist noch im Bild angeschnitten und bildet eine Barriere, hinter der wir uns als Zuschauer schützen können. Dafür bildet diese Position eine Art *Over-the-shoulder** des Fernsehers. Der Mann interagiert quasi direkt mit uns, wodurch der Zuschauer selbst Teil der Handlung wird. Wenn wir von einem Mörder ausgehen, erhält diese Position für den Zuschauer ebenfalls etwas Unangenehmes, solange er auf den Fernseher zusteuert und mit diesem interagiert. Sobald er zurückgeht und auf dem Sofa sitzt, wird sich diese Position für den Betrachter viel sicherer anfühlen, weil dann sowohl TV-Gerät als auch Tisch eine Barriere bilden und eine sichere Distanz eingenommen wird. Auch der Mörder selbst wird kleiner im Bild. Da er uns zeitweise den Rücken zuwendet, kann er nur sehr schwer eine Kommunikation mit uns aufbauen (z.B. durch Blickkontakt), was die gefühlte Distanz und damit das Sicherheitsgefühl erhöht. Ein weiterer Vorteil dieser Position ist, dass der Zuschauer einen besseren Eindruck vom *filmisch erzählten Raum** erhält. Der Mann bewegt sich vom Hintergrund in den Vordergrund und wieder zurück. Er durchmisst quasi den Raum für uns. Außerdem muss, je nach Wahl der Brennweite, auch hier die Kamera ein wenig mitschwenken, was den Raumeindruck noch verstärkt – mehr dazu in Kapitel G. Wenn auf Position III ein Weitwinkelobjektiv eingesetzt wird, verändert sich die Körpergröße der Person im Bild sehr stark. Dies unterstützt die Dramatik der ‚Bewegung auf uns zu' noch, da der Mann dabei zu wachsen scheint. Auf dem Weg zurück zum Sofa schrumpft er im Bild und wirkt dadurch weniger bedrohlich. Es gibt diverse Positionen, die eine ähnliche Wirkung erzielen können. Falls Sie also nicht genau meine beschriebenen Positionen getroffen haben sollten, bedeutet das nicht automatisch, dass Sie die Aufgabe nicht gelöst haben, solange die beschriebenen Wirkungen zu erwarten sind.

D6 IRREALE KAMERAPOSITIONEN

Immer wieder werden auch irreale Kamerapositionen in Inszenierungen miteinbezogen. Hierbei handelt es sich um Standpunkte, die ein Mensch normalerweise überhaupt nicht einnehmen könnte, weil zum Beispiel eine Wand den Blick auf die abgebildete Person verdecken oder ein Mensch nicht in das Objekt hineinpassen würde. Ein extremes Beispiel hierfür bietet die Einführungssequenz aus *Fight Club* (Regie David Fincher, 1999). Darin fährt die Kamera durch das Gehirn des Protagonisten.

Irreale Positionen werden gern eingenommen, wenn die Handlung in sehr engen Räumen wie beispielsweise in Fahrstühlen spielt. Darin wäre schlicht kein Platz mehr für die Kamera gewesen, weshalb man im Studio eine Wand entfernt, um die gewünschte Einstellungsgröße herstellen zu können. Viele irreale Positionen bekommen schnell etwas Abstraktes, weshalb sie dem Zuschauer nachvollziehbar erscheinen müssen, damit er nicht aus der Immersion herausgeworfen wird. Er sollte faktisch das Bedürfnis haben, bei einer Unterhaltung Mäuschen zu spielen.

Zu irrealen Kamerapositionen zählt auch die ‚entfesselte Kamera'. Dieser Begriff wird in der Regel verwendet, um Kamerabewegungen zu beschreiben, die scheinbar ohne jegliche Grenzen und Hindernisse frei durch den *filmischen Raum** wandern. Dabei werden in der Regel verschiedene Sets miteinander verbunden. Beispielsweise zeigt eine Kamera zu Beginn eine Person im Wohnzimmer sitzend. Dann bewegt sie sich aus dem Fenster auf die Straße und filmt dabei einen Postboten am Briefkasten. Schließlich endet die Kamera auf dem Beifahrersitz eines Wagens, in welchem ein Mann sitzt, der ungeduldig das Haus und den Postboten beobachtet.

Sicherlich haben Sie bereits bemerkt, dass die wahrgenommene Distanz einer Kameraposition zum Schauspieler stark von der Wahl des Objektivs abhängt. Doch die Entscheidung für ein passendes Objektiv hat noch weitere Auswirkungen, wie Sie im folgenden Kapitel erfahren werden.

OBJEKTIV-BRENNWEITEN

Mit dem Standpunkt spielen

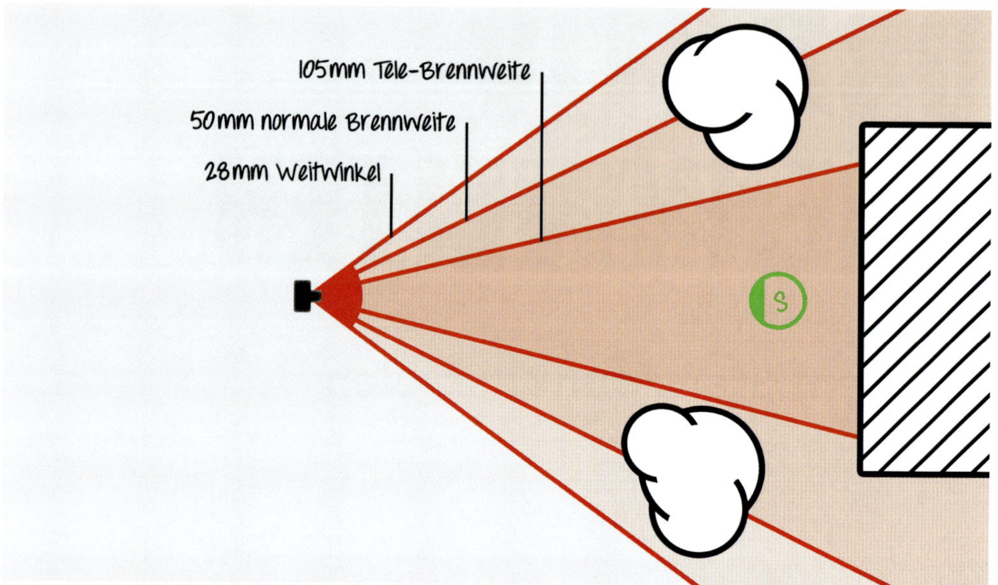

Abb. 37: Blickwinkel verschiedener Brennweiten für das Kleinbildformat: 75° bei 28 mm Weitwinkel, 47° bei 50 mm Normalbrennweite, 23° bei 105 mm Tele.

An verschiedenen Stellen erwähnte ich bereits die Brennweite des Kameraobjektivs. Sie hat einen entscheidenden Einfluss auf die Wirkung eines Filmbildes, besonders in Bezug auf die gefühlte Position der Kamera. Aus diesem Grund gehören Gedanken zur Brennweite auch zu einer szenischen Auflösung dazu.

Die Brennweite eines Objektivs beschreibt den Abstand des Mittelpunkts einer Linse zum Brennpunkt, welcher sich idealerweise auf der Bildebene, sprich dem Film oder Chip, befindet. Diese wird mit einem kleinen ‚f' in Millimeter angegeben. Beim Kleinbildformat gelten Brennweiten bis 35 mm als kurz, zwischen 35 mm und 80 mm liegt der Bereich der Normalbrennweite, ab 80 mm spricht man von einer langen Brennweite. Je länger die Brennweite ist, desto kleiner ist dabei der abgebildete Blickwinkel, wie es Abbildung 37 verdeutlicht:

Die normalen Brennweiten werden deshalb so bezeichnet, weil sie der normalen Sehgewohnheit des Menschen am nächsten kommen und am wenigsten das Bild verzerren. Deshalb hat dieser Brennweitenbereich keinen weiteren nennenswerten Einfluss auf die Raumwirkung, abgesehen vom erhöhten Realismusgrad.

E1 KURZE BRENNWEITE

Kurze Brennweiten bzw. Weitwinkelobjektive decken, wie der Name schon sagt, einen sehr weiten Blickwinkel ab. Oder anders ausgedrückt: Ein großes Sichtfeld wird zusammengestaucht auf das Filmbild belichtet. Die Abbildung 37 zeigt deutlich, wie viel mehr Raum ein Weitwinkelobjektiv im Vergleich zu Normal- und Telebrennweiten auf die Bildebene bringt. Dieses Mehr an Raum muss entsprechend gestaucht werden, um auf derselben Bildebene abgebildet werden zu können. Es entsteht der Eindruck, als habe sich der Raum in der Tiefe ausgedehnt, obwohl rein optisch das Licht gestaucht wurde. Durch diese Stauchung entstehen an den Rändern die bekannten Verzerrungen. Die normalerweise geradlinig verlaufenden Kanten werden gekrümmt abgebildet. Man kann also viel Raum zeigen, dieser wird aber vor allem am Rand verfälscht wiedergegeben. Die Intensität der Verzerrung an den Rändern hängt dabei auch von der Güte der verwendeten Optik ab.

Ein positiver Nebeneffekt dieser Stauchung ist, dass dadurch schräge Linien, wie Häuserfluchten, noch schräger wahrgenommen werden und sich so der Eindruck von Raumtiefe erhöht. In manchen Fällen wird ebenfalls positiv bewertet, dass durch diese Stauchung ein größerer Bereich scharf abgebildet wird, was entsprechend zu einer größeren *Schärfentiefe** führt.

Bewegt sich eine Kamera mit einem Weitwinkelobjektiv vorwärts oder rückwärts durch den Raum, fühlen sich die Zuschauer viel intensiver durch den Raum bewegt, als es beim Einsatz einer normalen Brennweite der Fall wäre. Schuld daran sind auch hier wieder die Verzerrungen am Bildrand. Wenn man sich diese Verzerrungen während der Bewegung genauer anschaut, stellt man fest, dass diese bei sehr kurzen Brennweiten so wirken, als würde man die Kamera seitlich zur Bewegungsrichtung halten; als würde sich der Kameramann beispielsweise immer noch vorwärts oder rückwärts bewegen, jedoch die Kamera dabei nach links oder rechts halten und so eine seitliche Bewegung aufzeichnen. Je weitwinkliger das Objektiv ist, desto stärker tritt dieser Effekt auf. Bewegungen wirken dadurch schneller und dramatischer. Auf großer Leinwand können die Auswirkungen jedoch so intensiv sein, dass Zuschauer je nach Sehgewohnheit

Gleichgewichtsstörungen bekommen können, welche sich durch ein leichtes Schwindelgefühl äußern.

Der Regisseur Sidney Lumet verwendete Weitwinkelobjektive unter anderem, wenn er die Geschwindigkeit von Personen oder Fahrzeugen, die sich auf die Kamera zu oder von ihr wegbewegen, künstlich erhöhen wollte. Durch die Stauchungen verändert sich deren Größe im Bild viel schneller, als sie es bei Normalbrennweiten tun würde. Sie legen deshalb eine scheinbar größere Strecke im Raum zurück. Dieser Effekt funktioniert allerdings nicht bei Bewegungen seitlich zur Kamera. Hierfür eignen sich eher Teleobjektive.

E2 LANGE BRENNWEITE

Objektive mit langer Brennweite nennt man ,Teleobjektive', kurz ,Tele'. Mit ihrer Hilfe werden weit entfernte Objekte nahe herangeholt, bzw. vergrößert abgebildet. Diese Objektive haben einen kleineren Blickwinkel als das menschliche Auge. Dieser engere Blickwinkel wird entsprechend optisch vergrößert, um auf dem gleichen Bildformat abgebildet werden zu können. Im Kino sehen wir also letzten Endes mit unserem normalen Blickwinkel den viel engeren Blickwinkel eines Teleobjektivs. Wenn die abgefilmte Person das gesamte Bild von links nach rechts durchqueren möchte, muss sie in diesem Fall eine entsprechend kleinere Strecke zurücklegen als beispielsweise bei einer normalen Brennweite. Hierdurch wird also der in Kapitel C5 beschriebene Effekt zur Bewegungsparallaxe verstärkt: Das Objekt bewegt sich scheinbar umso schneller, je näher es sich an uns vorbeimanövriert.

Bei langen Brennweiten werden hauptsächlich nur die Lichtstrahlen abgebildet, die frontal auf die Linse des Objektivs auftreffen, wodurch der Eindruck entsteht, dass ein Objekt im Vordergrund scheinbar enger mit dem Hintergrund zusammenrückt. Es geht also der Eindruck von Raumtiefe verloren.

Dies kann sich unter Umständen aber auch als Vorteil erweisen: In einer Kampfszene beispielsweise schlägt der Protagonist mit seiner Faust in die Tiefe des Raumes auf eine andere Person ein. Beim Dreh hält er etwas mehr Abstand, sodass er nicht wirklich trifft. Sein Gegenüber muss dennoch die Auswirkungen des Schlages spielen. Wird dies mit einem Teleobjektiv abgefilmt, wirkt es für den Zuschauer so, als hätte er wirklich getroffen.

E3 GEFÜHLTER STANDPUNKT

Mit der Wahl der Brennweite kann der Kameramann Einfluss darauf nehmen, auf welcher Position die Zuschauer glauben, im Raum zu stehen. Je länger die Brennweite des Objektivs gewählt wird, desto kürzer scheint dem Zuschauer dessen Entfernung zum Bezugsobjekt. Umgekehrt funktioniert der Effekt nur begrenzt. Wir können mit einem Weitwinkelobjektiv nur sehr begrenzt mehr Abstand halten, als es der tatsächliche Kamerastandpunkt hergibt. Es hilft, sich dabei vorzustellen, wie weit man sich vom abzufilmenden Objekt in der Realität tatsächlich entfernen müsste, um so viel vom Raum zu sehen, wie es uns das eingesetzte Weitwinkelobjektiv ermöglicht. Bei sehr kurzen Brennweiten wirkt allerdings die Verzerrung am Rand so unnatürlich, dass dieser Effekt des gefühlten Standpunktes verloren geht. Dementsprechend bringt es Vorteile, sich bei der szenischen Auflösung zunächst Gedanken über den gefühlten Standpunkt der Zuschauer zu machen und sich dann im zweiten Schritt zu überlegen, mit welcher Kombination aus Kameraposition und Objektivbrennweite man diesen gefühlten Standpunkt herstellen kann.

E4 ZOOM

Bei einem Zoom verändert man die Brennweite des Objektivs, während die Kamera aufzeichnet. Entsprechend wechseln auch die angesprochenen Eigenschaften. Der Bildausschnitt wird dabei also nicht nur wie bei einer Fahrt verkleinert oder vergrößert, sondern durch die verschiedenen Eigenschaften der Brennweiten zusätzlich gedehnt oder gestaucht.

Es wirkt fast so, als würden sich die Objekte im Hintergrund auf uns zu bzw. von uns wegbewegen, was bei statischen Objekten wie Häusern hochgradig abstrakt erscheint. Man kann daher mit einem Zoom nur bis zu einem gewissen Grad eine Fahrt simulieren, nämlich solange sich die Dehnungs- bzw. Stauchungseffekte in Grenzen halten. Zudem wirkt ein Zoom im Gegensatz zur Fahrt schnell unnatürlich, weil das menschliche Auge nicht in der Lage ist, die Brennweite zu verändern.

Aufgrund dieses unnatürlichen Verhaltens droht durch die Verwendung von Zooms der Zuschauer aus der Immersion herausgeworfen zu werden. Deshalb sollte man den Einsatz von Zooms vor allem auf jene filmischen Werke beschränken, bei denen eine Immersion von vornherein nicht geplant ist, wie beispielsweise bei Musikvideos oder Dokumentationen.

Fairerweise muss an dieser Stelle erwähnt werden, dass es durchaus auch positive Verwendungsmöglichkeiten für Zooms in immersiven Erzählungen gibt. Der hohe Grad an Unnatürlichkeit kann durchaus vom Regisseur erwünscht sein, um z.B. Drogeneffekte zu simulieren oder um die *POV** einer Überwachungskamera darzustellen. Werner van Appeldorn formuliert ergänzend eine grundsätzliche Regel:

„In allen Fällen, in welchen Zoom-Bewegungen dazu dienen, sich Veränderungen in der Bildaufteilung anzupassen, werden sie vom Zuschauer nicht als Bewegung empfunden" (Appeldorn 1984: 44).

Als Beispiel führt er ein Gespräch zwischen zwei Personen auf. Kommt eine dritte Person hinzu, könnte es je nach Bildausschnitt schwierig werden, alle drei Personen im Bild zu halten. In diesem Fall wird ein Aufzoomen vom Zuschauer nicht als störend wahrgenommen. Dies entspricht hier einem natürlich-menschlichen Verhalten, schließlich würden wir beim Hinzukommen einer dritten Person unseren eigenen Standpunkt, welchen im Film die Kamera einnimmt, neu ausrichten, damit die Person nicht in unsere intime Distanzzone eindringt, aber gleichzeitig in die Gruppe integriert wird. Hierbei ist das Timing entscheidend. Denn wir würden nicht erst die dritte Person unsere Distanzzone verletzen lassen und nach einer Weile dann eine ausgleichende Distanz einnehmen oder bereits eine korrigierende Bewegung ausführen, bevor überhaupt ein Grund hierfür entsteht. Entsprechend muss auch der Zeitpunkt für den Zoom richtig gewählt werden, damit er einem natürlichen Verhalten entspricht.

E5 VERTIGO / ZOLLY

Eine Sonderform des Zooms bildet der Vertigo. Während eines Zooms verändern sich die Tiefenwirkung sowie der Bildausschnitt des abgefilmten Objektes. Bei einem Vertigo wird diese Veränderung des Bildausschnittes mit einer Gegenfahrt ausgeglichen. Es bleibt also die wahrgenommene Distanz zum Bezugsobjekt gleich, nur der Raum ringsum wird instabil und verändert sich. Dadurch gewinnt man den Eindruck, dass sich der *filmische Raum** unnatürlich ausdehnt oder zusammenstaucht. Ersteres wird erreicht, indem man herauszoomt und zeitgleich in derselben Geschwindigkeit an das Bezugsobjekt heranfährt. Fährt man bei gleichzeitigem Aufzoomen vom Bezugsobjekt weg, wird der Raum gestaucht. Die Umgebung verhält sich also nicht mehr so, wie es die Zuschauer gewohnt sind. Sie können sich für diesen Moment nicht mehr auf ihre Erfahrungen verlassen. Das wirkt hochgradig abstrakt und unangenehm – ein Gefühl, das Steven Spielberg ausnutzte, um die Angst der Zuschauer im Film *Der weiße Hai* (1975) zu verstärken. Doch er war nicht der Namensgeber für diesen Effekt.

TRAILER ZU VERTIGO
MIT EINEM BEISPIEL DIESER TECHNIK BEI 2:10

» Universal Pictures UK, 2013
» https://youtu.be/UHhsEYDg8GI?t=2m8s

Die Bezeichnung ‚Vertigo' verdankt diese Sonderform des Zooms dem Regisseur Alfred Hitchcock, welcher diese Technik im gleichnamigen Film *Vertigo – aus dem Reich der Toten* (1958) salonfähig machte. Darin sorgt diese Kamerabewegung für ein Schwindelgefühl beim Zuschauer. Der Name gibt damit einen Hinweis auf dessen Wirkung, denn aus dem Lateinischen übersetzt steht ‚Vertigo' für Schwindel oder Drehung. Die eigentliche Bezeichnung ‚Zolly' lässt hingegen die Form der Kamerabewegung erkennen: die Verbindung eines Zooms mit einer Dollyfahrt.

KAMERA-BEWEGUNGEN

Das Salz in der Suppe

Der Kamerabewegung wird heute viel Bedeutung beigemessen, sodass in vielen, ‚jung' wirkenden Produktionen die Kamera nahezu nie zum Stehen kommt. Natürlich kann man eine Geschichte erzählen, in welcher sich der Zuschauer ständig durch den Raum bewegt fühlt, doch entspricht das schlicht nicht unserer natürlichen Sehgewohnheit. Der Zuschauer bekommt nicht die Möglichkeit, Luft zu holen, etwas in Ruhe zu betrachten oder etwas im Blickfeld auf sich einwirken zu lassen. Doch auch das andere Extrem, die Geschichte nur in Standbildern voranzutreiben, führt nicht zu einer natürlichen Wahrnehmung. Das Ergebnis wirkt dann konstruiert und verkrampft. Eine auf die Wirkung hin ausgerichtete Mischung bietet dem Zuschauer den besten, immersiven Genuss.

Kamerabewegungen sind in der szenischen Auflösung das Salz in der Suppe. Geschickt gesetzte Bewegungen ziehen den Zuschauer in die Geschichte hinein, sorgen für Anteilnahme und bringen den gewünschten Wow-Effekt. Aber wenn man nicht aufpasst, kann man sein Kunstwerk auch versalzen. Sie sollten also wissen, was Sie tun. Für mich sind deshalb die Kamerabewegungen der absolute Hammer im Werkzeugkasten der szenischen Auflösung:

Werkzeug 4: Die Kamerabewegungen

Kamerabewegungen sind nicht nur dazu da, alle Schauspieler im Bild zu behalten, oder um ein möglichst beeindruckendes Bild zu kreieren. Wer die Bewegungen seiner Kamera als eine Möglichkeit begreift, gezielt die Wirkung des Filmes auf den Zuschauer zu beeinflussen, der hält ein mächtiges Werkzeug in seinen Händen. Hierunter fallen:

- Fahrten
- Zooms
- Mehrdimensionale Bewegungen
- Schwenks
- Mischformen aller Bewegungsarten

Wenn sich die Kamera nicht bewegt, ist die Wirkung des Bildes von der einmal gewählten Kameraposition und vom gezeigten Inhalt abhängig. Während einer Szene verändert sich aber der gezeigte Inhalt. Indem die Kamera auf die Veränderungen vor der Linse mit entsprechenden Bewegungen reagiert, können wir unseren Zuschauern simultan eine gewünschte

Interpretation des gezeigten Inhaltes liefern und direkt auf die Geschichte Einfluss nehmen. Das macht eine Kamerabewegung zu einem mächtigen Werkzeug, um gezielt auf den Zuschauer einzuwirken.

Ein Beispiel: Der Darsteller sucht auf dem Arbeitsplatz eines Kollegen nach einer Notiz. Als er diese endlich findet, reagiert er entsetzt. In einer einzigen Kameraeinstellung lässt sich die Hektik des Suchens nach der Notiz auf den Zuschauer übertragen, indem die Hände verfolgt werden. Sobald die bedeutende Notiz auftaucht, lässt sich im selben Shot zum Gesicht des Darstellers schwenken, um seine Reaktion darauf einzufangen. Natürlich könnte man alles in festen Einstellungen erzählen, doch je nach Art und Weise der Verbindung aller Einstellungen durch geschickt gewählte Bewegungen, lässt sich viel mehr in die Szene hineininterpretieren. Die Bewegungen vermitteln nicht nur den emotionalen Zustand der Rolle, sondern geben eine viel natürlichere Art der Betrachtung vor. Das könnten feste Einstellungen nie leisten. Auch kann der Zuschauer durch eine entsprechende Kamerabewegung sehr gut den Raum in seiner Ausdehnung wahrnehmen.

Gerade bei Kamerabewegungen kommt es vor, dass wir uns als Filmemacher in die schönen Bilder einer bewegten Kamera verlieben und dies auch unseren Zuschauern vermitteln wollen, nach dem Motto: „Schaut, wie geil wir diese Handlung filmen konnen." Das ist eine Falle, in die wir alle viel zu gern tappen. Erkennen die Zuschauer die ach so tolle Kamerafahrt als solche, werden sie sofort aus der Immersion des Filmes herausgezogen und müssen sich erst wieder neu in den Film verlieren. Aus diesem Grund muss es stets eine Motivation für die Bewegungen der Kamera geben. Diese kann beispielsweise die Handlung selbst geben oder durch ein dynamisches Objekt im Bild hervorgerufen werden, auf welches der Zuschauer seine Aufmerksamkeit richtet. Ist nicht nachvollziehbar, warum sich die Kamera bewegt, nimmt der Betrachter diese Bewegung nicht als natürlich wahr. Das irritiert. Diese Ablenkung wird erst dann beseitigt, wenn etwas für die Handlung Bedeutendes dadurch erkennbar wird. Man kann sich der Einfachheit halber eine Art übergeordneten Erzähler vorstellen. Er bringt eine Information ins Spiel, die später von Bedeutung sein wird.

Die Bewegung der Kamera muss also motiviert sein durch

- die Bedürfnisse der handelnden Charaktere,
- die Bedürfnisse des Zuschauers oder
- den allwissenden Erzähler.

Damit eine Kamerabewegung als natürlich empfunden wird, muss sie genau in dem Moment ausgeführt werden, wenn bei den Zuschauern das Bedürfnis zur Bewegung entsteht. Das Timing ist also wichtig. In der Praxis reichen schon sehr einfache, kleine Bedürfnisse als Motivator aus. Das Bedürfnis, den gesamten Raum zu erfassen oder die Spitze eines Turmes zu sehen, kann ausreichen. Ebenso kann etwas Banales und für die Handlung Unbedeutendes wie eine Feder im Wind unsere Aufmerksamkeit erhaschen. Diese führte in der Eröffnungssequenz von *Forrest Gump* (Regie Robert Zemeckis, 1994) den Zuschauer harmonisch in die Handlung ein. Die gleiche Kamerafahrt ohne die Feder würde komisch wirken. Eine einfache Kranfahrt nach unten wäre hingegen langweilig. Natürlich können wir nicht in die Köpfe anderer schauen. Da wir aber am Set selbst auf Monitore starren, sind auch wir Zuschauer. Unser Bauchgefühl gibt das richtige Timing vor.

VIDEO ZUR ERÖFFNUNGSSZENE VON FORREST GUMP

» Paramount Pictures via YouTube-User the3freeman
» https://youtu.be/W7voy1vit6Y

TIPP

Da wir gerade bei natürlichen Bewegungen sind: Wenn man die Kamera in Bewegung setzt, kommt es am Anfang gern mal zu einem kleinen Ruckler. Das sieht selten gut aus. Wenn ich genau weiß, wann ich in die Bewegung schneiden möchte, vermeide ich den Ruckler, indem sich die Kamera bereits ein klein wenig bewegt, bevor ich „Und bitte" rufe. Die Bewegung beginnt also ganz sanft *im Off** und legt *im On** erst richtig los.

Jede Art der Kamerabewegung findet sein Äquivalent in der Natur. Deshalb macht es keinen Sinn, pauschal über alle Bewegungsformen zu schreiben. Ein genauer Blick auf die Möglichkeiten der Bewegungsformen macht diese erst zum Werkzeug für die szenische Auflösung.

F1 DER SCHWENK

Auf den ersten Blick betrachtet simuliert ein Schwenk die Bewegung des Kopfes bzw. der Augen. Genauer betrachtet stimmt dies allerdings nur bedingt. Wir sehen bekanntlich unsere Umwelt in Sakkaden und müssen also immer für einen kurzen Moment ein Objekt fixieren, damit keine Bewegungsunschärfe wahrgenommen wird. Anschließend springt das Auge innerhalb der nächsten Sakkade weiter. In dieser Zeit findet, wie in Kapitel C3 erklärt, fast keine Informationsaufnahme statt. Bewegen wir also unseren Kopf bzw. unsere Augen wie bei einem Schwenk, fixieren wir zu Beginn das Ausgangsobjekt scharf. Anschließend springt dann unser Blick je nach Dauer der Bewegung auf Zwischenobjekte und ladet am Ende auf dem Zielobjekt. Dazwischen fehlen immer wieder Informationen, welche das Gehirn versucht auszugleichen.

Folgen wir zum Beispiel einem Gespräch zwischen zwei Personen, so springen wir mit unseren Augen zwischen den Personen hin und her. Laut Werner van Appeldorn (1984: 34) nehmen wir den Raum zwischen den Personen nicht mehr wahr, sobald die Augenbewegung schnell genug erfolgt.

Glücklicherweise neigen wir dazu, weniger die Bewegung unseres Kopfes und unserer Augen zu registrieren, als den dadurch abgetasteten Raum. Genauso verhält es sich beim Betrachten eines Filmes, weshalb der Vergleich mit einem Kameraschwenk durchaus nachvollziehbar ist. Wenn das Publikum also das Bedürfnis hat, den Raum abzutasten oder etwas im Blickfeld zu verfolgen, bildet der Schwenk ein nützliches Werkzeug, um dieses Bedürfnis zu erfüllen. Dabei wird die Bewegung als natürlich wahrgenommen und so nicht bewusst vom Zuschauer registriert. Ein Schwenk kann also durchaus stellvertretend für die Kopfbewegung des Zuschauers genutzt werden. In dem Fall wirkt diese Kamerabewegung weniger dramatisch als eine Bewegung durch den Raum, simuliert durch eine Fahrt.

Proxemik des Schwenks

Mit einem Schwenk verändern wir den Blickkontakt. Schauen wir an einer Person vorbei, rückt diese an den Rand unseres Blickfeldes. Wir entsagen dieser Person damit den Kontakt unserer Augen, wodurch die empfundene Distanz zu ihr erhöht wird. Umgekehrt führt im Film ein Schwenk auf das Gesicht einer Person dazu, dass vom Zuschauer ausgehend ein Blickkontakt zur Bezugsperson hergestellt wird. Blickt diese Person ebenfalls in die Kamera und damit in Richtung Zuschauer, verringert sich die empfundene Distanz zu ihm sehr stark. Dieser Effekt tritt bereits auf, wenn die Bezugsperson nur in die Nähe der Kamera schaut, wie bei einer *Over-the-shoulder-Einstellung**. Ein Blick direkt in die Kamera spricht den Zuschauer noch mehr an und wirkt entsprechend stark distanzverringernd und irritierend.

Schwenk als gestalterisches Mittel

Das Herstellen und Verweigern des Blickkontaktes ist nur ein gestalterisches Mittel, das für einen Schwenk spricht. Es gibt noch weitere Einsatzmöglichkeiten:

» Mit einem Schwenk kann schneller als mit einer Fahrt die *Dimension eines Raumes* erfasst werden.

» Die *Ausdehnung eines Objektes* kann verstärkt werden, vor allem in Verbindung mit Weitwinkelobjektiven: Zum Beispiel wirkt ein Turm viel größer, wenn man ihn von unten nach oben abschwenkt, als ihn komplett ins Bild zu nehmen.

» Man kann mithilfe von Schwenks *Informationen zusammenführen*, was durch das Zusammenschneiden von Standbildern nur ungenügend zu erreichen wäre. Beispielsweise kann man von einem ahnungslosen Fußgänger (Information 1) zu einem Taschendieb schwenken (Information 2), welcher in einer Seitenstraße auf sein Opfer lauert.

» Mit einem Schwenk als *POV** kann man den *Gefühlszustand einer Person* verdeutlichen. Zum Beispiel können schnelle *POV**-Schwenks Hektik ausdrücken oder einen suchenden Blick simulieren.

» Ein Schwenk kann auch helfen, *Spannung zu erzeugen*. Schaut beispielsweise eine Person aus dem Bild heraus, kann man langsam in diese Richtung schwenken und damit die Auflösung verzögern, statt schlicht darauf zu schneiden.

» Mit einem Schwenk kann man den *Erzählrhythmus steigern* oder verlangsamen, abhängig davon, in welcher Geschwindigkeit neue Informationen auf den Zuschauer einströmen.

Schwenkgeschwindigkeit

Je nachdem welchen gestalterischen Zweck der Schwenk erfüllen soll, muss auch die Geschwindigkeit entsprechend angepasst werden, um eine Natürlichkeit zu erzeugen. Grundsätzlich gilt in Bezug auf die Geschwindigkeit:

Je schneller der Schwenk durchgeführt wird, desto auffälliger ist er für den Zuschauer und muss deshalb umso motivierter sein.

Hinzu kommt, dass die Schwenkgeschwindigkeit umso schneller wirkt, je größer die Leinwand ist, da mit derselben Bewegung eine größere Strecke auf der Leinwand zurückgelegt wird. Hektisches Gewackel wirkt also auf einem Handybildschirm weniger prägnant als auf einer Kinoleinwand. Aus diesen Gründen sollten Schwenks möglichst langsam ausgeführt werden, wenn wichtige Informationen transportiert werden sollen. Zur Erinnerung: Große Betrachtungsflächen wie die Kinoleinwand fordern langsamere Bewegungen.

Wenn man mithilfe eines Schwenks ein sich bewegendes Objekt verfolgen möchte, unterstützt die Schwenkgeschwindigkeit den Bewegungseindruck. Grundsätzlich wirkt eine Bewegung dann schnell, wenn sie innerhalb einer kurzen Zeit eine große Strecke zurücklegt. Oder einfacher ausgedrückt:

Je schneller der Schwenk durchgeführt wird, desto schneller wirkt die gezeigte Bewegung des Bezugsobjektes.

Diese Regel wird dann für den Kameramann interessant, wenn er die Position der Kamera bestimmen muss. Innerhalb des Aktionsradiusder Bezugsperson beispielsweise muss die Kamera schneller schwenken als außerhalb, wie die Kameraposition I der Abbildung 36 in Kapitel D5 verdeutlicht.

Bewegt sich das Bezugsobjekt hingegen schneller als der Kameraschwenk, wirkt dessen Eigenbewegung sogar noch rasanter. Als wären wir nicht in der Lage, den Kopf schnell genug zu drehen, um dem Objekt zu folgen. Dieser Sachverhalt kehrt sich um, wenn die Schwenkgeschwindigkeit höher ist als die Bewegungsgeschwindigkeit des Bezugsobjektes. Dann wirkt dessen Bewegung automatisch langsamer, da wir mit unserem Blick ‚überholen' können.

Schwenks helfen auch, den Rhythmus einer Szene zu steuern. Dies kann natürlich zum Konflikt mit dem Gebot der Langsamkeit führen. Gerade lange Schwenks über ein Landschaftspanorama fordern förmlich einen langsamen Schwenk, da viel im Bild zu sehen ist. Dies verzögert allerdings den Ablauf der Handlung. Ein solcher, langsamer Panoramaschwenk bremst aus und sollte daher mit Bedacht eingesetzt werden, wie Pierre Kandorfer fordert (2003: 81f.).

Eine sehr seltene Form des Schwenks ist der *Reißschwenk**. Diese extrem schnelle Form fällt praktisch immer dem Zuschauer auf, da diese Bewegung hochgradig abstrakt wirkt und den *filmischen Raum** zerstört (siehe Kapitel G2). Laut Timo Landsiedel (2012: 117) stammt diese Sonderform des Schwenks ursprünglich aus dem Bereich der Dokumentarfilme, da hier der Kameramann oft spontan reagieren muss, was schnelle Bewegungen nach sich zieht. Aufgrund der hohen Beschleunigung können beim ungeübten Zuschauer Schwindelgefühle entstehen, weshalb man den Einsatz dieses gestalterischen Mittels seiner Zielgruppe anpassen sollte. Da jegliche Bildinformationen durch einen *Reißschwenk** stark verwischen oder sogar unkenntlich werden, kann man an so einen Schwenk *hart schneiden**, ohne dass der Schnitt registriert wird, solange die Bewegungsrichtung beider zu schneidenden Einstellungen übereinstimmt.

Schwenks und Brennweiten

Stellen wir uns vor, dass wir eine Läuferin abfilmen wollen, die in einem Stadion ihre Runden läuft. Die Kamera steht dabei in der Mitte des Platzes. Wenn wir für die Aufnahme ein Teleobjektiv nutzen, verringert sich unser Bildausschnitt entsprechend stark. Der Zuschauer bekommt dabei nur wenig vom Stadion zu sehen. Außerdem muss der Kameramann schneller mit der Bewegung der Läuferin mitschwenken, als es beim Einsatz einer normalen Brennweite der Fall wäre. Wegen des engeren Bildausschnittes bewegen sich auch die wenigen Sitzplätze im Hintergrund schneller durch das Bild. All diese Eigenschaften lassen die Bewegung der Frau schneller wirken im Vergleich zu kürzeren Brennweiten. Diesen Effekt können wir noch verstärken, indem wir uns die Bewegungsparallaxe zunutze machen: Wenn Objekte zwischen Kamera und Läuferin im Bild positioniert werden, wischen diese kurz durchs Bild und erhöhen so die gefühlte Geschwindigkeit.

Wird stattdessen ein Weitwinkelobjektiv benutzt, verringert sich die Mitschwenkgeschwindigkeit. Dank der geringeren Bewegungsparallaxe bewegen sich die Objekte in der Umgebung scheinbar langsamer. Deshalb wirkt für den Zuschauer auch die Bewegung der Läuferin entsprechend langsamer. Man kann also mithilfe der Brennweiten die wahrgenommene Bewegungsgeschwindigkeit des Bezugsobjektes beeinflussen.

Achtung, hier könnte es zu einer Verwechslung kommen: In Kapitel E1 über kurze Brennweiten habe ich den Einsatz von weitwinkligen Objektiven beschrieben, um die Bewegungsgeschwindigkeit der gezeigten Person schneller wirken zu lassen. Jener Effekt tritt nur bei Bewegungen in Richtung Kamera auf. Die hier beschriebene schnellere Wirkung einer Bewegung durch das Mitschwenken einer Kamera mit Teleobjektiv funktioniert nur bei Bewegungen seitlich zur Kamera. Sonst könnte man schließlich nicht schwenken.

Die rollende Kamera

Wie bei der schrägen Perspektive wird bei einer rollenden Kamerabewegung diese um die Z-Achse gedreht. Solch eine Schwenkbewegung findet äußerst selten Anwendung, da sie fast immer unnatürlich wirkt. Das in Bezug auf schräge Perspektiven erwähnte Schwindelgefühl wird nämlich hier durch die Kamerabewegung *im On** noch verstärkt. Die rollende Kamera kommt insbesondere dann zum Einsatz, wenn dem Zuschauer ein Schwindelgefühl des Helden nähergebracht werden soll, z.B. wenn dieser eine schaukelnde Hängebrücke überquert, oder bei der Darstellung von Drogeneffekten. Man sieht rollende Kameras auch bei der Inszenierung von sich überschlagenden Fahrzeugen, sowie bei der Darstellung von Erdbeben oder im Zusammenhang mit Schwerelosigkeit.

F2 DIE FAHRT

Die Kamerafahrt ist die wohl beliebteste Möglichkeit, um den *filmischen Raum** zu erzeugen und den Zuschauer harmonisch durch die Handlung zu führen. Mit ihrer Hilfe erkennt der Zuschauer die Dimension des Raumes sowie die Abstände von Objekten besser und kann diese aus verschiedenen Blickwinkeln betrachten. Der räumliche Eindruck wird noch verstärkt, wenn die Bewegung durch Perspektiven mit mehreren Fluchtpunkten führt und wenn sich Elemente im Vordergrund ändern, die dem Zuschauer den Aufbau des Raumes verdeutlichen, z.B. durch die Bewegungsparallaxe.

Das Timing einer Fahrt

Wie bei Schwenks und Zooms spielt auch bei der Fahrt das Timing eine wichtige Rolle. Wenn der Zuschauer das Bedürfnis hat, sich durch den Raum zu bewegen, wird eine solche Bewegung als natürlich empfunden und damit nicht bewusst registriert. Dabei kann sich die Kamera sogar so ungewöhnlich im Raum bewegen, wie wir es als Mensch gar nicht könnten. Allein das Bedürfnis zur Bewegung reicht aus, um diese nicht als störend zu empfinden. Es fällt auch dann die Kamerabewegung nicht auf, wenn die dargestellte Handlung eine Kamerabewegung fordert und nicht der Zuschauer.

Einfluss der Geschwindigkeit

Die Geschwindigkeit der Kamerabewegung hat einen starken Einfluss auf dessen Wirkung. Mit der Bewegungsgeschwindigkeit lässt sich der Rhythmus einer Szene beeinflussen und mit der dramatischen Wirkung spielen. Setzt man die Bewegung der Kamera mit der Bewegung eines Objekts in Beziehung, lässt sich auch dessen Wirkung beeinflussen. Ein Fahrzeug kann langsamer oder schneller wirken, als es in der Realität wirklich fährt, je nachdem, ob sich die Kamera langsamer oder schneller als das Fahrzeug bewegt.

Wie bei allen Bewegungen sollte man auch bei Kamerafahrten zwei Fakten beachten: Das Wiedergabeformat hat Einfluss auf die Wirkung der Bewegungsgeschwindigkeit: Wird der Film auf großen Leinwänden wiedergegeben, wirken Bewegungen von Haus aus entsprechend schneller. Außerdem wirken zu hohe Geschwindigkeiten raumzerstörend und damit irritierend.

Fahrtarten und deren Proxemik

Da eine Fahrt nichts anderes als eine Positionsveränderung ist, gelten auch für Fahrten alle zu Kamerapositionen besprochenen Eigenschaften, wie Einstellungsgröße und Perspektive. Eine Besonderheit und zudem sehr nützliche Eigenschaft von Fahrten ist, dass sie *im On** Distanzzonen von Personen betreten oder verlassen können. Dadurch werden die Zuschauer innerhalb einer Einstellung unterschiedlich stark in die Handlung involviert. Man lässt sie förmlich von Beobachtern zu Mittätern werden oder umgekehrt. Die Art der Kamerabewegung steuert dabei nicht nur den Involvierungsgrad der Zuschauer, sondern bringt noch weitere Eigenschaften ins Spiel. Daher lohnt sich ein Blick auf die verschiedenen Bewegungsarten. In der Praxis werden Fahrten und Schwenks zwar oft gleichzeitig eingesetzt, um die Eigenschaften von Fahrten aber besser zu verstehen, wird diese Kombination hier ausgeklammert.

Seitfahrt:
Eine Bewegung durch den Raum, bei welcher der Blickwinkel seitlich zur Bewegungsachse steht, wird als ‚Seitfahrt' bezeichnet. Die Blickführung verläuft eher parallel zum erzählten *filmischen Raum**. Dadurch wird die Aufmerksamkeit des Zuschauers mehr auf die im Bild gezeigte Handlung gelenkt als auf die Bewegung an sich, obwohl nicht zu erkennen ist, wohin wir uns bewegen. Dieses Sich-parallel-zur-Handlung-Halten lässt uns immer ein wenig auf Distanz bleiben und etwas weniger teilnehmen, als es bei anderen Bewegungsarten der Fall wäre. Rayd Khouloki unterscheidet drei Arten von Seitfahrten (2007: 69f.):

- » Seitfahrten 90° zur Bewegungsachse (Abb. 38)
- » Seitfahrten schräg zur Bewegungsachse (Abb. 39)
- » Seitfahrten, die einen Bogen beschreiben (Abb. 40)

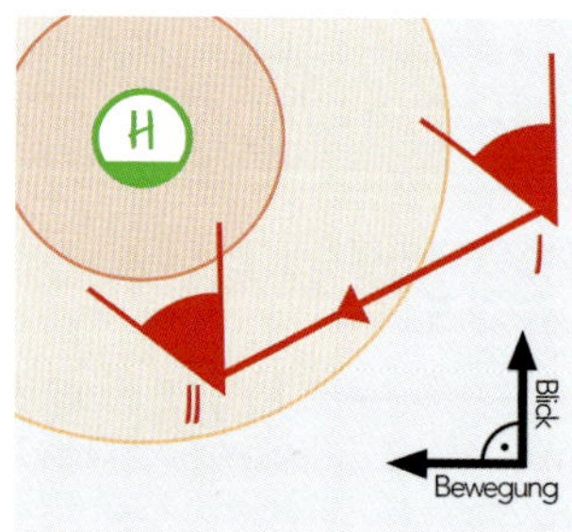

Abb. 38: Lineare Seitfahrt mit Blick senkrecht zur Bewegungsrichtung.

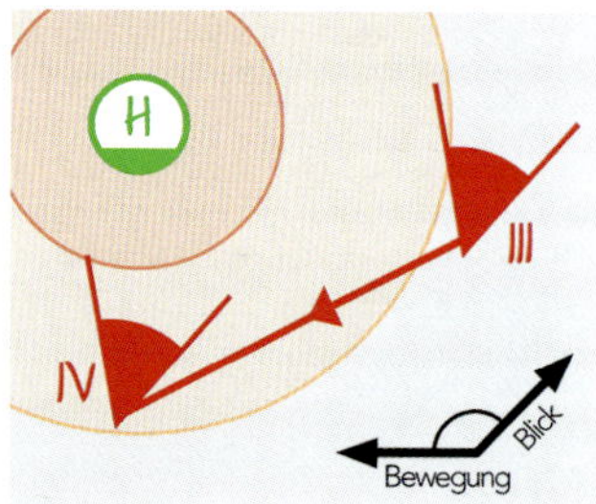

Abb. 39: Lineare Seitfahrt mit Blick schräg zur Bewegungsrichtung.

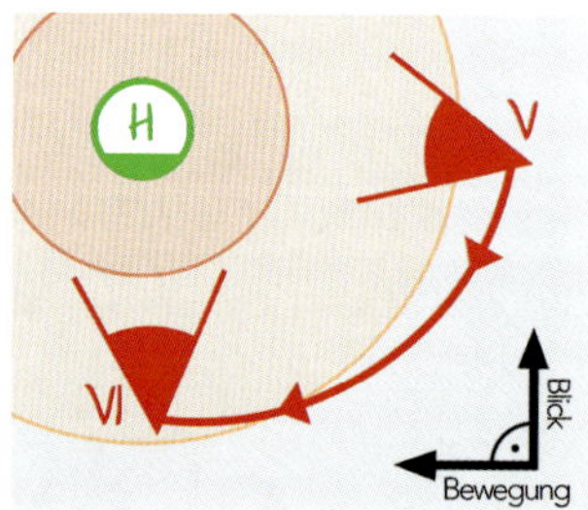

Abb. 40: Bogenförmige Seitfahrt mit Blick senkrecht zur Bewegungsrichtung.

Eine lineare Seitfahrt mit einer Blickrichtung 90° zur Bewegungsrichtung verhält sich eher neutral und vermittelt dadurch etwas Erzählendes. Die Zuschauer werden also hierbei etwas weniger involviert als bei anderen Bewegungsformen, vor allem, wenn die Kamera dabei nicht in eine andere Distanzzone wechselt. In Abbildung 38 dringt die Kamera in die orange markierte, persönliche Distanzzone des Schauspielers H ein. Dadurch wird die streng erzählerische Wirkung dieser Bewegung etwas aufgebrochen.

Durch einen schrägen Blickwinkel wird dem Zuschauer entweder ein wenig mehr vom Raum gezeigt, auf den er sich zubewegt, oder dieser noch etwas länger vorenthalten. Er fühlt sich dadurch entweder etwas stärker in die Handlung involviert oder außen vorgelassen. In Abbildung 39 wird dem Zuschauer beispielsweise der Schauspieler etwas länger vorenthalten, als es in der Abbildung 38 der Fall ist. Geschickt eingesetzt, lässt sich so Spannung erzeugen.

Beschreibt die Seitfahrt einen Bogen, wird die Bewegungsrichtung verändert. Dadurch wirkt das Bezugsobjekt plastischer: Der Zuschauer kann es besser räumlich erkennen und einordnen.

Die begleitende Fahrt:

Anders als bei einer Seitfahrt bezieht sich eine begleitende Fahrt immer auf ein sich bewegendes Objekt. Bewegt sich nichts im Bild, kann man auch nichts begleiten. Genauer werden begleitende Fahrten in Voraus- und Hinterherfahrten differenziert. Beide unterscheiden sich von Ran- und Rückfahrten dahingehend, dass die Fahrtgeschwindigkeit der Kamera der Bewegungsgeschwindigkeit des Bezugsobjektes entspricht. Bei einer begleitenden Fahrt kann sich also die Kamera weder dem Bezugsobjekt annähern, noch sich davon entfernen.

Während einer Seitfahrt blickt die Kamera immer etwas seitlich zur Handlung oder zum Bezugsobjekt. Bei begleitenden Fahrten kann die Kamera auch im 0°- oder im 180°-Winkel zur Bewegungsachse stehen.

Je näher wir uns dabei mit der Kamera an der Bewegungsachse befinden, desto höher wird der Grad der Anteilnahme des Zuschauers an der Handlung. Dadurch kann man z.B. eine Vorausfahrt als eine Art ‚Zurückgedrängtwerden' empfinden. Wir sehen in diesem Fall nicht, wohin wir uns bewegen; dafür aber die Mimik der Person, der wir vorausfahren. Entsprechend bekommt bei einer Vorausfahrt die Bezugsperson an sich unsere Aufmerksamkeit, ganz im Gegensatz zur Hinterherfahrt.

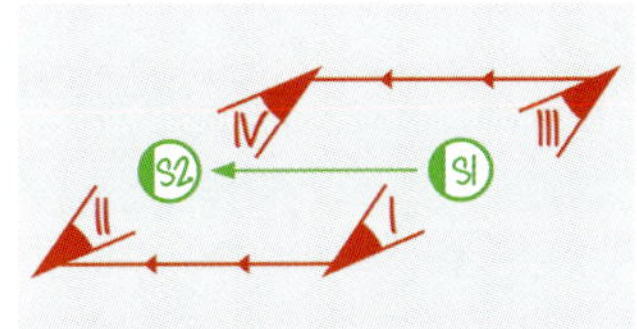

Abb. 41: Eine begleitende Voraus- & Hinterherfahrt.

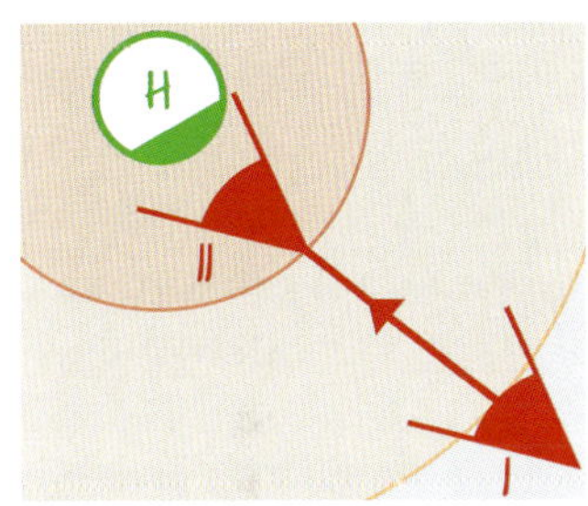

Abb. 42: Ranfahrt in die intime Distanzzone von H.

Wenn wir mit unserer Kamera hinter zwei Cowboys auf ihren Pferden herfahren, können wir deren Gesichter nicht erkennen. Wir sehen nicht, wer spricht oder wie die Personen reagieren. Dafür sehen wir, wohin uns die Reise führt. Hier stehen also weniger die Personen im Vordergrund als vielmehr deren Bezug zur Umgebung. Wir sehen beispielsweise, wie weit die reitenden Cowboys noch von ihrem Ziel entfernt sind, während wir bildlich bei ihnen bleiben. Begleiten wir die Reiter durch eine Vorausfahrt, verliert das Ziel der Reise und der Weg voraus an Bedeutung. Unsere Aufmerksamkeit wird sofort durch die Personen in Beschlag genommen. Geschickt inszeniert lassen sich die Reiter mit dem zurückgelegten Weg in Beziehung setzen. Sie könnten von einer eben gewonnenen Schlacht wegreiten. Ihre emotionale Verfassung lässt sich so einfacher mit der vergangenen Handlung verknüpfen.

Ranfahrt / Rückfahrt:

Während wir bei einer Voraus- oder Hinterherfahrt mit gleicher Geschwindigkeit wie das Bezugsobjekt unsere Position wechseln, ist bei einer Ran- bzw. Rückfahrt das Gegenteil der Fall. Die Kamera muss sich schneller oder langsamer als das Bezugsobjekt bewegen, um sich diesem anzunähern oder zurückzuweichen.

Entsprechend besteht die Hauptfunktion dieser Kategorie darin, Distanzen zu vergrößern oder zu verkleinern, was gerade hinsichtlich der Proxemik sehr interessant ist: Wenn wir in die intime Distanzzone einer Person eindringen, welche in Abbildung 42 als roter Kreis gekennzeichnet ist, bekommt dies immer etwas sehr Persönliches, da wir normalerweise nicht ohne Weiteres an fremde Menschen auf so kurze Distanz herantreten.

Je näher wir dabei einer Person kommen, desto triftiger muss der Grund dafür sein, damit sich der Zuschauer nicht unwohl dabei fühlt. Ein solcher Grund ist z.B. ein sehr emotionaler Moment. Die Ranfahrt Richtung Gesicht erhöht die Anteilnahme des Zuschauers an der gezeigten Emotion. Im realen Leben tröstet man traurige Menschen und kommt ihnen dabei näher. Sollte ihnen die Bezeichnung ‚Close-Push' begegnen, ist damit eine solche Ranfahrt gemeint.

Eine Rückfahrt weg vom Gesicht verringert diese Anteilnahme hingegen. Wir gehen auf Abstand, distanzieren uns und lassen die Person allein. Dies kann sogar wie eine Flucht wirken, vorausgesetzt die Bewegungsgeschwindigkeit ist hoch genug. Bezieht sich die Fahrt nicht auf eine Person, sondern auf den Raum an sich, hat laut R. Khouloki (2007: 66) „die Bewegung in den Raum hinein meistens den Charakter einer Entdeckung und visuellen Aneignung".

Eine Rückfahrt durch den Raum wird häufig verwendet, um ihn dem Publikum zu öffnen. Wir sehen beispielsweise zu Beginn der Fahrt ein Objekt oder eine Handlung genauer und zeigen dann mit der Rückfahrt, in welchem Kontext dieses Objekt oder die Handlung steht.

Bewegt sich die Ran- oder Rückfahrt mit einer sich ebenfalls bewegenden Person mit, wirkt die Bewegung der Person entweder schneller oder langsamer, je nachdem ob sich die Kamera langsamer oder schneller als die Person bewegt. In einer Einstellung, die eine erfolgreiche Flucht symbolisieren soll, muss sich die Kamera entsprechend schneller bewegen als die Person, vor der wir fliehen. Bewegen wir uns hingegen langsamer als diese Person, wirkt deren Geschwindigkeit schneller. Sie holt uns ein. Die Flucht misslingt – zumindest vorerst. Sind wir stattdessen der Verfolger unserer Bezugsperson, können wir sie mit der Kamera einholen und damit deren Geschwindigkeit verringern. Läuft uns die Person hingegen davon, wirkt ihre Geschwindigkeit höher und wir fühlen uns zurückgelassen.

Die Dramatik von Ran- bzw. Rückfahrten lässt sich noch verstärken, wenn man durch Hinzufügen eines Schwenks aus der Fahrt einen Pivot-Shot macht (siehe Kapitel F3).

Ein Vorteil der Ran- bzw. Rückfahrt gegenüber einer Voraus- oder Hinterherfahrt sei noch zu erwähnen: Der Zuschauer gewinnt einen größeren Eindruck von Raumtiefe. Auch Objekte, die sich offensichtlich nicht bewegen können, wie Häuser, bewegen sich bei Ran- und Rückfahrten aus dem Hintergrund über den Mittelgrund in den Vordergrund und umgekehrt.

Gegenfahrt:

Tiefe im Raum kann auch durch eine Gegenfahrt erzeugt werden. Jedoch wird hier ähnlich einer begleitenden Fahrt ein sich bewegendes Objekt als Bezugspunkt benötigt. Fährt die Kamera direkt einer Person oder einem Fahrzeug entgegen, die bzw. das sich gleichwohl auf die Kamera zubewegt, werden die Distanzzonen beider Seiten sehr rapide durchbrochen, was je nach Geschwindigkeit zu einer extrem hohen Dramatik führt. Außerdem vergrößern sich bekanntlich die Distanzblasen je nach Geschwindigkeit.

Gleichzeitig wird es dem Zuschauer bei einer Gegenfahrt etwas schwergemacht, die Geschwindigkeit des Bezugsobjektes korrekt einzuschätzen, was gerade bei Verfolgungsszenen, bei denen die Geschwindigkeit naturgemäß eine wichtige Rolle spielt, zu besonders spannenden Momenten führen kann. So lässt sich auch sehr gut verschleiern, dass Fahrzeuge bei Stuntszenen in der Regel gar nicht so schnell fahren.

Abb. 43: Gegenfahrt.

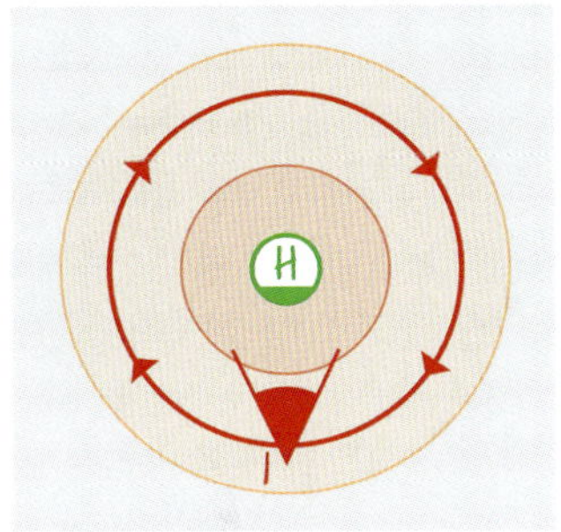

Abb. 44: Kreisfahrt innerhalb der persönlichen Distanzzone von H.

Kreisfahrt:

Wir umkreisen nur äußerst selten Objekte und Personen. Entsprechend unnatürlich wirkt eine Kreisfahrt auf den Zuschauer. Um ihn also nicht aus der Immersion zu reißen, sollte der Einsatz einer Kreisfahrt besonders motiviert sein.

Rayd Khouloki betrachtet die Einsatzmöglichkeiten einer Kreisfahrt eher aus dessen geometrischer Veranlagung heraus: „Das Wesen des Kreises ist, dass er keine Richtung bevorzugt. Er verweist auf sein Zentrum" (Khouloki 2007: 74f.). Egal, was sich im Mittelpunkt der Bewegung befindet – es wird durch eine Kreisfahrt entsprechend hervorgehoben und aus seiner Umgebung herausgelöst. Die Person, welche umkreist wird, rückt also sprichwörtlich ins Zentrum unserer Aufmerksamkeit. Streng genommen ist eine Kreisfahrt also ein besonderer Pivot-Shot, da hier das Bezugsobjekt im Drehpunkt gehalten wird und sich der Hintergrund aufgrund der Bewegungsparallaxe stark bewegt. Dem Pivot-Shot werden wir uns in Kapitel F3 noch genauer widmen.

Eine weitere Eigenschaft der Kreisfahrt ist die hohe Plastizität, welche das Objekt oder die Person im Zentrum erhält. Wir können das Objekt von allen Seiten betrachten und damit dessen Dimensionen wunderbar einschätzen. Das kann allerdings auch sehr abstrakte Züge annehmen: Umfahren wir beispielsweise ein sich umarmendes Pärchen, verschmelzen diese beiden Personen förmlich miteinander. In diesem Beispiel tritt noch ein weiterer Vorteil auf: Wir können innerhalb einer Einstellung die Mimik beider erkennen. Natürlich kann man die Mimik auch durch den Schnitt von Standbildern zeigen, die Bewegung und Alleinstellung des Pärchens geben dem Moment aber etwas sehr Harmonisches und Intimes, als wäre der Rest der Welt uninteressant, solange sich beide haben. Da sich die Kamera bei einer Kreisfahrt immer innerhalb der gleichen Distanzzone bewegt, bleiben alle Eigenschaften der jeweiligen Zone erhalten.

TIPP

Bei der Konstruktion einer Kreisfahrt empfehle ich, die Lichtrichtung zu beachten. Schließlich wird die Kamera unter Umständen die Lichtquelle passieren und könnte Schatten ins Bild werfen.

DIE ‚ITALIAN SCENE' AUS INGLOURIOUS BASTERDS

» Weinstein Company via YouTube-User BlackBerryFanatics
» https://youtu.be/rq7qm3T3cPE?t=35s

Ein interessantes Beispiel einer Kreisfahrt findet sich in der ‚Italian Scene' aus *Inglourious Basterds* (Regie Q. Tarantino, 2009). Die Gruppe der Basterds wird durch Bridget von Hammersmark inkognito in die Vorhalle des deutschen Kinos geführt, hochrangige Gäste befinden sich unter den Leuten, die alle auf die Vorführung des Filmes warten. Die Gruppe befindet sich damit quasi in der Höhle des Löwen. Wenn sie auffallen, wird ihre Mission scheitern und sie vermutlich sterben. Hans Landa ist quasi der Löwe in dieser Metapher. Er unterhält sich mit Frau von Hammersmark. Jede falsche Antwort von ihr könnte in diesem Moment eine Katastrophe auslösen. Während des ersten Teils des Gesprächs umkreist die Kamera beide Personen. Die Unnatürlichkeit dieser Bewegung verleiht der Situation etwas Heikles. Alles könnte zusammenbrechen. Gleichzeitig wird für den Zuschauer die Party ringsherum ausgeblendet. Wir fokussieren uns auf das bedrohliche Gespräch. Zwischendrin hält die Kamera an. Die Unterhaltung wird in festen Einstellungen weitergeführt. Frau von Hammersmark hat sich durch ihre Antworten verraten, doch Hans Landa spielt sein Spielchen genüsslich weiter. Für uns lässt sich hier wunderbar die Wirkung dieser szenischen Auflösung vergleichen. Für meinen Geschmack sinkt die Bedrohlichkeit der Auflösung nach der Kreisfahrt, während sie inhaltlich durch den Verlauf des Gespräches zunimmt. Aus diesem Grund hätte es aus dramaturgischer Sicht Sinn gemacht, das Gespräch zunächst mit festen Einstellungen zu beginnen und erst nach dem Lacher die Bedrohlichkeit durch die Kreisfahrt zu steigern. Vermutlich wiegten andere Gründe beim Dreh der Szene schwerer, weshalb sie entgegengesetzt der Wirkung umgesetzt wurde.

F3 MISCHFORMEN & MEHRDIMENSIONALE BEWEGUNGEN

Alle bisher genannten Kamerabewegungen haben wir in ihrer Reinform betrachtet. So treten sie aber dank der technischen Entwicklungen der letzten Jahrzehnte immer seltener auf. Vorbei scheinen die Zeiten, in denen die Kamera an Schienendollys gefesselt war. Mischformen und Mehrdimensionale Bewegungen sind heute en vogue und glücklicherweise zu immer erschwinglicheren Preisen umsetzbar.

Unter mehrdimensionalen Kamerabewegungen versteht man Kranfahrten, Jib-Arm-Bewegungen, Drohnenflüge, Steadicam-Aufnahmen und die klassische Handkamera. Durch diese Bewegungsformen kann die Kamera ihre Position im Raum sehr flexibel verändern und besser auf die Handlung reagieren als bei den zuvor behandelten Bewegungen. Eine exakte Koordination dieser Bewegungen ist zwar meist nur erschwert möglich, dafür ist die plastische Wirkung des erzählten Raumes umso größer. Ihre Flexibilität verleiht ihnen meist etwas Magisches und Atemberaubendes. Deshalb fallen solche Bewegungen auch dem Zuschauer schneller auf. Sie lassen ihn dafür selten kalt, besonders die Kranfahrt.

Kranfahrt & Drohnenaufnahme

Eine Kranfahrt wird eingesetzt, wenn die Kamera sich von einer höheren Position auf eine niedrigere bewegen muss oder umgekehrt. Darunter fallen auch kleinere Bewegungen unter Zuhilfenahme eines Jib-Armes. Durch die exponierte Lage bekommt diese Fahrt etwas Majestätisches und wirkt wie ein Erzähler, der uns in die Handlung hinein zum Ort des Geschehens schweben lässt. Deshalb bezeichnet Steven D. Katz eine Kranfahrt, die uns zu Beginn einer neuen Sequenz in die Location einführt,

„Man vermittelt dem Zuschauer damit ein Gefühl, daß der Erzähler-gott nun zurückkehrt an seinen himmlischen Schreibtisch, um neue Welten zu erdichten.“

MÜLLER 2003: 111

als „once upon-a-time-shot“ (die „Es war einmal vor langer Zeit“-Einstellung, 1991: 287). Entsprechend schwierig ist es, diese für den Zuschauer ungewohnte Bewegung schlüssig zu erklären. Selbst wenn er tatsächlich das Bedürfnis verspürt, in der Szene durch den Raum zu schweben, könnte der Zuschauer überrascht sein, wenn es dann tatsächlich eintritt.

Das bloße Bedürfnis reicht also bei dieser Bewegungsform nicht aus. Erst wenn diese schwebende Eigenschaft vom Zuschauer als gegeben akzeptiert wird, irritiert diese Bewegung den Betrachter nicht mehr und wird stattdessen zu einer ganz besonderen, eigenen Erfahrung. Er akzeptiert sehr schnell dieses Schweben z.B. wenn die Kamera einen Superhelden wie Spiderman verfolgt, wenn wir uns schwerelos durch das Weltall bewegen oder Unterwasser tauchen.

Bei einer Kranfahrt schwebt die Kamera und mit ihr der Zuschauer durch den Raum. Betrachten wir dabei eine andere Person, kommen die unter Kapitel D4 beschriebenen Eigenschaften für Perspektiven zum Tragen. Da es sich zusätzlich um eine Fahrt handelt, kann der Zuschauer auch durch eine Kranfahrt in die Distanzzonen anderer Personen eindringen oder diese verlassen, indem er entweder von oben auf diese Person herabschwebt und sich auf sein gewohntes Niveau begibt, oder er tastet sich von unten zu der Person empor. Dementsprechend stellt also eine

Kranfahrt eine sehr elegante Möglichkeit dar, um persönliche Nähe zum Zuschauer und zu der abgebildeten Person herzustellen.

Eine rückwärts gerichtete Kranfahrt entbindet den Zuschauer von dieser Nähe. Wir schweben von einem kleinen Detail zu etwas viel Größerem, welches, wenn es Richtung Himmel geht, fast göttliche Züge annimmt. Fährt die Kamera von einem verstorbenen Menschen rückwärts gen Himmel, verleitet dies den Zuschauer zur Deutung, dass seine Seele zum Himmel auffährt – je nach religiöser Prägung. Abgesehen davon bildet diese Rückwärtsbewegung einen gelungenen Abschluss einer auktorial erzählten Handlung, wie es Arnold H. Müller im Zitat auf der vorangegangenen Seite sehr schön formuliert.

Die majestätische Wirkung einer Kranfahrt stellt sich vor allem dann ein, wenn sich die Kamera seitlich oder vertikal bewegt, weniger bei Vor- und Zurückbewegungen. Am besten positioniert man den Drehpunkt des Kranes so, dass die Kamera sich etwas seitlich bewegt und dabei möglichst viele Fluchtlinien durch das Bild wandern. Das Ergebnis wirkt dadurch umso spektakulärer. Dies unterstützen besonders weitwinklige Objektive.

Die genannten Eigenschaften treffen auch auf Drohnenflüge zu, mit dem Unterschied, dass diese noch mehr als Kranfahrten für etablierende Aufnahmen genutzt werden können, da sie sich völlig frei im Raum bewegen können. Mit Drohnen lassen sich die tollsten *Establisher** drehen. Dafür sind sie in Räumen nur sehr bedingt einsetzbar und machen zudem einen enormen Lärm.

Handkamera und stabilisierende Systeme

Ähnlich frei wie Drohnen bewegen sich Handkameras und Steadicams im Raum. Deren einzige Beschränkung liegt lediglich in dem Unvermögen, ihre vertikale Position weitreichend verändern zu können – sprich zu fliegen. Mit ihrer Hilfe können aber dafür Kamerabewegungen realisiert werden, die durch den Einsatz von Dollys und Schienen unmöglich sind. Beispielsweise kann man eine Person die Treppe hoch begleiten oder in einer langen *Plansequenz** die Handlung komfortabel und flüssig verfolgen, ohne absetzen zu müssen.

Übrigens lautet die exakte Bezeichnung für Steadicams eigentlich ,Schwebestativ'. Das häufiger verwendete Wort ,Steadicam' ist ein eingetragener Markenname. Zur Kategorie der stabilisierenden Systeme zählen auch Gimbals. Sie nutzen allerdings eine andere Technologie, um unerwünschte Bewegungen auszugleichen.

Aus proxemischer Sicht stellen Handkamera und stabilisierende Kamerasysteme die perfekte Möglichkeit zur Distanzkontrolle dar, besonders als *POV** einer Person. Gerade mit der Handkamera kann man schnell auf jeden Blick des Gegenübers reagieren, den ,eigenen Blick' senken oder auf Abstand gehen – oder auch beides zugleich. Das ist auch der Grund, warum die Handkamera so realistisch auf den Zuschauer wirkt. Außerdem ist der Einsatz von Handkameras verhältnismäßig günstig, weshalb mittlerweile leider viel zu oft auf diese Bewegungsart zurückgegriffen wird.

Ich schreibe deshalb ,leider', weil der Einsatz von Handkameras auch beträchtliche Nachteile hat. Wie bereits erklärt, beanspruchen Bewegungen ein hohes Maß an Aufmerksamkeit für sich, besonders wenn diese auf einer großen Leinwand abgebildet werden. Da man eine Handkamera von jeglicher stabilisierenden Mechanik losgelöst bedient, wird jede noch so kleine Bewegung des Kameramannes auf das Bild übertragen. Bei größeren Brennweiten kann man sogar dessen Pulsschlag und Atmung erkennen. Diese ständigen kleinen und großen Bewegungen führen dazu, dass der Zuschauer gezwungen wird, ununterbrochen konzentriert das Bild zu verfolgen. Es ist jedoch laut Werner van Appeldorn ein weit verbreiteter „Irrtum und steht im Widerspruch zu wahrnehmungspsychologischen Erkenntnissen", dass ein „allgemeines Gezappele von Bildinhalten und Hintergründen unspezifisch höhere Aufmerksamkeitswerte" beim Zuschauer erreicht (van Appeldorn 1984: 39). Das genaue Gegenteil ist der Fall: „Das Auge muß diese ruckartigen Änderungen durch Mehrarbeit ausgleichen, was eine zusätzliche Anstrengung bedeutet und zu Ermüdung und Desinteresse führen kann" (ebd.).

Es geht sogar noch schlimmer: Vielleicht gehören Sie zu den Menschen, denen übel wird, wenn Sie während einer Autofahrt lesen. In diesem Moment widersprechen die Informationen, welche von den Augen zum Gehirn gesendet werden, den Signalen des Körpers zur Wahrnehmung von Beschleunigung und Bewegung. Auf diesen Widerspruch reagiert manch ein Körper etwas empfindlich. Ein vergleichbarer Widerspruch entsteht auch dann, wenn ein Film im Kino Sie sehr stark fesselt, die Immersion also hoch ist, und dann sehr viele Bewegungsinformationen von den Augen des Zuschauers aufgenommen werden. Der Körper registriert jedoch keine Beschleunigung. Hält dieser Widerspruch eine Weile an, kann solchen Personen übel oder schwindelig werden. So ergeht es natürlich nicht jedem Zuschauer. Doch auch beim standhaftesten Fan ermüdet das Gehirn durch die erhöhte Aufmerksamkeit nach verhältnismäßig kurzer Zeit.

Die Folge der Reizüberflutung durch ständiges Gewackel der Kamera ist also nicht eine erhöhte Aufmerksamkeit des Zuschauers, sondern eher Abstumpfung. Schon nach kurzer Zeit erhaschen nur noch extreme Fahrten und Einstellungen die ungeteilte Aufmerksamkeit des Zuschauers. Arnold H. Müller fand eine sehr treffende Metapher hierfür, wie Sie rechts lesen können.

Stabilisierende Systeme sind in den meisten Fällen die bessere Wahl – aus Sicht des Zuschauers. Häufig versuchen Filmschaffende, Bewusstseinszustände wie Trunkenheit, einen Drogenrausch oder Ähnliches mit einer Handkamera dem Zuschauer zu erklären. Zwar ist dies damit durchaus möglich, aber man sollte gut abwägen, ob man damit auch den Kompromiss eingehen möchte, dass der Zuschauer dann schneller ermüdet, abstumpft oder schlimmstenfalls Übelkeit verspürt.

Der Pivot-Shot

Eine weithin unterschätzte Form der mehrdimensionalen Kamerabewegung ist der Pivot-Shot (gesprochen mit kurzem i und ə statt o: ['pivət]). Aus diesem Grund möchte ich Ihnen den PIV, so wird diese wunderschöne Kamerabewegung abgekürzt, anhand einer kleinen Aufgabe näherbringen:

Die Aufgabe:

Wie könnte man die folgende Szene vom Moment des Brieflesens bis zum K.-o.-Schlag mit der Kamera festhalten? Zeichnen Sie dazu einen passenden Floorplan inklusive der Positionen und Bewegungen aller Darsteller und der Kamera.

„Wir sind wie müde Kämpfer, die vom Schlachtenlärm nichts mehr mitbekommen, es sei denn wir werden angeschrien.“

MÜLLER 2003: 74

WAS BISHER GESCHAH

Daniel hat einen Brief gestohlen, in dem sich eine extrem wichtige Information befindet. In der vorangegangenen Szene wurde er von seiner Gegenspielerin Jenny verfolgt, doch er konnte sie abschütteln.

PARK **AUSSEN/TAG**

Daniel sitzt auf einer Parkbank. Er öffnet den Brief. Erstaunt blickt er auf das Blatt in seinen zitternden Händen. Jenny schleicht sich von hinten an ihn heran und schlägt den Mann k.o. - Ausgang offen.

Eine mögliche Lösung:
Die Herausforderung in dieser Szene liegt im richtigen Timing zwischen der Brisanz des Briefes und der Bedrohung durch Jenny. Wenn die Anwesenheit der Gegenspielerin zu früh erzählt wird, bekommt sie für meinen Geschmack zu viel Raum, obwohl die Brisanz der heiklen Nachricht auch ihren Platz braucht. Wenn die Zuschauer zu schnell auf die durch Jenny verkörperte Bedrohung achten, könnten sie verpassen, dass Daniel die

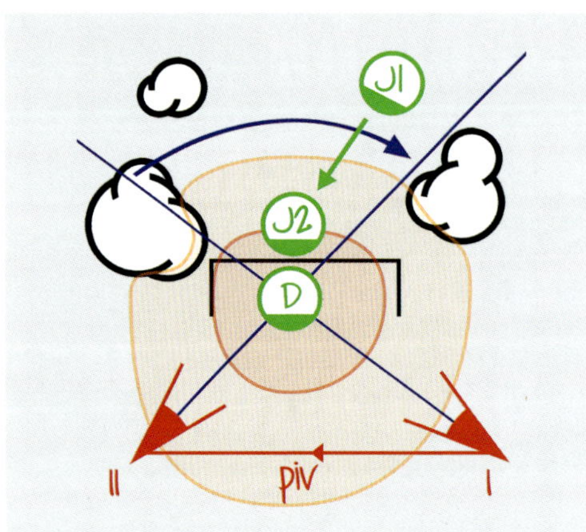

Abb. 45: Ein Pivot-Shot bringt Spannung in die statische Szene und lässt den Auftritt von Jenny gut timen.

Nachricht tatsächlich gelesen hat und darüber erstaunt ist. Wird die *Antagonistin** allerdings zu kurz gezeigt, kommt kaum ein bedrohliches Gefühl auf. Das dramatische Potenzial dieser Szene wäre verschwendet. Der Pivot-Shot bringt meiner Meinung nach eine gute Lösung für das Problem.

Diese Mischform aus Kamerafahrt und -schwenk nutzt die Bewegungsparallaxe aus. In Kapitel C5 wurde bereits erklärt, dass unser Gehirn diese nicht zur Wahrnehmung von Räumlichkeit nutzen kann. Für Filmschaffende ist dieser Effekt dennoch sehr nützlich, gerade zur bildlichen Darstellung von Stimmungen. Sobald wir uns bewegen, durchqueren aufgrund der Bewegungsparallaxe weit entfernte Objekte langsamer unser Blickfeld als nahestehende Objekte. Dies kann man für die Wahrnehmung manipulieren, indem man ein nahestehendes Objekt im Bild fixiert hält, es also als Drehpunkt für die Bewegung nutzt, wie es die Abbildung 45 verdeutlicht. Hier befindet sich Daniel im Drehpunkt. Der Hintergrund bewegt sich dadurch scheinbar in entgegengesetzter Richtung, was als schnellere Bewegung empfunden wird. Die scheinbare Bewegungsgeschwindigkeit der weit entfernten Hintergrundobjekte wird dabei durch unsere eigene Bewegungsgeschwindigkeit, die Brennweite des Objektivs, sowie den Abstand zum Drehpunkt beeinflusst. Eine solche Bewegung um einen Drehpunkt im Bild wird in der Fachsprache ‚Pivot-Shot' genannt.

Man hält also ein Objekt im Vordergrund im Bild, während sich der Hintergrund stark verändert. Diese scheinbare Bewegung des Raumes um das Objekt herum, lässt eine an sich statische Situation dynamisch und bewegt wirken. In Abbildung 45 sitzt Daniel auf einer Parkbank und liest den Brief. Die an sich statische Situation bekommt durch einen Pivot-Shot die gewünschte Dramatik: Die Bäume im Hintergrund bewegen sich scheinbar an Daniel vorbei. Sein erstaunter Blick wird also bildlich durch den bewegten Hintergrund unterstützt. Nachdem die Zuschauer einen Moment Zeit bekommen haben, das zu registrieren, taucht Jenny dank der Pivot-Bewegung im Bild auf. Die Dramatik dieser Situation wird den Zuschauern bewusst, bevor Daniel es bemerken kann. Suspense entsteht. Je mehr Zeit sich die Schauspielerin für den finalen Schlag lässt, desto höher die Wirkung.

Hier schlägt der Pivot-Shot gleich zwei Fliegen mit einer Klappe: Am Anfang lenkt er die Aufmerksamkeit des Zuschauers auf den emotionalen Zustand von Daniel, während er den Brief liest. Anschließend offenbart er im passenden Moment eine weitere Person im Hintergrund. Eine einfache Ranfahrt hätte die Darstellerin von Jenny dazu genötigt, eine unrealistische Bogenbewegung auszuführen, da sie sonst zu früh ins Bild geraten wäre.

Ein weiteres Beispiel für einen Pivot-Shot bildet das Entschärfen einer Bombe. Der Held wird mit der Bombe im Drehpunkt scharf gehalten, während die Kamera vorbeifährt und ihn im Drehpunkt hält. Die Umgebung bewegt sich entsprechend stark, was den Stress des Mannes unterstützt. Seine unruhige, angespannte Stimmung lässt sich so bildlich auf den Zuschauer übertragen, obwohl sich der Held kaum bewegt.

Kamerabewegungen sind ein mächtiges Werkzeug für die Immersion. Doch es macht keinen Sinn, ohne Konzept einfach nur eine schöne Bewegung an die nächste zu reihen. Jeder ernstzunehmende Filmemacher muss wissen, wie man einen *filmischen Raum** erzeugt und seine Auflösung entsprechend aufbauen. Nur so lässt sich im Kopf der Zuschauer eine glaubhafte Welt etablieren und halten.

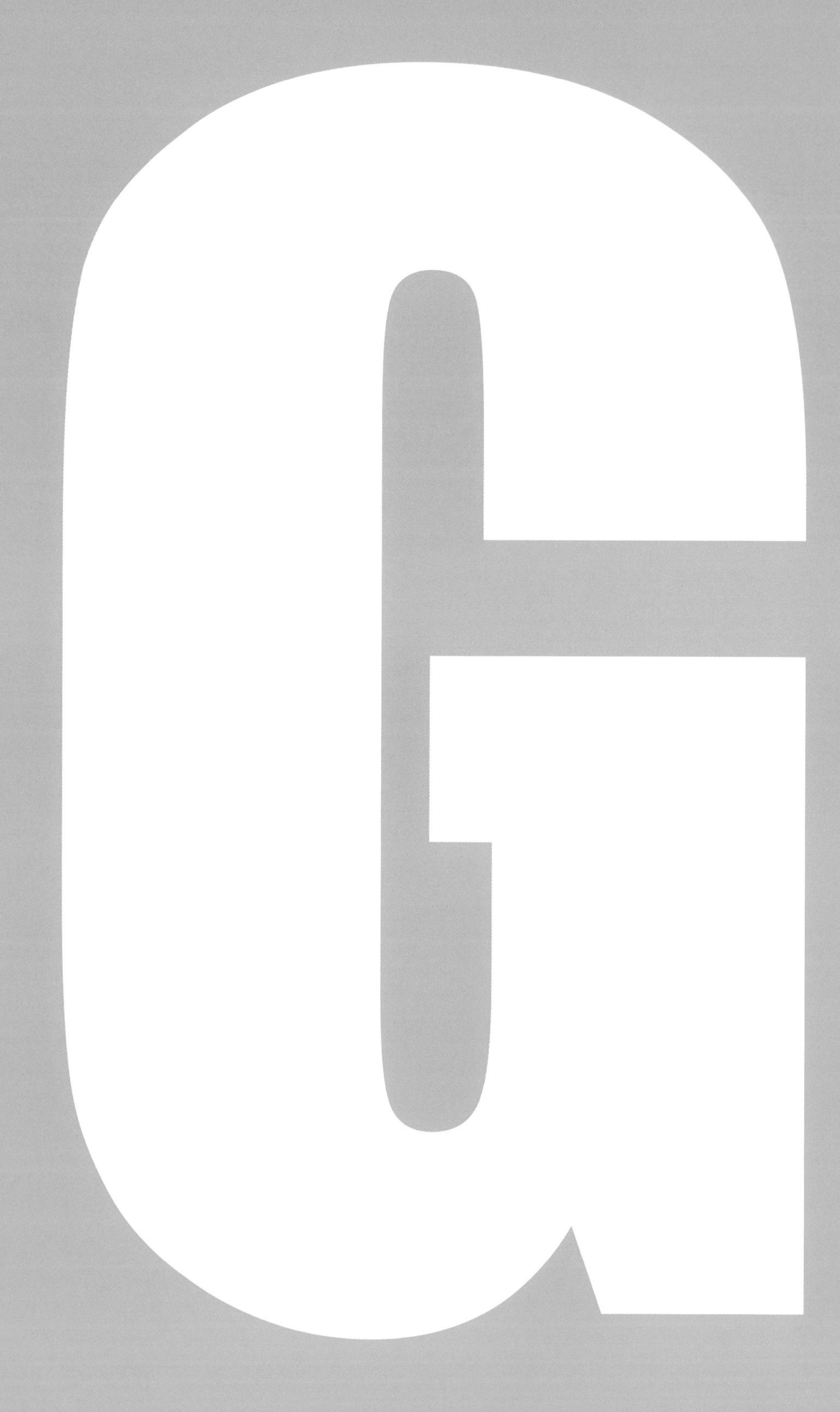

DER FILMISCHE RAUM

Auf der Leinwand eine Welt erzeugen

Ich habe den *filmische Raum** in diesem Buch bereits mehrfach angesprochen, ohne genauer darauf einzugehen. Dabei ist eine glaubhafte Etablierung des *filmischen Raumes** absolut notwendig für die Inszenierung einer Szene. Es wird Zeit, dass wir die Behandlung des Themas aufholen.

Oft kommt es vor, dass im Drehbuch bestimmte Gegebenheiten des Handlungsortes erwünscht sind, welche aber in Wirklichkeit gar nicht existieren. Beispielsweise könnte der Gang aus Übung 2 real existieren, doch leider befindet sich hinter der Tür für den finalen Keller in Szene 4 nur eine kleine Besenkammer, sodass die Szene 4 in einem anderen Keller oder sogar in einem extra dafür gebauten Set gedreht werden muss. Die Schauspieler laufen also in Wirklichkeit in eine Besenkammer, für den Zuschauer wird aber eine fiktive Realität erzeugt, in welcher der andernorts gedrehte Keller mit dem Gang zusammenhängt. Eine solche fiktive Realität wird als *‚filmischer Raum'** bezeichnet.

In diesem Kapitel geht es also um die Frage, wie ein nicht existenter Raum in den Köpfen der Zuschauer erzählt werden kann.

G1 RÄUME KONSTRUIEREN

Raumkonstruktion durch den Schnitt

Ich erklärte eingangs, dass der finale Keller in der Szene 4 der 2. Übung vielleicht gar nicht vorhanden ist. Vielleicht könnte die Tür nur in eine Besenkammer führen. Trotzdem lässt sich unsere Geschichte erzählen, indem die Illusion eines *filmischen Raumes** durch den Schnitt erzeugt wird. Der Schauspieler könnte beispielsweise die Tür zur Besenkammer öffnen und eintreten. Es folgt ein Umschnitt auf eine Kameraposition innerhalb irgendeines Kellers. Darin zeigen wir dem Zuschauer, dass der Entführer eben diesen Keller betritt. Wenn die Tür der Besenkammer der Kellertür ähnelt, wird der Zuschauer dazu verleitet, sie als dieselbe Tür und dementsprechend auch den Kellerraum zu den Gängen gehörig einzuordnen.

In Kapitel C3 erklärte ich, dass unser Gehirn etwas Zeit zur Orientierung benötigt, wenn wir einen unbekannten Raum betreten. Beginnt eine neue Szene im Film, so muss sich auch hier unser Gehirn erst einmal orientieren. Entsprechend ist die Reihenfolge der gezeigten Bilder wichtig. Hierfür haben sich zwei Verfahren etabliert:

1. Die progressive Montage führt mit einem *Establishing-Shot** die Umgebung ein, in welcher sich die Handlung abspielt, und geht dann in die Darstellung der Handlung über, während diese mit Detaileinstellungen immer genauer betrachtet wird.
2. Zeigt man erst die Details und gibt nach und nach mehr vom Raum preis, wird dieser Aufbau als ‚regressive Montage' bezeichnet.

Die erste Variante ermöglicht uns sofort eine Orientierung: Die Zuschauer sind in der Lage, eine räumliche Verknüpfung zum bereits Gesehenen herzustellen und die anschließend gezeigten Handlungen entsprechend einzuordnen.

Die zweite Variante verwehrt den Zuschauern vorerst die Orientierung und legt damit einen viel größeren Schwerpunkt auf die zunächst gezeigten Details: Die Zuschauer fragen sich anfänglich, wo und wer gerade handelt. Da eine Verknüpfung zum bereits Gesehenen erschwert wird, legt das Gehirn einen neuen ‚Speicherplatz' an und gibt den Details damit einen höheren Wert. Erst im weiteren Verlauf der Szene können dann die Zuschauer diese mit den bereits bekannten Bildern verknüpfen und sich somit orientieren. Da die aufgenommenen Informationen sozusagen erst zwischengespeichert werden müssen, bevor sie eingeordnet werden können, brauchen die Zuschauer bei der regressiven Montage einen Moment länger, um der Handlung zu folgen, als bei der progressiven Montage.

Nebenbei sei erwähnt, dass die Möglichkeit, Informationen zurückzuhalten, im Übrigen ein sehr beliebtes Mittel im Film ist, um Spannung zu erzeugen. Bewusst gesetzte Unschärfe und extra langsame Kamerabewegungen sind nur zwei der vielen möglichen Verfahren.

Man kann den Zuschauern aber auch Informationen geben, bevor sie der *Protagonist** erfährt. Handelt es sich dabei um Informationen, die eine Bedrohung für die Hauptperson bedeuten, spricht man von ‚Suspense'. Der Zuschauer möchte die Hauptrolle warnen, kann es aber nicht. Er ahnt, was geschehen wird. Anspannung ist die Folge. Dieser Erzähltechnik verdanken wir die besondere Spannung in Alfred Hitchcocks Meisterwerken.

Räume konstruieren durch Tiefenwahrnehmung und Bewegung

Wie wir räumliche Tiefe unter anderem durch Verdeckung, Licht und Schatten und das Verblassen weiter entfernter Objekte wahrnehmen, habe ich bereits in Kapitel C5 beschrieben. Diese Effekte macht man sich im Film entsprechend zunutze. So werden beispielsweise gern Objekte im Vordergrund als Rahmen benutzt oder dezenter Nebel eingesetzt, wo eigentlich kein Nebel sein dürfte, um den Raum für das Auge zu dehnen. Man manipuliert also den Raum, um gewünschte Wirkungen zu erzielen.

Studien zufolge wird die stärkste physiologische Raumillusion beim Film durch Kamerafahrten erzeugt (vgl. J.-A. Steber 2007: 11). Durch die Bewegung kann der Zuschauer Objekte und Räume aus anderen Blickwinkeln betrachten und bekommt somit eine plastische Vorstellung vom *filmischen Raum** und der Position und Dimension der Objekte darin. Dabei hilft vor allem die Tiefenwahrnehmung durch teilweise oder kurzzeitige Verdeckung. Obwohl die *Stereoskopie** der 3D-Filme in großem Umfang Raumtiefe vermitteln kann, bleibt man in 3D Filmen trotzdem auf Kamerabewegungen angewiesen, um den gewünschten Wow-Effekt zu erzielen. Damit werden wir uns im nächsten Kapitel noch genauer beschäftigen.

Räume konstruieren mithilfe von Achsen

Ein weiterer nicht zu unterschätzender Faktor, um die Illusion eines *filmischen Raumes** zu erzeugen, bildet das Achsenkonzept. Von Achsen haben Sie wahrscheinlich bereits aus anderen Quellen gehört. Ich möchte ich Ihnen das Konzept trotzdem zumindest in verkürzter Form vorstellen, da man mit Hilfe dieser Regeln sehr einfach eine Kontinuität zwischen allen Einstellungen einer Szene herstellen kann.

Könnten wir eine Szene in nur einer einzigen Kameraeinstellung auflösen, hätten es unsere Zuschauer sehr einfach, ihre Position im Raum zu erkennen. Wird die Szene jedoch in mehrere Einstellungen aufgelöst, müssen sich unsere Zuschauer mit jedem Umschnitt kurz neu orientieren. Dazu haben sie nur die Informationen aus den vorangegangen Einstellungen zur Verfügung. Je mehr die neue Einstellung von der vorangegangenen abweicht, desto länger dauert die Orientierung. Das zieht die Zuschauer entsprechend aus dem Film heraus. Die Immersion geht kaputt. Aus diesem Grund wurde das Konzept von Achsen und Achssprüngen entwickelt. Wird eine Szene nach diesem Konzept aufgelöst, ist gewährleistet, dass sich die Zuschauer schnell zwischen den Einstellungen orientieren können.

Eine Achse kann man sich als eine gedachte Linie vorstellen, die zwischen den Kommunikationspartnern verläuft. Unterhalten sich zwei Personen, befindet sich die Linie ganz einfach zwischen den Personen. Sie bleibt selbst dann noch erhalten, wenn sich eine der beiden Personen zu bewegen beginnt. Die Achse wandert mit der Bewegung mit, denn die Aufmerksamkeit des Zuschauers bleibt auf das Gespräch fokussiert. Damit die Orientierung des Zuschauers in der Szene erhalten bleibt, gilt es, die 180°-Regel einzuhalten:

In einer Szene können nur Einstellungen im Schnitt miteinander kombiniert werden, die sich auf derselben Seite der Achse befinden. Es steht dem Zuschauer also von der Bezugsperson aus gesehen ein 180°-Betrachtungswinkel zur Verfügung.

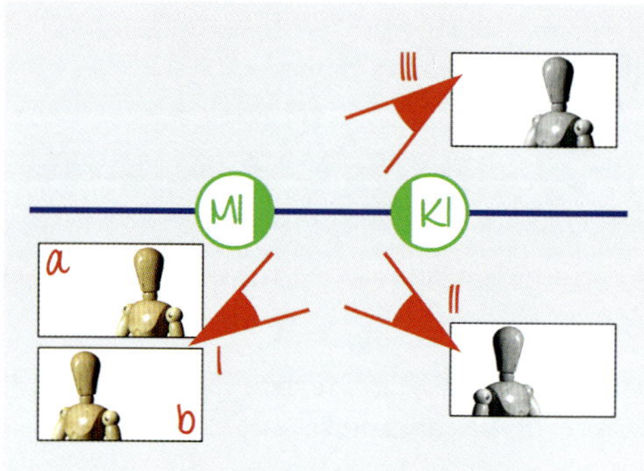

Abb. 46: Von Kamera I kann nicht auf die III geschnitten werden, da die Blickrichtung nicht stimmt.

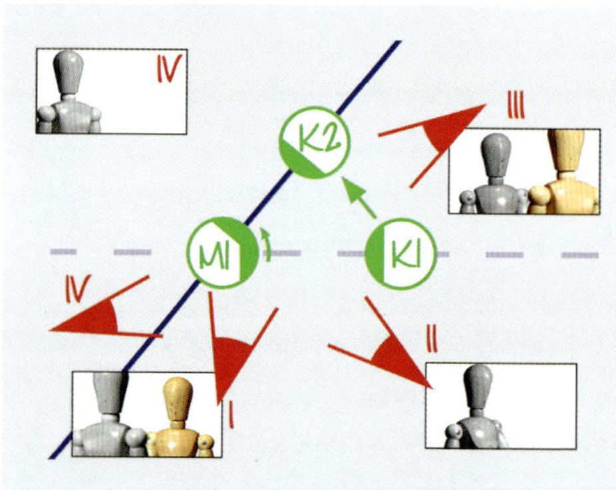

Abb. 47: Achse wandert mit der Bewegung des Schauspielers und ermöglicht damit neue Kamerastandpunkte.

Man sollte demnach mit der Kamera stets auf einer Seite der gedachten Achse bleiben, da sonst Blick- oder Bewegungsrichtungen nach dem Schnitt nicht mehr stimmen. Dies lässt sich am besten an einem Beispiel verdeutlichen:

In Abbildung 46 stehen sich Mark (graue Figur) auf Position M1 und Karola auf ihrer Position K1 gegenüber. Karola wird von der Kamera I gefilmt. Von dieser Position wird sie in Version a rechts im Bild *kadriert** und in Version b links *kadriert**. Trotzdem blickt sie stets nach links. Schneidet man von einer der beiden Versionen in die Kameraposition II von Mark, so schauen sich beide an, da Mark nach rechts blickt. Wird stattdessen von der Einstellung I auf die Kameraeinstellung III geschnitten, stört das den empfundenen Aufbau des Raumes, da Mark nun ebenfalls nach links schaut. Obwohl sich beide ansehen, wirkt es im Schnitt so, als würden beide in die gleiche Richtung und damit voneinander wegschauen. Dabei ist es egal, ob Karola vorher links oder rechts im Bild positioniert wird. So machen wir es dem Zuschauer schwer, den Aufbau des Raumes nachzuvollziehen. Da sich die Kameraeinstellung III auf der anderen Seite der Achse befindet, wird der Schnitt auf dieser Position III als ‚Achssprung' bezeichnet.

Achssprünge sollten also unbedingt vermieden werden. Schließlich wären unsere Betrachtungsmöglichkeiten eingeschränkt, wenn wir tatsächlich neben Karola und Mark stünden. Wir könnten unseren Kopf nach oben, unten, links oder rechts bewegen, aber wir könnten nicht einfach unsere Augen auf die andere Seite der Achse zwischen den beiden springen lassen, dort Eindrücke sammeln und wieder zurückspringen. Wir müssten uns dazu bewegen und diese Bewegung wird entsprechend registriert. Wenn wir in unserem Beispiel unbedingt zur Kameraposition III gelangen wollen, müssen wir also unseren Zuschauern erzählen, dass wir die Achsenseite wechseln. Am elegantesten lässt sich das lösen, indem die Kamera *im On** über die Achse fährt, also z.B. von Position II zur III. Ab diesem Zeitpunkt kann man natürlich nicht mehr in die Kamera auf Position I schneiden.

TIPP

Sie wollen die Achsenseite wechseln, eine Fahrt ist aber nicht möglich? Alternativ können sie auch auf eine Einstellung zwischenschneiden, in welcher sich die Kamera direkt auf der Achse befindet. Die anschließende Einstellung kann sich dann auf der anderen Seite der Achse befinden. Sollte auch das aus irgendwelchen Gründen nicht möglich sein, sollten sie wenigstens markante Objekte im Bild vorher etablieren. Damit finden die Zuschauer bei einem Achssprung die Orientierung schnell wieder.

Eine weitere Möglichkeit, um auf die Einstellung III zu schneiden, ergibt sich, wenn wir statt der Kamera die Schauspieler sich bewegen lassen. Beispielsweise kann Karola, wie in Abbildung 47 zu sehen, *im On** ihre Position wechseln.

Während sich Karola auf ihre Position K2 bewegt, wandert die gedachte Achse zwischen beiden mit, da die Aufmerksamkeit des Zuschauers auf dem Gespräch liegt. Sobald diese Achse die Kameraposition III passiert, kann in diese geschnitten werden. Wenn die Kamera I entsprechend mitschwenkt, ergeben sich daraus zwei *Over-the-shoulder-Einstellungen**. Sie werden feststellen, dass sich dank des Mitschwenkens der Kamera I in jeder Einstellung Mark auf der linken Seite im Bild befindet und Karola rechts im Bild. Das erleichtert dem Zuschauer die Orientierung zusätzlich. Die Kameraposition IV ist nur nutzbar, bevor sich Karola in Bewegung setzt. Nach ihrer Bewegung schaut Mark nach links aus dem Bild heraus. In allen anderen Einstellungen schaut er am Ende nach rechts. Deshalb wäre diese Einstellung ein Achssprung. Es versteht sich von selbst, dass Karolas Bewegung einen für den Zuschauer nachvollziehbaren Grund braucht, sonst würde eine solche Bewegung schnell künstlich wirken.

Manchmal ist die Irritation durch Achssprünge erwünscht. Alfred Hitchcock und Stanley Kubrick spielten beispielsweise gern damit. Außerdem scheint die Empfindlichkeit für diese Problematik beim Zuschauer nachzulassen, was darauf zurückzuführen ist, dass wir vermehrt minderwertige Bildberichterstattungen und Sendungen zu sehen bekommen, oder auch Amateurvideos im Internet. Dennoch ist dringend davon abzuraten, die Aufmerksamkeit des Publikums durch ständiges Brechen dieser Regel unnötig abzulenken, schließlich riskiert man das Immersionsvermögen des Filmes.

In Bezug auf die Achsen ist es wichtig zu verstehen, dass sich der Zuschauer umso mehr in die Handlung involviert fühlt, je näher sich die Kamera an der jeweiligen Achse befindet. Das ist auch der Grund, warum *Over-the-shoulder-Einstellungen** und *POV**-Einstellungen so ansprechend wirken. Befindet sich hingegen die Kamera im 90°-Winkel zur Achse, nimmt diese einen neutralen Standpunkt ein. Die Gesichter wirken flacher, da z.B. nur ein Auge zu sehen ist. Der Zuschauer geht auf Abstand und wird zum unbeteiligten Beobachter.

Bei Gesprächssituationen mit mehreren Personen etablieren sich entsprechend auch mehrere Achsen. Deren Anordnung ähnelt mal einem Dreieck, mal mehr dem Buchstaben ‚L'. Dementsprechend muss man besonders aufpassen, zu welchem Zeitpunkt man in welche Kameraposition schneidet. Für eine Achse kann die Position okay sein, während sie für eine andere Achse bereits einen Achssprung bedeutet. Sollte es jedoch aus irgendeinem Grund nicht möglich sein, in eine für alle Achsen akzeptable Position zu schneiden, hat immer die Achse Vorrang, welche die Geschichte erzählt, da hier die Aufmerksamkeit des Zuschauers liegt. Ein Fehler würde hier schneller auffallen. Wenn Sie sich mal nicht sicher sein sollten, ob sich Ihre Kamera auf der richtigen Achsseite befindet, schauen Sie sich einfach die Blickrichtungen an.

G2 RÄUME ZERSTÖREN

Der *filmische Raum** wird dann zerstört, wenn der Zuschauer die Orientierung verliert oder sich der Raum so stark verändert, dass der Zuschauer die Veränderung nicht mehr nachvollziehen kann. Dies passiert zum Beispiel durch schnelle Kamerabewegungen, wie etwa bei *Reißschwenks**. In Kapitel C4 bin ich bereits darauf eingegangen, dass unser Gehirn Bewegungen auf der Leinwand dadurch registriert, dass Lichtinformationen von einem Netzhautrezeptor zum nächsten wandern. Bei sehr schnellen Kamerabewegungen entfernt sich diese Lichtinformation so weit vom Ausgangsrezeptor, dass eine Bewegung nicht mehr korrekt nachvollzogen werden kann.

Zwar verliert der Zuschauer durch solche Bewegungen kurzzeitig die Orientierung, dafür kann hiermit der Übergang in einen neuen Raum viel fließender und für die Zuschauer akzeptabler durchgeführt werden. Das erleichtert Schnitte, die sonst räumlich betrachtet unpassend erscheinen.

Beispielsweise könnte eine Person eine Straße entlangrennen. Verfolgt man diese mit der Kamera in einer Geschwindigkeit, welche den Raum nicht zerstört, erkennt der Zuschauer Häuser und Fahrzeuge im Hintergrund. Ein Schnitt auf dieselbe Person, wie sie an einem Park vorbeiläuft, wirkt entsprechend als wäre Zeit vergangen, schließlich waren an gleicher Stelle vorher noch Häuser zu sehen. Ein solcher Zeitsprung wird, nebenbei erwähnt, auch als ‚Ellipse' bezeichnet.

Erhöht man am Ende der ersten Einstellung die Geschwindigkeit der Kamerabewegung, sodass der *filmische Raum** kurzzeitig zerstört wird, kann man auf die Einstellung mit dem Park im Hintergrund schneiden und der Zuschauer akzeptiert es, als schließe sich der Park an die Häuser an. Hier nimmt der Zuschauer keinen Zeitsprung wahr, dafür eine erhöhte Laufgeschwindigkeit.

G3 BILDSPRACHE

Um die Illusion eines zusammenhängenden Raumes erzeugen zu können, reicht das Achsenkonzept allein nicht aus. Wir müssen uns verschiedenster Tricks der Bildsprache bedienen. Verstehen die Zuschauer die Bildsprache jedoch nicht, kann diese Illusion gar nicht erst entstehen. Pierre Kandorfer schildert dazu eine wahre Geschichte eines englischen Kolonialbeamten, welcher jahrelang in Zentralafrika diente:

„Als gebildeter Mensch las er ständig Bücher und Zeitungen, die ihn u.a. auch über den Film informierten. Er las regelmäßig Filmkritiken, war aber selbst noch nie im Kino. Eines Tages hatte er Gelegenheit, sich einen Film anzuschauen. Es muss ein simpler Film gewesen sein, denn ringsherum sitzende Kinder verfolgen ihn mit sichtbarerAnteilnahme [sic]. Der Kolonialbeamte aber starrte angestrengt auf die Leinwand, und nach der Vorstellung war er völlig erschöpft. Er fand den Film zwar ‚außerordentlich interessant', von der Handlung verstand er allerdings nichts, denn er verstand die ‚Formsprache des Films' nicht" (Kandorfer 2003: 63).

Diese Geschichte verdeutlicht, wie wir die Bildsprache des Filmes erst erlernen müssen. Entsprechend sind die Assoziationen, die ein Bild beim Zuschauer auslöst, von folgenden Faktoren abhängig:

» Kulturkreis
» Geschlecht
» Alter
» Bildungsgrad
» Persönliche Interessen und Vorlieben

Hinzu kommt, dass die Bildsprache ständigen Veränderungen unterliegt. Manche Codes veralten, neue kommen in Mode. Zum Beispiel war es in den Anfangszeiten des Filmes üblich, die Frauen leicht von oben und Männer leicht von unten zu filmen. Mit der Emanzipation haben sich die gesellschaftlichen Normen gewandelt und die Filmsprache zog entsprechend nach. Folgende kleine Denkaufgabe zeigt, wie wir die Bildsprache heute für uns ausnutzen können:

Die Aufgabe:

Das Geld der Produktion ging für den Unfallstunt drauf, jetzt heißt es sparen. Da kein Kapital mehr vorhanden ist, um eine Explosion umzusetzen, müssen sie nun in die Trickkiste greifen. Wie könnte man die folgende Szene umsetzen und dabei trotz der Umstände glaubhaft eine Explosion erzählen? Zeichnen Sie einen Floorplan mit allen Positionen und Bewegungen von Sophie und der Kamera.

WAS BISHER GESCHAH

Sophie ist Hackerin. Um aufzudecken, wie ein großer Konzern systematisch Aktienkurse manipuliert, um an Unmengen von Geld zu gelangen, hat sie sich in das Sicherheitssystem gehackt und belastende Dokumente gestohlen. Nun wird sie verfolgt. In einer dramatischen Verfolgungsjagd drängen Unbekannte ihren Wagen ab. Sie kracht gegen einen Baum. Als sie wieder zu Bewusstsein kommt, bemerkt sie, wie der Wagen brennt. Voller Schmerzen kann sie sich aus dem Wrack befreien.

UNFALLSTELLE **AUSSEN/NACHT**

Flammen schlagen aus der Motorhaube des Wracks. Sie erhellen die Landstraße. Unter Schmerzen zieht sich Sophie aus der Fensterscheibe der Beifahrerseite und fällt zu Boden. Mit letzter Kraft kämpft sie sich vom Wagen weg.

SOPHIE
(zu sich)
Halte durch Sophie. Sie werden dich nicht klein kriegen.

Das Auto explodiert. Sie zuckt kurz zusammen, doch dann macht sich Entschlossenheit in ihrem Gesicht breit.

SOPHIE
(zu sich)
Nein, sie werden dich nicht klein
kriegen.

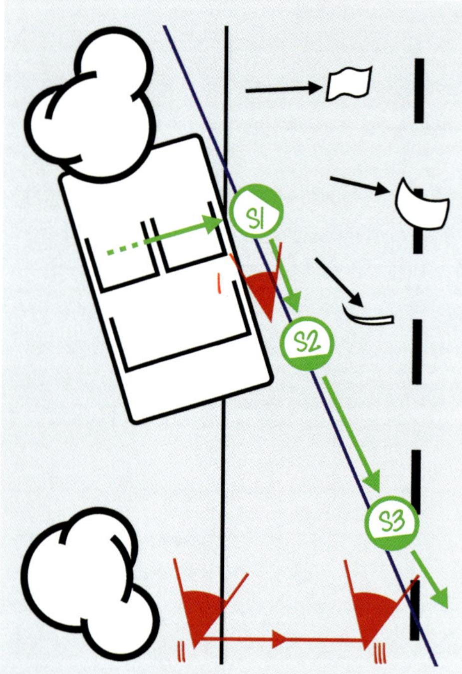

Abb. 48: Eine Explosion wird geschickt kaschiert.

Eine mögliche Lösung:

Die Abbildung 48 zeigt einen möglichen Floorplan für die Szene. Damit die Dramatik aus der Geschichte erhalten bleibt, starte ich mit der Einstellung I innerhalb der persönlichen Distanzzone von Sophie, wie sie aus dem Fenster kriecht und zu Boden fällt. Flammen schlagen im Hintergrund um sich. Das erhöht die Bedrohlichkeit der Situation. Mit letzter Kraft kämpft sie sich aus dem Bild. Jetzt kommt ein wichtiger Umschnitt: In einer Totalen auf Position II zeige ich die Unfallstelle und gebe den Zuschauern damit die Möglichkeit zur Orientierung. Sophie kämpft sich von Position S2 in Richtung S3 und richtet sich dabei auf. Die Kamera fährt los in Richtung III. Im Hintergrund sehen wir das Wrack nicht mehr, wohl aber den Lichtschein der Flammen. Sie sagt ihren ersten Satz. Sofort danach klatscht jemand hinter der Kamera laut in die Hände. Sophie zuckt zusammen, Flammen simulierende Lampen am vorderen Teil des Wagens flackern auf. Sie leuchten, während gleichzeitig mehrere Assistenten Wrackteile so vom Auto wegwerfen, sodass man in der Kamera hinter Sophie sowohl die Wrackteile, als auch den Lichtschein unscharf erahnen kann. In der Postproduktion wird das Klatschen durch einen fetten Sound ersetzt und fertig ist die günstige Explosion.

Damit nutze ich die Sehgewohnheit der Zuschauer aus. Sie akzeptieren es, dass brennende Autos explodieren. Deshalb muss ich diesen

Umstand nicht mehr direkt zeigen. Die Totale gibt den Zuschauern die nötige Orientierung. Sie wissen nun, wo sich das Wrack befindet, wo die Straße ist und wie weit sich Sophie bereits entfernt hat. Dadurch verknüpfen die Zuschauer die Flammen und umherfliegenden Wrackteile im Hintergrund der Nahen in der III mit dem Autowrack. Ich muss deshalb nichts wirklich explodieren lassen. Es reicht, wenn ich das andeute. Außerdem muss auch nicht mehr erklärt werden, dass irgendwo am Wagen Benzin austritt, welches sich an den Flammen entzündet, da Actionfilm-gewohnte Zuschauer das schon viel zu oft gesehen haben. Diese Sehgewohnheit führt schlicht dazu, dass man glaubt, brennende Autos mit Verbrennungsmotor würden explodieren, obwohl das nicht möglich ist. Es ist eine Hollywood-Legende, an die wir uns gewöhnt haben.

Die Idee, einen eigenständigen Raum in der fiktiven Realität des Filmes zu erzeugen, lässt sich eins zu eins auch auf 3D-Filme übertragen. Sobald wir uns aber unsere Geschichte in 3D erzahlen wollen, erweitern sich neben den erzählerischen Möglichkeiten auch die Stolpersteine. Im nächsten Kapitel werden wir uns deshalb genauer mit dem 3D-Film beschäftigen und den neuen Möglichkeiten für die szenische Auflösung.

DIE DRITTE DIMENSION

Die Geschichte der *Stereoskopie** reicht bis in die Mitte des 19. Jahrhunderts zurück und ist durch zahlreiche Hoch- und Tiefphasen geprägt. Stets wurde der 3D-Film als neuer Standard gepriesen, schaffte es aber nie wirklich aus seiner Exotenstellung heraus. Zu groß waren Mehraufwand und Kosten für die Zuschauer. Das könnte auch jetzt wieder der 3D-Technik drohen, wenn wir Filmemacher es nicht schaffen, die neuen Möglichkeiten für unsere Geschichten zu nutzen.

Mit der Einführung des Farb- sowie des Tonfilms erhielt der Filmschaffende weitere Ebenen, auf denen er seine Geschichte erzählen konnte und die Zuschauer weitere Ebenen, auf denen sie in die fantastische Welt des Filmes eintauchen konnten. Der Tonfilm machte die gezeigten Charaktere mit ihrer Stimme, Tonhöhe, Sprechgeschwindigkeit, Akzent u.v.m. erst wirklich lebendig. Als der Tonfilm aufkam, wurde so manche Schauspielgröße arbeitslos, weil deren Stimme den Zuschauern nicht gefiel. Der Farbfilm ermöglichte beispielsweise eine starke Betonung auf Personen oder Objekte, wie z.B. das Mädchen im roten Mantel in *Schindlers Liste* (Regie Steven Spielberg, 1993). Mit einem geschickten *Color-Grading** lässt sich nicht nur die emotionale Stimmung einer Szene beeinflussen, ganze Kapitel der Geschichte können für den Zuschauer in Abschnitte unterteilt werden – großartig umgesetzt z.B. in *Hero* (Regie Zhang Yimou, 2002). Ohne die Farbe könnte man in diesem Film schnell den Überblick zwischen all den Kapiteln verlieren. Kann der 3D-Film da mithalten? Funktioniert ein Film wie *Avatar* (Regie James Cameron, 2009) nur dank der 3D-Technik?

Leider haben bisher nur wenige Filme die Möglichkeiten der neuen Erzählebenen erkannt. Außerdem ist der Hype um die dritte Dimension mittlerweile vorbei. Waren die Gerätehersteller bisher die treibende Kraft hinter dem Boom, geben diese die mittlerweile nicht mehr ganz so neue Technik verloren. Samsung will in seinen neuen Fernsehgeräten keine 3D-Technologie mehr verbauen. Auch LG fährt die Produktion runter. Für mich eine traurige Entwicklung, denn im Gegensatz zur 4k-Technologie bringt die dritte Dimension durchaus einen Mehrwert für die Geschichte.

Lange zweifelte ich daran, dass die dritte Dimension im Film neue Erzählebenen etablieren kann. Heute weiß ich: Die 3D-Welt kann sogar eine ganze Menge neuer Erzählebenen bedienen. Allerdings erreicht man diese neuen Möglichkeiten nach wie vor nur durch einen umfangreichen Mehraufwand bei der Umsetzung. Viele Fachbücher tummeln sich dazu

„Die Kameras müssen sich bewegen, sonst geht viel von dem 3D-Effekt verloren.“

WIM WENDERS NACH SCHMETKAMP 2010

mittlerweile auf dem Markt. Aus diesem Grund werde ich mich hier lediglich auf die für die szenische Auflösung relevanten Fakten beschränken.

Bevor wir mit der dritten Dimension loslegen, möchte ich schon vorweg mit einem Irrglauben aufräumen: Erinnern Sie sich noch an das Gemälde von August Macke im Kapitel C5 zur Wahrnehmung von Raumtiefe? Wer denkt, dass man dank einer 3D-Aufnahmetechnik auf die vorgestellten Faktoren zur Darstellung von Räumlichkeit verzichten kann, der ist auf dem Holzweg. Natürlich hebt die ‚neue' Technik die räumliche Wahrnehmung auf ein neues Level, trotzdem müssen wir weiterhin dieses Werkzeug der szenischen Auflösung nutzen, um ein spannendes Bild zu komponieren. Das Gleiche gilt für die erhöhte Wirkung von Plastizität durch Kamerabewegungen. Fahrten werden weiterhin einen großen Stellenwert für die Raumwahrnehmung haben. Diese Erfahrung machte auch der Regisseur Wim Wenders bei den Dreharbeiten seines 3D-Filmes *Pina* (2011), wie das Zitat oben erkennen lässt.

Der 3D-Film lädt also nicht zur Schludrigkeit ein – ganz im Gegenteil. Dafür lohnt sich der Mehraufwand. Dank der verstärkten, räumlichen Wirkung lässt sich viel gezielter mit der Proxemik arbeiten und entsprechend intensivere Erlebnisse erschaffen. Legen wir los, mit der technischen Seite.

H1 DER TECHNISCHE EINFLUSS AUF DIE BILDGESTALTUNG

Zunächst einmal unterscheidet man im 3D-Film drei Bildebenen:

1. Die Leinwand bildet die Ebene, welche auch als ‚Scheinfenster' bezeichnet wird, da man scheinbar wie durch ein Fenster in den Raum dahinter schaut.
2. Der Großteil der 3D-Filmwelt befindet sich in der Bildebene hinter diesem Scheinfenster in der Tiefe bzw. im positiven Raum. In der Abbildung 49 wird dieser Bereich grün dargestellt.
3. Der Raum zwischen Zuschauer und Leinwand bildet die dritte Ebene, welche in der Abbildung blau markiert ist. Objekte ragen hier durch das Scheinfenster hindurch in den Kinosaal hinein. Dieser Raum wird aufgrund der negativen *Disparität** auch als ‚negativer Raum' bezeichnet.

Bereits bei den Dreharbeiten muss also festgelegt werden, wo genau sich das Scheinfenster befinden soll. Damit kann man allerdings nicht beliebig spielen. Es gilt, ein paar Grundregeln zu beachten, sonst geht der 3D-Eindruck verloren. Zwei Regeln sind für die szenische Auflösung relevant:

Aufnahmeregel

Die räumliche Wahrnehmung des Menschen durch *Stereoskopie** hat seine Grenzen. Das von jeweils einem Auge aufgenommene Bild unterscheidet sich bei sehr nahen Objekten stark von dem Bild des anderen Auges. Erinnern Sie sich noch an das Daumensprung-Experiment aus Kapitel C5? Das Experiment erklärte, wie wir durch Parallaxe räumlich sehen können. Die Distanz, wie weit der Daumen scheinbar springt – je nachdem,

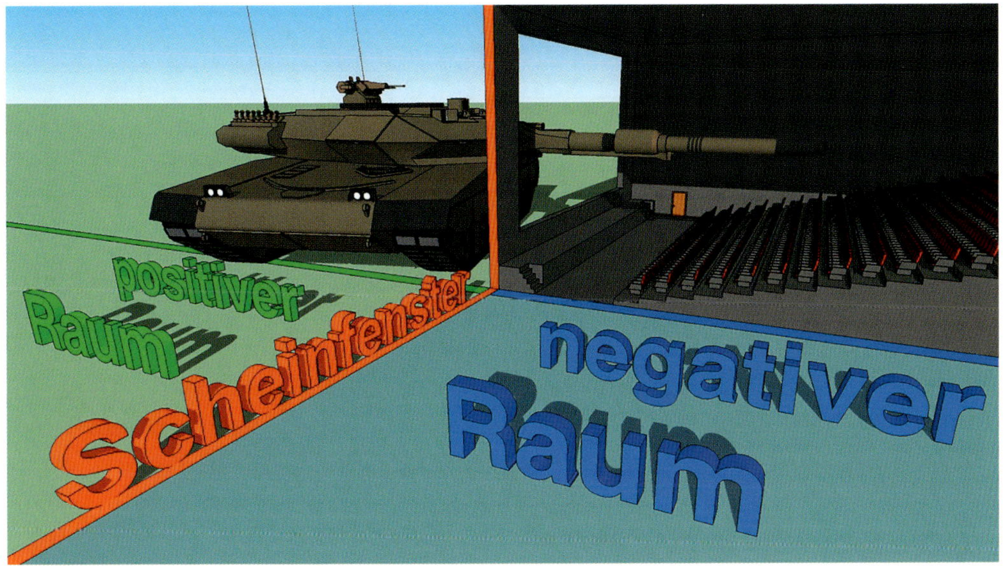

Abb. 49: Die Bildebenen im 3D-Raum.

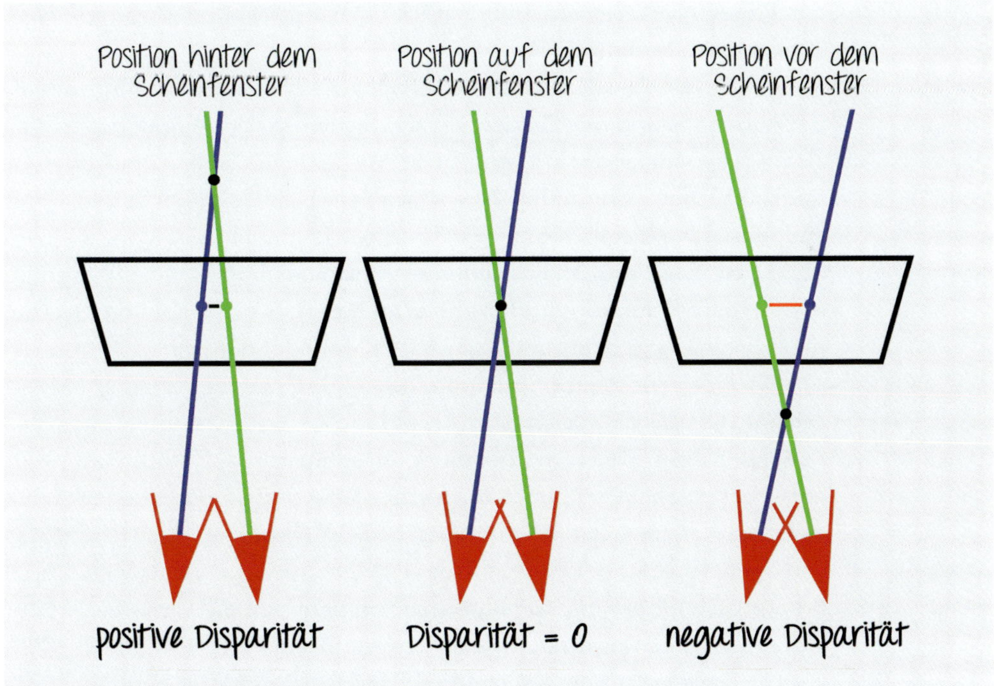

Abb. 50: Disparität für Bildpunkte vor, auf und hinter dem Scheinfenster.

welches Auge man zukneift –, nennt man ‚*Disparität*'*. Diese *Disparität** muss vom Filmbild nachgeahmt werden, um einen räumlichen Eindruck entstehen zu lassen. Jedes Auge muss also ein anderes Bild sehen können. Dafür werden heute die sogenannten stereoskopischen Projektionsverfahren genutzt. Damit man die Position eines Bildpunktes im Raum einschätzen kann, muss sich die Position des Bildpunktes für jedes Auge entsprechend anpassen. Die Abbildung 50 zeigt die wichtigsten Fälle:

Soll der Zuschauer einen Bildpunkt direkt auf der Leinwand wahrnehmen, weist dieser Punkt keine *Disparität** auf. Punkte, die sich scheinbar hinter der Leinwand befinden, haben eine positive *Disparität**, Punkte vor der Leinwand, also im Kinosaal, eine negative *Disparität**. Während der Zuschauer seine Augen auf die Leinwand fokussiert hält, wird an sein Gehirn von jedem Auge ein anderes Bild übertragen. Das Gehirn ermittelt durch die *Disparität** jedes Bildpunktes dessen Position im Raum. Dies ist für Objekte im negativen Raum für das Gehirn besonders anstrengend. Ungeübte Zuschauer ermüden in diesem Fall schneller. Bei Bildpunkten, die sich extrem weit weg befinden, z.B. am Horizont, treffen sich die Sichtlinien der Augen nicht. Sie verlaufen parallel. Dementsprechend weisen diese Punkte eine *Disparität** entsprechend des Augenabstandes auf.

Es gilt unbedingt zu vermeiden, dass die *Disparität** größer wird als der Augenabstand des Zuschauers. Die Sichtlinien der Augen dürfen sich also nicht voneinander entfernen. Das würde den Zuschauer nicht nur extrem anstrengen, sondern kann auch zu Schwindelgefühlen führen. Unter anderem kann dieses Problem auftreten, wenn man zu nah an der Leinwand sitzt. Das Problem entsteht auch, wenn der Film in seiner Bildgröße in der Postproduktion größer skaliert wird als er aufgenommen wurde, denn dabei skaliert sich die *Disparität** aller Bildpunkte mit.

Der dem Zuschauer nächstgelegene Punkt wird als ‚Nahpunkt' bezeichnet (engl.: *near plane*). In Abbildung 49 wäre das die Spitze des Kanonenrohres. Der vom Zuschauer am weitesten entfernte Punkt wird entsprechend als ‚Fernpunkt' (engl.: *far plane*) definiert und befindet sich meist am Horizont. Der Abstand zwischen der *Disparität** des Nahpunktes und der *Disparität** des Fernpunktes wird ‚Deviation' genannt (engl.: *Depth Bracket*). Sie gibt damit den Bereich an, in dem sich die *Disparitäten** der Stereobildpaare bewegen können.

Die Deviation sollte, wenn möglich, ein Dreißigstel der gesamten Bildbreite bei der Aufnahme nicht überschreiten, sonst zerfällt die 3D-Welt für den ungeübten Zuschauer in das Stereobildpaar. Beim Kleinbildformat (24 mm x 36 mm) sollte also die Deviation nicht größer sein als 1,2 mm. Damit das 3D-Bild erhalten bleiben kann, muss die *Disparität** des Nahpunktes entsprechend begrenzt werden, denn die *Disparität** des Fernpunktes wird mit dem Augenabstand als feste Größe betrachtet. Es bleibt also nur, einen Mindestabstand des Nahpunktes zur Kamera einzuhalten. Objekte dürfen also nicht zu nah an eine 3D-Kamera herantreten. Dieser Mindestabstand wird mit folgender Aufnahmeregel errechnet:

Nahpunktabstand zur Kamera >= Stereobasis x Brennweite

Alle Werte müssen dabei in Millimeter angegeben werden. Die Stereobasis ist der Abstand der Objektive beider Kameras und entspricht meistens 65 mm – dem durchschnittlichen Augenabstand.

Diese Formel kann natürlich nur eine etwaige Orientierung liefern, da sehr viele Faktoren für eine exakte räumliche Wahrnehmung eine Rolle spielen. Es muss beispielsweise, um die Formel einfach zu halten, vom Kinositz genau in der Mitte des Saales ausgegangen werden. Auch sollte für ein exaktes Bild die Stereobasis bei der Aufnahme mit der Stereobasis bei der Wiedergabe übereinstimmen.

Die Aufnahmeregel hat also einen Einfluss auf die Distanz der Kamera zum Bezugsobjekt und damit auch auf die Proxemik. Dementsprechend kann also die 3D-Technik die gefühlte Distanz vom Zuschauer zum Bezugsobjekt verringern, allerdings wegen der Aufnahmeregel nur bis zu einem bestimmten Mindestabstand. Man kann daher bisher leider nicht bis in die intime Distanzzone der Zuschauer eindringen – zumindest nicht ohne VR-Brillen. Immerhin erhält man als Filmschaffender durch den negativen Raum die Möglichkeit, im Kinosaal in die persönliche Distanzzone des Zuschauers hervorzudringen und damit die unter Kapitel D3 beschriebenen Wirkungen auszulösen. Das Resultat ist eine noch persönlichere Kinoerfahrung. Leider kann man in der Praxis diese besondere Erfahrung nur für Bildpunkte erreichen, welche auch die Rahmungsregel beachten.

Rahmungsregel

Damit der Zuschauer überhaupt den Eindruck gewinnt, dass ein Objekt scheinbar aus der Leinwand hervortritt, ist es unbedingt wichtig, folgende Rahmungsregel zu beachten:

Das Objekt, welches aus der Projektionsebene hervortreten soll, darf nicht den Rahmen des Scheinfensters berühren.

Stefan Voigt (2011: 27ff.) unterscheidet in seiner Arbeit zwei unterschiedliche Auswirkungen, sollte diese Regel verletzt werden:

1. Schneidet das Objekt den Rahmen des Scheinfensters an der linken oder rechten Seite, fehlt für ein Auge das Halbbild der entsprechenden Bildpunkte. Der Raumeindruck geht verloren, wodurch das Objekt sofort als auf der Ebene des Scheinfensters befindlich wahrgenommen wird.
2. Wird das Objekt hingegen am oberen oder unteren Rand des Scheinfensters angeschnitten, führt dies zu widersprüchlichen Informationen im Gehirn: Unsere Erfahrung sagt uns, dass das Objekt nicht vom Rahmen des Scheinfensters verdeckt sein dürfte, schließlich befindet es sich ja angeblich vor der Leinwand. Tritt das Objekt nur geringfügig in den Raum vor dem Scheinfenster, schlussfolgert unser Gehirn, dass das Scheinfenster in unsere Richtung gekrümmt sein muss, um das Objekt verdecken zu können. Mit diesem Kompromiss wird der Widerspruch im Gehirn akzeptiert und das Scheinfenster etwas gekrümmt wahrgenommen. Dies funktioniert allerdings nur bis zu einem gewissen Grad.

Um also diese Probleme zu vermeiden, muss die Kameraposition bzw. die *Bildkadrage** so gewählt werden, dass das Objekt, welches aus der Leinwand hervortreten soll, nirgendwo angeschnitten wird. Dies schränkt die Nutzung des negativen Raumes leider stark ein. Man kann die Rahmungsregel bis zu einem gewissen Grad umgehen, wenn die Leinwand für den Betrachter so groß ist, dass deren Grenzen über sein eigenes Blickfeld hinausragen. Dies würde für die vorderen Sitzplätze im Kinosaal sprechen.

Während meiner Recherchen zu diesem Thema achtete ich bei 3D-Filmen im Kino besonders auf die Rahmungsregel und stellte fest: Ich konnte mich ganz gut daran gewöhnen, dass hin und wieder die Rahmungsregel verletzt wurde. Es kann also durchaus sein, dass sich auch die Sehgewohnheiten anderer Zuschauer sukzessive anpassen werden, sodass ein Bruch der Rahmungsregel eine ähnliche Akzeptanz erfahren wird wie der vermehrte Einsatz von Achssprüngen in filmischen Werken.

Die Bildrate im 3D-Film

Mit der Etablierung der digitalen 3D-Technik entbrennt eine längst geführte Diskussion wieder neu: die Frage nach der Bildrate. Kinofilme auf 35-mm-Filmstreifen werden seit der Einführung des Tonfilms mit 24 Bildern pro Sekunde abgespielt, da die Bewegungen als flüssig genug wahrgenommen werden, während gleichzeitig nicht zu viel Filmmaterial verbraucht wird. Als Einheit hat sich in der heutigen digitalen Zeit die Angabe als ‚frames per second', kurz ‚fps', durchgesetzt. Diese an sich geringe Bildrate im Kinofilm führt jedoch gerade bei schnellen Bewegungen zu vielen Unschärfen im Bild sowie zu leicht ruckelnden Bewegungen. Dies wird momentan noch als ‚Filmlook' von den Zuschauern akzeptiert.

Im analogen Fernseh- und Amateurbereich setzte sich mit der Einführung des Farbfernsehens die Bildfrequenz von 50 Halbbildern pro Sekunde für PAL-Signal und 59,94 Halbbildern für NTSC-Signal durch. Bei solch hohen Bildfrequenzen verringert sich die Bewegungsunschärfe entsprechend. Bewegungen wirken dadurch flüssiger, schärfer und damit realistischer. Doch die kinogewohnten Zuschauer werteten dies bisher mit der Bezeichnung ‚Video-Look' eher ab.

Bis 2012 wurden die digitalen 3D-Filme wie *Avatar* (Regie James Cameron, 2009) noch mit 24fps gezeigt. Doch das gewohnte, leichte Ruckeln der Bewegungen trübte bei dieser Bildrate die 3D-Wirkung. Anscheinend fielen aufgrund des höheren Realismusgrades in der dritten Dimension die unrealistisch ruckelnden Bewegungen bei Filmen mit 24fps besonders auf. Die logische Konsequenz war also, die Bildrate anzuheben, damit die realistischer wirkende Welt auch bei schnelleren Bewegungen noch realistisch bleibt. Peter Jackson reagierte mit *Der Hobbit* (2012) als einer der Ersten darauf mit einer erhöhten Bildrate von 48 Bildern pro Sekunde, entsprechend dem IMAX-Standard. Dies wurde von der Industrie als HFR 3D gefeiert, ist aber im Grunde nichts Neues.

Ich persönlich sehe den Schritt zu höheren Bildraten für ein besseres 3D-Erlebnis als nötig an. Die dritte Dimension lässt den Film realistischer wirken. Ebenso verhält es sich mit höheren Bildraten. Warum sollte man auf stockenden, unscharfen und damit unrealistisch wirkenden Bildraten bestehen und gleichzeitig eine realistischere Filmwelt erleben wollen? Da es dem Realismus dient, werden sich nach einer gewissen Übergangsphase die Zuschauer auch darauf einstellen. Der altbewährte 24fps-Filmlook wird als Stilmittel sicherlich für 2D-Filme erhalten bleiben. Parallel dazu wird sich eine höhere Bildrate etablieren. Als Triebfeder für diesen Trend erweisen sich neben dem 3D-Film auch die höheren Auflösungen. Der UHDTV-Standard erlaubt eine Bildrate von bis zu 120fps und kommt bereits bei großen Sportereignissen wie der Olympiade oder der Fußball-WM zum Einsatz. YouTube erlaubt derzeit eine Bildrate bis zu 60 Vollbildern pro Sekunde. Dadurch wächst meiner Meinung nach eine Generation heran, die sich nicht mehr an 24fps festbeißen wird.

TIPP

Falls Sie überlegen, Ihr Projekt in HFR zu realisieren, denken Sie auch an Maske, Kostüm und Ausstattung. Durch die geringere Bewegungsunschärfe, fallen Fehler in diesen Abteilungen schneller auf. Gleiches gilt natürlich für höhere Auflösungen.

H2 DER NARRATIVE EINFLUSS AUF DIE BILDGESTALTUNG

Die dritte Dimension bringt auch narrative Veränderungen mit sich. Beispielsweise kann in der *Monoskopie**, also der 2D-Filmwelt, der Zuschauer Bewegungen von Schauspielern in Richtung der Kamera schlechter räumlich einschätzen als Bewegungen seitlich zur Kamera. Dies fällt dank der *Stereoskopie** leichter.

In Kapitel C5 zur Wahrnehmung von Raumtiefe wurde erklärt, dass diagonale Linien als Fluchtlinien wahrgenommen werden und den Blick des Betrachters lenken. Stefan Voigt (2011: 41) weist darauf hin, dass in der dritten Dimension diese markanten Linien den Blick auch räumlich führen müssen. Ein Beispiel macht das deutlich: Im 2D-Bild könnte man im Hintergrund den Ast eines Baumes so im Bild *kadrieren**, dass er auf den im Vordergrund neben dem Baum stehenden Schauspieler verweist, ohne wirklich perspektivisch korrekt auf ihn zeigen zu müssen. Dieser Ast muss im 3D-Bild auch räumlich tatsächlich nach vorn auf die Person zeigen, um den Blick des Zuschauers äquivalent zum 2D-Bild führen zu können.

Auch bei einem harten Schnitt gilt es etwas zu beachten: Schneidet man von einem Bild mit hoher positiver *Disparität** auf ein Bild mit hoher negativer *Disparität** oder umgekehrt, wird dies von den Zuschauern als besonders anstrengend empfunden, da das Gehirn die wahrgenommene Position des Bildpunktes schnell sehr stark anpassen muss. Falls die Einstellungen lang genug stehen, kann man hier die Tiefe des Raumes sowohl kurz vor dem Schnitt als auch kurz nach dem Schnitt künstlich herabsetzen, um diesen Effekt abzumildern.

Einen weiteren interessanten Unterschied stellte der Regisseur und Produzent Ang Lee fest: In einem Interview, welches 2012 in einem Beitrag von Bernd Sobolla auf *Bayern2* zu hören war, sprach er darüber, dass gerade bei Aufnahmen in Schulterhöhe Menschen durch die gewonnene

Tiefe des Raumes kleiner wirken, als sie es normalerweise sind. Er merkte zudem an, dass sich die 3D-Welt schnell selbst als Illusion entlarve durch die Tatsache, dass die Objekte näher an einen herantreten, man sie aber dennoch nicht berühren könne.

Die vielleicht mächtigste Veränderung durch die *Stereoskopie** ergibt sich durch die Möglichkeit, die Aufmerksamkeit der Zuschauer noch besser steuern zu können. In der Regel ziehen Objekte verstärkt dann unsere Aufmerksamkeit auf sich, je näher sie sich vor uns befinden. Durch die Nutzung des negativen Raumes kann man nun die Aufmerksamkeit der Zuschauer ganz besonders auf diese Objekte lenken. Allein schon durch ihre Nähe zu den Zuschauern und ihre Plastizität wirken sie viel atemberaubender und erhaschen so die Aufmerksamkeit. Leider strengen Darstellungen im negativen Raum auf Dauer an, weshalb man sparsam damit umgehen sollte.

H3 NEUE ERZÄHLEBENEN

Eine Geschichte wird nicht über Dialog und Handlung erzählt. Wir können auf unzähligen Ebenen – mal mehr, mal weniger auffällig – Informationen an unsere Zuschauer weitergeben, unterschwellige Botschaften vermitteln, Stimmungen erzeugen, Gefühle triggern.

Nehmen wir an, wir wollen die Guten von den Bösen in unserer Geschichte unterscheiden. Wir könnten im 2D-Film die *Protagonisten** immer mit warmen Farben und die *Antagonisten** in kalten Farben umgeben; die gute Seite könnte stets die Handlungsorte erhellen (z.B. durch *practicals** und einer leichten *High-Key**-Stimmung), während die Gegenspieler automatisch die Welt verdunkeln (Lampen fallen aus, Kerzen erlöschen und das Bild tendiert in Richtung *Low-Key**).

Mit der dritten Dimension kommen nun neue Möglichkeiten hinzu, um unterschwellig Informationen zu vermitteln und einen eigenen Look zu kreieren. Deshalb finden die neuen Möglichkeiten der 3D-Technik ihren Platz in unserem Werkzeugkasten der szenischen Auflösung:

Werkzeug 5: Die neuen Möglichkeiten der 3D-Technik

Die 3D-Technik ermöglicht neue Erzählebenen, um die Geschichte und die dazugehörigen Emotionen in die Köpfe der Zuschauer zu transportieren und einen eigenen 3D-Look zu etablieren. Zwischen all den Möglichkeiten seien hier besonders die Deviation, das Scheinfenster und das Volumen hervorgehoben.

Deviation

Mit dem Abstand zwischen dem vom Zuschauer aus nächstgelegenen und dem am weitesten entfernten Punkt, also der Deviation, lässt sich spielen, um einer Geschichte sprichwörtlich mehr ‚Tiefe' zu geben. Eine geringe

Deviation erinnert den Zuschauer an einen flachen 2D-Film. Ohne viel Tiefe wirken die Bilder nicht besonders. Eine hohe Deviation sorgt für den gewünschten Wow-Effekt. Das sind meist die Bilder, die im Gedächtnis bleiben.

Sollen sich die Zuschauer gefangen fühlen, lässt sich dies durch eine kleine Deviation unterstützen. Entsprechend stark wirkt dann die Freiheit, unterstützt durch eine große Deviation. So lässt sich auch ein visueller Unterschied zwischen dem tristen Alltag und der besonderen Welt auf der anderen Seite des Zaunes herstellen. Die Deviation wird von folgenden Faktoren beeinflusst:

» Abstand beider, für das Stereobild nötigen Kameras zueinander (interaxial Distanz)
» Größe des Raumes (z.B. Abstand der Kamera zur Wand)
» Position der Objekte im Raum
» Einschränkungen durch die Aufnahmeregel

Scheinfenster

Zunächst wird das Filmbild durch die Leinwand begrenzt. Das bedeutet jedoch nicht, dass das Scheinfester stets der Leinwand entsprechen muss. Es lässt sich verbiegen, drehen oder wie eine Maske nach vorn in den Kinosaal verschieben. Ein bewegtes Scheinfenster nennt man ‚Floating-Frame'.

Damit lassen sich Drogeneffekte verstärken oder Superheldenfähigkeiten unterstützten. Wenn unser Held über einen dünnen Ast laufen muss, wirkt das Wanken durch die Bewegung des Scheinfensters noch gefährlicher. Ein Floating-Frame lässt sich herstellen durch:

» Gezielte Positionierung des Schnittpunktes beider Kameraachsen (0 Parallaxe)
» Maskierung der Kamerabilder in der Postproduktion
» Leichtes Brechen der Rahmungsregel

Volumen

Der Abstand unserer Augen ist festgelegt. Wir können sie nicht weiter voneinander entfernen, wie es beispielsweise Schnecken können, und somit nicht mehr von der räumlichen Ausdehnung, der Plastizität, erfassen. Befindet sich jedoch ein Objekt näher vor unserem Kopf, so reicht unser Augenabstand aus, um viel von den Seiten des Objektes zu erkennen. Der parallaktische Winkel ist entsprechend groß. Deshalb wirken sehr nahe Objekte für uns besonders plastisch und werden obendrein vom Zuschauer mit positiven Eigenschaften versehen. In der Welt des 3D-Films ist das Volumen der Objekte jedoch durchaus variabel. Damit lässt sich ein Objekt flach wie ein Blatt Papier darstellen, oder in der Tiefe verzerrt, als würde es von einem schwarzen Loch angezogen werden.

Durch die Wahl eines Weitwinkelobjektivs kann die Kamera näher an Objekte herantreten. Deshalb wirken diese, wenn sie mit einer Brennweite unter 30 mm für Kleinbildformat abgefilmt werden, in der *Stereoskopie** besonders plastisch. Umgekehrt flachen Objekte durch lange Brennweiten eher ab, was der Betrachter intuitiv mit negativen Eigenschaften verknüpft.

Kann der Zuschauer das Volumen der Darsteller gut erkennen, fühlt er sich ganz besonders in die Szene hineinversetzt. Deshalb unterstützen Aufnahmen, die ein hohes Volumen abbilden, ganz besonders die emotionalen Momente des Filmes. Sollte der *Protagonist** des Filmes am Anfang kalt und distanziert sein, kann man sein Charakter entsprechend mit der 3D-Technik unterstützen. Je mehr er im Laufe des Filmes auftaut und Emotionen zeigt, könnte sich die Plastizität erhöhen. So kann sich der Zuschauer noch besser in den *Protagonisten** hineinfühlen.

Wie wir die räumliche Ausdehnung eines Objektes wahrnehmen, hängt von folgenden Faktoren ab:

» Brennweite des Objektivs
» Abstand zwischen Kamera und Objekt
» Abstand beider für das Stereobild nötigen Kameras zueinander (Interaxial-Distanz)
» Größe des Ausgabemediums
» Betrachtungsabstand des Zuschauers zur Leinwand

Es ergeben sich also einige Veränderungen durch die *Stereoskopie**, die sich auch auf die szenische Auflösung auswirken. Spätestens jetzt kennen Sie die Möglichkeiten, wie sich Eigenschaften der Kamera (Positionen, Bewegungen, Brennweite etc.) auf die Wahrnehmung der Zuschauer auswirken, sowie die Unterschiede zwischen 2D und 3D. Damit haben wir unser Rüstzeug für die Kameraarbeit zusammen und können uns nun der konkreten Arbeit am Drehbuch widmen.

AUF DEM PAPIER INSZENIEREN

Vom Drehbuch zur Emotion

Ich stelle Ihnen in diesem Kapitel eine umfangreiche Strategie vor, wie Sie sich an die Szenen Ihrer Geschichte annähern, sodass am Ende mehr als nur ein fertiger Floorplan herausspringt. Sie sind natürlich gern dazu eingeladen, diese Strategie Ihrer eigenen Arbeitsweise anzupassen, so, wie es Ihnen ganz individuell am besten liegt. Im Anschluss können Sie Ihre Auflösung vom Anfang des Buches mit dem erlernten Wissen und meiner Auflösung vergleichen.

1 EIN VISUELLES KONZEPT FESTLEGEN

Bevor eine Handlung inszeniert werden kann, müssen sich Regie und Kamera auf ein visuelles Konzept festlegen und sich verpflichtet fühlen, sich auch daran zu halten. Ein Film ohne erkennbaren visuellen roten Faden wirkt nicht nur unprofessionell, sondern erschwert auch den Zuschauern, sich fallen zu lassen. Eine Immersion mit der Filmwelt wird unnötig behindert.

Da der Mensch in der Regel schnell Gegebenheiten akzeptiert, gewöhnt er sich auch an besondere visuelle Konzepte, wie zum Beispiel das von *Sin City* (Regie Frank Miller, Robert Rodriguez, Quentin Tarantino, 2005): Dieser hauptsächlich schwarz-weiße Film setzt farblich ganz gezielt Akzente, indem beispielsweise in einigen Szenen Blut gelb eingefärbt wurde und damit optisch hervorstach.

Ein weiteres Beispiel für ein außergewöhnliches visuelles Konzept bietet *Victoria* (Regie Sebastian Schipper, 2015). Der gesamte Film wurde in nur einer einzigen Einstellung gedreht.

Sidney Lumet ließ in seinem Film *Die zwölf Geschworenen* (1957) beim Zuschauer das Gefühl aufkommen, dass der Raum, in welchem sich die Geschworenen die komplette Handlung über befinden, immer mehr zusammenzieht. Dafür drehte er die ersten Szenen mit normalen Brennweiten und ging dann immer mehr zu Teleobjektiven über. Gleichzeitig ließ er die Kamera von Szene zu Szene untersichtiger werden, um auch die Decke ins Bild zu bekommen. In der letzten Szene treten die Geschworenen ins Freie. Dies drehte er obersichtig mit einem Weitwinkelobjektiv, um den Zuschauer nun befreit aufatmen zu lassen.

Sie sehen also: Für ein visuelles Konzept sind im Film keine Grenzen gesetzt, solange Sie Ihre Idee von vorn bis hinten konsequent durchziehen. Die Zuschauer werden sich an einen besonderen visuellen roten Faden erinnern und auch für Produzenten kann dies ein spannendes Alleinstellungsmerkmal des Filmes bedeuten, was wiederum für die PR von Nutzen ist. Um Ihren eigenen visuellen roten Faden zu finden, können folgende Fragen Inspiration liefern:

- Wie wird der Zuschauer in die Filmwelt hineingezogen? Mit welcher Emotion soll er den Kinosaal verlassen?
- Wie werden Anfang, Höhepunkt und Ende des Filmes visualisiert? Wie die emotionalen Pausen?
- Woran kann man die gute Seite von der bösen unterscheiden?
- Bekommen einzelne Charaktere ein eigenes stilistisches Mittel?
- An welchen Stellen lohnt es sich, den Rhythmus der Szene oder die Schnittgeschwindigkeit stark zu verändern?
- Wie werden die Übergänge zwischen den Sequenzen realisiert?
- Wie nutze ich Farbe und Kontrast?
- Was muss ich nicht erzählen und kann es der Fantasie des Zuschauers überlassen?

Wenn Sie sich für ein visuelles Konzept entschieden haben, sollten sie es auch ohne Kompromisse durchziehen. Am besten etablieren Sie innerhalb der ersten zehn Minuten ihres Werkes Ihre verwendeten Techniken wie Jumpcuts, Ellipsen, Rückblenden, Farbcodes usw. Dadurch werden die Zuschauer ihre Techniken als Stil des Filmes akzeptieren. Tauchen die Techniken zu einem späteren Zeitpunkt das erste Mal auf, werden sie auffälliger wahrgenommen. Damit können sie als Highlight besonders einschlagen oder auch irritieren. Übrigens: neben dem *Namedropping** ist es die wichtigste Funktion des Vorspannes, den Stil des Filmes zu etablieren. Obwohl die Geschichte noch nicht loslegt, können sich die Zuschauer schon mal einfühlen – sich quasi ‚warm sehen', ohne dabei wichtige Informationen zu verpassen.

TIPP

Schreiben Sie Ihr visuelles Konzept auf und heften Sie es an Ihr Drehbuch hinten an. An einem langen Arbeitstag mit vielen zu lösenden Problemen kann es helfen, sich daran zu erinnern, was Sie eigentlich ursprünglich geplant hatten.

2 DIE ARBEIT AM DREHBUCH

Nachdem Sie Ihr visuelles Konzept festgelegt haben, geht es ans Drehbuch. Am besten nehmen Sie sich eine einseitig bedruckte Scene-by-page-Version zur Hand. Scene-by-page bedeutet, dass jede Szene auf einer neuen Seite beginnt und das Papier einseitig bedruckt wird. Dies hat den Vorteil, dass bei Änderungen in einzelnen Szenen nicht das gesamte Drehbuch neu ausgedruckt werden muss. Durch das einseitige Bedrucken erhalten Sie zudem auf der jeweiligen leeren, linken Seite viel Platz für die Auflösung. Als Beispiel zeigt die Abbildung 51 eines meiner Drehbücher inklusive aller Notizen für die Auflösung und Kamerapositionen an den jeweiligen Textstellen.

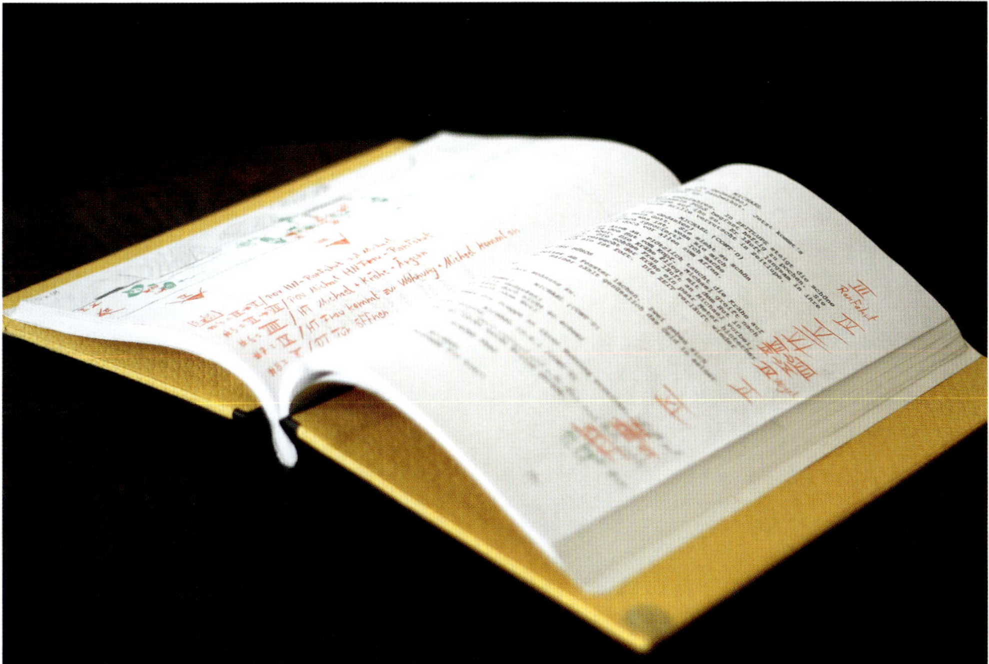

Abb. 51: Eines meiner Drehbücher mit Arbeitsnotizen.

Tabelle 2: Beispiele Zuschauerwirkung (erfreuliche Szenen grün, traurige Szenen rot)			
Sz.	**Szenenüberschrift & Inhalt**	**Wirkung Szene**	
AKT 1 – ALLTAG			
#1	**SPÄTI – I/N** Kati und Nora kaufen Alkohol und lernen Clemens und seine Freunde kennen.	» noch kein Körperkontakt	
#2	**WINGS CLUB – I/N** Kati und Clemens flirten, während Nora die anderen Jungs unterhält. » Foto mit Clemens	» sehr schöne, positive Szene » flirtender Körperkontakt	
#3	**FUẞGÄNGERZONE – A/T** Kati bekommt die Sanduhr geschenkt, welche sie sofort nutzt, nachdem Nora ihr ihre Gefühle für Clemens gestanden hat. » Sanduhr zerbrechen	» Körperkontakt zwischen Nora & Clemens » kalte Farben, kalte Stimmung » traurige Musik » stockende Wirkung	
AKT 2A – ABENTEUER BEGINNT POSITIV			
#4	**BIBLIOTHEK – I/T** Kati wacht auf und bemerkt, dass sie in der Zeit zurückgereist ist. Sie bittet Nora, ihr beim Thema Jungs zu helfen. Dafür will sie die Hausarbeit erledigen.	» Farben neutral, farblos	
#5	**MONTAGESEQUENZ** Nora gibt Kati an verschiedenen Orten Hilfe im Umgang mit Männern.	» immer wärmere Farben » ermutigende Musik » positiv, glücklich	
#6	**FUẞGÄNGERZONE – A/T** Nora kündigt Kati die Freundschaft, weil sie die Vereinbarung nicht eingehalten hat.	» kalte Farben » überheblich, arrogant	
AKT 2B – PROBLEME NACH HÖHEPUNKT			
#7	**MONTAGESEQUENZ** Kati macht ohne Nora weiter, lernt Typen kennen, aber etwas fehlt ihr.	» alles kommt ins Stocken, wirkt glanzlos	
#8	**WINGS CLUB – I/N Nora** Kati erkennt, dass Clemens mit Nora besser dran wäre. » Fehlentscheidung, aufgeben	» kalte Farben » Kati selbstbewusst, verbissen	
AKT 3 – REIFUNG			
#9	**FUẞGÄNGERZONE – A/T** Nora bedankt sich bei Kati. Sie sind wieder Freunde.	» Akzeptanz, Entschuldigung, Neuanfang » warme Farben	

Eine Strukturtabelle für ein visuelles Konzept eines Kurzfilmes

	Wirkung Sequenz	Wirkung Sq

	» Alltag
	» Kati schüchtern, verklemmt, gehemmt, passiv
	» Szenen müssen möglichst spaßig, freudig wirken, damit die Fallhöhe größer wird.
	» positive Szenen:
	  » in schön warmen Farben
	  » alles wie in einem Guss wirken
		Sequ. 1
		flirten im Alltag

	» negative Szene:
	  » kalte Farben
	  » stockende, hakelige Wirkung
		Sequ. 2
		Kati wird eifersüchtig

	» positive Szenen:
	  » in schön warmen Farben
	  » alles wie in einem Guss wirken
	» Kati schüchtern, verklemmt
		Sequ. 3
		Kati verändert sich positiv

	» negative Szene:
	  » kalte Farben
	  » stockende, hakelige Wirkung
	» Kati selbstbewusst, stur, verbissen
		Sequ. 4
		falsche Entwicklung

	» negative Szene:
	  » kalte Farben
	  » stockende, hakelige Wirkung
	» Kati selbstbewusst, stur, verbissen
		Sequ. 4
		Kati hat Probleme ohne Nora

	» positive Szenen:
	  » in schön warmen Farben
	  » alles wie in einem Guss wirken
		Sequ. 5
		Reifung

Den Aufbau des Drehbuchs erkennen

Gerade für werdende Filmschaffende lohnt es sich für die weitere Arbeit am Drehbuch, eine Strukturtabelle anzulegen, welche Ihre eigenen Bemerkungen zu allen Szenen sowie Sequenzen enthält. Diese können Sie anschließend an Ihr Drehbuch hinten anhängen und so bei Bedarf während der Dreharbeiten darauf zurückgreifen. Tabelle 2 zeigt ein einfaches Beispiel für eine solche Strukturtabelle.

In dieser Tabelle werden nacheinander alle Szenen aufgelistet und in Sequenzen und Akte unterteilt. Falls es einen Höhepunkt in einer Sequenz gibt, wird dieser unterstrichen. Um eine solche Tabelle mit Inhalt füllen zu können, machen wir uns die Snowflake-Methode zunutze. Demnach arbeitet man sich Schritt für Schritt von der größten gemeinsamen Sinneseinheit zur kleinsten durch. Die größtmögliche Sinneseinheit bei einem Spielfilm ist die gesamte Geschichte. Es ist dabei egal, ob Ihre Handlung nach der klassischen *3-Akt-Struktur** aufgebaut ist, den zwölf Stadien der *Heldenreise** entspricht oder einer ganz eigenen Struktur folgt. Wichtig ist nur, dass Sie sich den Aufbau Ihrer Geschichte bewusst machen. Falls Sie nicht genau wissen, wie Sie vorgehen möchten, empfehle ich Ihnen folgende Fragen:

» Worum geht es in diesem Film? Was ist der Kern des Ganzen?
» Was ist der dramaturgische Höhepunkt der Geschichte? Gibt es emotionale Höhepunkte?
» An welcher Stelle im Text beginnt die Hauptfigur ihr Abenteuer, wann kehrt sie zurück?
» Welches große Ziel, das sogenannte ‚Want', möchte die Hauptfigur erreichen? Der Wunsch, dieses zu erreichen, leitet den Helden durch die Geschichte (Bsp.: Das Herz von XY erobern, den Gegenspieler töten, den einen Ring zerstören …).
» Welches unterschwellige, versteckte Bedürfnis, auch als ‚Need' bezeichnet, steckt als Grund hinter dem großen Ziel der Hauptfigur (Bsp.: Erwachsen werden, geliebt werden, Rache …)?
» Gibt es Durststrecken, in denen der Zuschauer nichts wirklich Bedeutendes erfährt oder es ihm emotional egal sein könnte, was gerade passiert? Gibt es Pausen, in denen der Zuschauer mal Luft holen kann, bevor die Action weitergeht?

» Welche Nebenhandlungen gibt es und wie viel Raum haben sie im Verlauf der Geschichte? Werden am Ende alle Nebenhandlungen aufgelöst oder bleiben Fragen offen?

Sequenzen definieren

Da Sie nun einen groben Überblick über die Struktur der gesamten Geschichte haben, können Sie einen Schritt tiefer gehen und sich die einzelnen Sequenzen anschauen. Eine Sequenz ist eine Reihe von Szenen, die eine Sinneseinheit ergeben. Eine solche Sinneseinheit bildet meist eine in sich geschlossene Etappe auf der Reise des Helden. Zum Beispiel ergibt eine Verfolgungsjagd eine Sequenz: In der ersten Szene beginnt die Jagd; sie führt durch verschiedene Orte und damit durch verschiedene Szenen, bis sie mit einem Erfolg entweder für den Jäger oder für den Gejagten endet. Es kann durchaus auch Sequenzen geben, die aus nur einer einzigen Szene bestehen.

Teilen Sie Ihre Geschichte in Sequenzen auf. Da jede Sequenz für sich eine Sinneseinheit ergibt, hat auch sie in der Regel einen Anfang, welcher aus der vorangegangenen Sequenz überleitet, einen Mittelteil, sowie ein Ende, welches die Sequenz abschließt und eventuell auch bereits die nachfolgende vorbereitet. In der Regel findet sich auch ein Höhepunkt, der das Kernthema dieses Abschnittes der Geschichte behandelt. Manchmal kann es knifflig sein, die einzelnen Sequenzen voneinander zu unterscheiden, da die Übergänge oft fließend sind. Bei Projekten über 60 Minuten Länge sollten Sie sich darüber nicht zu viele Gedanken machen, ob in einer Szene die aktuelle Sequenz noch abgeschlossen wird oder bereits eine neue beginnt. Bei längeren Projekten geht es nicht darum, Erbsen zu zählen. Diese Strukturierung soll Ihnen lediglich dabei helfen, die Geschichte besser zu verstehen und entsprechende Schwerpunkte zu setzen. Bei kürzeren Projekten sollten Sie allerdings genauer hinschauen. Für Werbespots und Kurzfilme spielt die Länge eine ganz entscheidende Rolle. Hier wirken sich Entscheidungen noch stärker auf das gesamte Werk aus.

In der Spalte für Sequenzen wird notiert, wie die Geschichte mithilfe des visuellen Konzeptes von Sequenz zu Sequenz vorangetrieben werden soll. Inhaltliche Fakten gehören hier nicht hinein, sondern unter die Szenenüberschrift. Konzentrieren Sie sich bei Ihren ‚Bemerkungen für

Sequenzen' auf Stimmungen bzw. Emotionen des Zuschauers und visuelle Akzente, Ideen, Besonderheiten, welche sich allesamt an Ihrem visuellen Konzept orientieren sollten. Hierfür eignen sich folgende Fragen zur Anregung:

» Was ist der Kern der jeweiligen Sequenz? Wiederholt sich dieser Kern – die Bedeutung der Sequenz – an einer anderen Stelle, so ist eine der beiden für das Verständnis der Geschichte überflüssig.
» Was ist der Höhepunkt in jeder Sequenz und passt dieser zum Kern?
» Welche emotionale Stimmung soll der Zuschauer innerhalb einer Sequenz erfahren? Mit welchen Mitteln soll diese Stimmung erreicht werden?
» Auf welche Gedanken soll der Zuschauer kommen? (Unterschätzen Sie nie Ihr Publikum!)
» Neben dem übergeordneten ‚Want' gibt es in jeder einzelnen Sequenz kleinere Bedürfnisse bzw. Ziele, die der Held versucht zu erreichen. Welches eigenständige, kleinere Bedürfnis treibt den Helden in der jeweiligen Sequenz an? Wie kann diese Motivation dem Zuschauer nachvollziehbar erzählt werden? Bsp.: Einen Weg ans andere Ufer finden.

So machen Sie sich bewusst, in welche Sequenzen Ihre Geschichte unterteilt ist und welchen Sinn diese Abschnitte für die Handlung haben. Nun gilt es, jede Sequenz für sich genauer zu analysieren. Eine Sequenz wird aus Szenen zusammengesetzt und bildet einen kleinen, in sich geschlossenen Handlungsabschnitt. Wie Sie sicherlich schon wissen, handelt es sich jedes Mal um eine neue Szene, wenn sich der Handlungsort oder die Handlungszeit ändert. Zur Analyse der Struktur der einzelnen Sequenzen können Sie die gleichen Fragen nutzen. Wahrscheinlich finden sich auch hier im Kleinen eine Einleitung, ein Hauptteil und ein Abschluss. Durch die gezielte Frage nach dem Kern jeder Szene lässt sich der Nutzen für die jeweilige Sequenz erkennen. Am besten notieren Sie sich den Kern jeweils am Anfang jeder Szene im Text. Übrigens sollte der Kern einer jeden Szene auch jeder Abteilung (engl.: *department*) klar sein. Nur so können alle Abteilungen auch wirklich an einem Strang ziehen. Es gehört zum Aufgabenbereich eines Regisseurs, den Kern der Geschichte allen klar zu vermitteln. Falls ein Projekt für das Fernsehen entstehen soll, kann man sich an diesem Punkt der Drehbucharbeit Gedanken über Werbeblöcke machen.

Jeder Sender hat gewisse Werbevorgaben, an die er sich halten muss. Dabei ist der genaue Zeitpunkt der Werbung flexibler, als man denkt – abgesehen natürlich von Ausnahmen, die Altersbeschränkungen unterliegen. Markieren Sie sich die Stellen entsprechend. Ein ungünstig gesetzter Werbeblock macht die erarbeitete Spannung zunichte. Da könnte es sich lohnen, vorher einen *Cliffhanger** einzubauen, damit der Zuschauer dranbleibt.

TIPP

Wenn sich die Handlung oder die Stimmung in einer Szene für die Heldin positiv entwickelt, färbe ich die entsprechende Zeile in der Strukturtabelle grün ein; negative Entwicklungen werden rot hinterlegt. Damit bekomme ich einen Überblick davon, wie häufig sich die Stimmung im Film auch für meine Zuschauer wechseln wird. Dadurch erkenne ich Durststrecken, in denen sich die Geschichte zu lange in eine Richtung bewegt und kann entsprechend mit meiner Auflösung gegensteuern, wenn mir eine Sequenz zu einseitig wird.

Szenen strukturieren

Eine Geschichte wird durch seine Hauptfigur erzählt. Es ist für den Genuss eines Filmes von großer Bedeutung, dass man die Bedürfnisse und Reaktionen der Hauptfigur zumindest nachvollziehen kann. Dies gilt im Großen für die gesamte Geschichte wie im Kleinen für jede Szene. Ich möchte Ihnen zwei Möglichkeiten vorstellen, um sich die Struktur einer Szene bewusst zu machen: die Bedürfniskette und das Frage-Antwort-Schema. Beides sind großartige Werkzeuge, um Licht ins Dunkel einer neuen Szene zu bringen. Deshalb gehören sie definitiv in den Werkzeugkasten der szenischen Auflösung hinein.

Werkzeug 6: Bedürfniskette & Frage-Antwort-Schema

Eine Szene lässt sich sowohl mit Hilfe der Bedürfniskette, als auch mit dem Frage-Antwort-Schema strukturieren. Die dabei entstehenden Notizen liefern den Nährboden für eine Auflösung nah am Zuschauer.

Die Bedürfniskette:
Bei dieser Herangehensweise erarbeiten Sie sich die Auflösung über die Figuren. Für die Szenenarbeit habe ich diese Methode mit der Arbeitsweise von Ivana Chubbuck kombiniert. Sie ist eine der führenden Schauspiel-Coaches in Hollywood. Deshalb eignet sich diese Methode besonders für die Arbeit mit Schauspielern. Um eine Bedürfniskette zu erstellen, schaut man sich zunächst an, wessen Handlungsstrang jeweils erzählt wird. Steht hier die Hauptfigur unseres Filmes im Mittelpunkt (engl.: *mainplot*), oder schauen wir über ‚die Schulter' einer Nebenfigur und treiben damit eine Nebenhandlung (engl.: *subplot*) voran? Sie legen also fest, aus wessen Blickwinkel Sie die Szene erzählen wollen. Alle nachfolgenden Vorgehen beziehen sich nun auf diese Figur. Jetzt gehen Sie genauso vor, wie es der Schauspieler dieser Figur tun würde: Sie suchen nach Bedürfnissen.

Wir alle sind von unseren Bedürfnissen getrieben. Mal sind es ganz kleine Bedürfnisse à la ‚Ich brauche ein Taschentuch, um mir die Nase zu putzen', mal sind es größere wie beispielsweise ‚Ich möchte ein Buch schreiben'. Um sein Bedürfnis zu befriedigen, wendet jeder Mensch seine eigenen Strategien an, in der Hoffnung auf Erfolg. Dabei stößt man mal mehr, mal weniger stark auf Hindernisse, die es zu überwinden gilt. Diese können einen Strategiewechsel erfordern oder einen sogar zum Aufgeben zwingen. Das Ergebnis dabei ist immer Handlung. Ich markiere diese Bausteine entsprechend mit (h) für Hindernisse und (s) für Strategie im Drehbuch und schreibe das Bedürfnis mit einem (b) an den Rand. Als Merksatz empfehle ich folgende Gleichung:

Eine Handlung setzt sich zusammen aus einem Bedürfnis als Antrieb, Hindernissen, die der Erfüllung im Weg stehen, und einer Strategie, diese zu überwinden.

Suchen Sie die Szene nach den Bedürfnissen der Hauptfigur ab: Mit welchem Ziel betritt die Figur die Szene? Entlang der Szene werden Sie eine Kette, zusammengesetzt aus größeren und kleineren Bedürfnissen finden. Im Verlauf der Handlung wird die Figur eine Strategie nach der anderen ausführen, bis dieses Bedürfnis in irgendeiner Weise befriedigt ist und sich ein neues Bedürfnis auftut. Eine Form der Befriedigung kann auch das Aufgeben sein – auch nach dem Aufgeben ist das Bedürfnis geklärt.

TIPP

Es kann vorkommen, dass die Figur zur selben Zeit mehrere Bedürfnisse hat oder ein kleines Nebenbedürfnis auftaucht. Ich konzentriere mich dann auf das eine, für die Geschichte zielführende Bedürfnis, um die Sache nicht unnötig zu verkomplizieren. Ich rede gern mit meinen Darstellern über die Rollen und deren Ziele und Strategien. Wenn ich jedes noch so kleine Bedürfnis besprechen würde, könnte das die Schauspieler überladen und von den wichtigen Informationen ablenken. Weniger ist hier mehr.

Egal ob die Figur aufgibt, ihre Strategie wechselt oder sich ein neues Bedürfnis aufdrängt, es gibt dazu immer einen plausiblen Grund: einen Impuls. Dieser Impuls kann von außen durch andere Figuren ausgelöst werden oder von innen durch einen Gedanken. Hier gilt es, im Text sehr genau zwischen den Zeilen zu lesen, denn häufig findet man den auslösenden Impuls nur indirekt im Text vermerkt. Das kann ein Blick einer anderen Person sein oder ein besonderes Wort. Sobald Sie also das Gefühl haben, dass ein neues Bedürfnis die Figur bestimmt, suchen Sie im Text davor nach dem Impuls dazu. Ich markiere solche Stellen mit einem (i). Bisweilen dauert es ein wenig, bis ein Impuls etwas in einem Menschen auslöst. Manchmal steht man etwas auf dem Schlauch. Sobald der Groschen gefallen ist, wird die Figur auf den Impuls mit einer Strategie reagieren. Ziehen Sie über diesen Punkt im Text eine Linie quer durch das Buch. Anschließend schreiben Sie das neue Bedürfnis kurz an den Rand des neu entstandenen Abschnittes. Als nützlich hat sich folgende Formulierung herausgestellt: „XY will, dass …". Beschreiben Sie, wenn möglich, die Bedürfnisse so, dass der Darsteller mit anderen Rollen in Interaktion treten will. Das hilft dem Schauspiel enorm. Ein Beispiel macht das deutlich: „Hans will etwas essen" wird zu einer weniger interessanten Darstellung führen als „Hans will, dass Julia für ihn kocht (damit er etwas essen kann)".

Sollten Sie Schwierigkeiten haben, den passenden Impuls zu finden oder ein Bedürfnis eingrenzen zu können, deutet das auf eine Schwachstelle im Drehbuch hin. Am besten sprechen Sie mit Ihrem Autor darüber. Er wird Ihnen erklären, was er im Text ausdrücken wollte. Um eine Lösung für diese Form von Schwachstellen zu finden, probieren Sie ruhig mal Was-wäre-wenn-Fragen aus: Was wäre, wenn der Held die Worte seines Gesprächspartners nicht verstehen konnte? Würde er dann das gleiche Ziel weiterverfolgen? Es ist wichtig, dass Sie die Impulse finden. Nur wenn Sie diese Ihren Zuschauern erzählen, können sie den Bedürfnissen Ihrer Figuren folgen.

Die Bedürfniskette schärft Ihre Aufmerksamkeit für eine nachvollziehbare Handlung und gibt Ihnen gleichzeitig Material in die Hand für die spätere Arbeit mit dem Schauspieler. Zum besseren Verständnis werde ich diese Methode im nachfolgenden Kapitel an der Szene der Übung 1 demonstrieren. Im nächsten Arbeitsschritt müssen Sie sich überlegen, mit welcher Kameraeinstellung Sie die Impulse, Bedürfnisse, Hindernisse und Strategien einfangen können, damit den Zuschauern nichts entgeht.

TIPP

Manche Bedürfnisse haben keinen besonderen Einfluss auf die Darstellung des Schauspielers, weil sie nichts im Schauspieler auslösen. Wenn ich unbedingt eine Reaktion auf ein Ereignis oder ein Bedürfnis sehen möchte, der Schauspieler aber nichts dergleichen von sich aus zeigt, suche ich mit dem Schauspieler nach einem stärkeren Bedürfnis, dass eine Regung hervorzaubert.

Ein Beispiel: Die Rolle verspürt den Drang, eine geeignete Unterlage für seine nassen Schuhe zu finden, damit der Boden nicht nass wird. Ich kann die Dringlichkeit dieses unspektakulären Bedürfnisses erhöhen, indem ich festlege, dass die Rolle früher Schläge kassierte, wenn der Boden nass wurde. Dieser Fakt kann unrealistisch oder für den Film total unwichtig sein. Jede Idee ist gut, solange sie die gewünschte Regung im Schauspiel auslöst. Der Zuschauer wird davon nichts mitbekommen.

Das Frage-Antwort-Schema:
Timo Landsiedel stellt in seinem Buch *Filmen wie Ballhaus* (2012: 103f.) eine gute Möglichkeit vor, sich der Auflösung einer Szene von der bildlichen Seite zu nähern. Ich habe diese Methode etwas modifiziert, damit sie sich meiner Ansicht nach besser für die Arbeit an größeren Projekten eignet.

Mit dieser Methode versucht man gezielt auf die Zuschauer einzuwirken, indem man mit den Fragen und Antworten spielt, die sich die Zuschauer unterbewusst stellen. Veranschaulichen lässt sich dies anhand der regressiven Montage: Den Zuschauern wird ein Detail von einer Türklinke gezeigt, die heruntergedrückt wird. Jemand öffnet die Tür. Als Betrachter fragt man sich, wer wohl die Tür öffnet und zu welchem Raum diese gehört. Behutsam bewegen sich zwei Beine durch den Türspalt. Man sieht schwarze Lackschuhe und eine Anzughose. Den Zuschauern wird ein Hinweis auf die erste Frage geliefert. Es handelt sich wahrscheinlich um einen Mann. Gleichzeitig eröffnen sich neue Fragen: Wer ist der Mann?

Warum bewegt er sich so behutsam? Die nächste Einstellung zeigt sein Gesicht, wie er sich umschaut. Damit wird die Identität geklärt. Die nächste Frage drängt sich automatisch auf: Was sucht er in diesem Raum? Es folgt eine *POV**-Einstellung von ihm, wie er den Raum absucht. Den Zuschauern wird damit die Frage nach dem Raum beantwortet. Die Geschichte könnte man ewig so weiterspinnen.

Das Beispiel ist absichtlich etwas übertrieben, aber das Prinzip ist klar: Mit jeder Einstellung ergeben sich für unsere Zuschauer entweder neue Fragen oder Antworten. Jede Frage schürt gleichzeitig Erwartungen. In unserem Beispiel weckt das behutsame Eintreten des Mannes die Erwartung, dass er wohl etwas Verbotenes tut. Das Gehirn wird zum Mitdenken angeregt. Eine Antwort führt entweder zur Bestätigung der Erwartung, zur Enttäuschen oder zu einer Überraschung. Die große Kunst besteht nun darin, die möglichen Antworten in der Waage zu halten. Werden alle Erwartungen stets erfüllt, fühlt man sich als Zuschauer kaum herausgefordert. Man hat den Film durchschaut, Langeweile droht. Werden die Erwartungen jedoch ständig enttäuscht, kann das zur Frustration führen, da man das Gefühl bekommt, man sei nicht in der Lage, den Film zu verstehen. Wird man hingegen ständig überrascht, bleibt man als Zuschauer zwar bei Laune, der Film wirkt jedoch konstruiert und künstlich. Mitdenken ist hier zwecklos, da sowieso etwas passieren wird, womit man nicht gerechnet hat.

Doch nicht nur die Art der Antwort lässt sich variieren, auch die Reihenfolge: Beispielsweise kann man erst einige Fragen aufwerfen, bevor Antworten geliefert werden. Vielleicht bleiben auch bestimmte Fragen absichtlich unbeantwortet. Fehlen den Zuschauern Informationen, versuchen sie sich diese selbst zusammenzureimen. Das sorgt für Spannung. Krimis leben davon. Lässt die Antwort auf eine Frage jedoch zu lange auf sich warten, kann es auch passieren, dass der Zuschauer schlicht die Frage vergisst. Dann fallen auch die entsprechenden Antworten nicht auf. Der Zuschauer könnte dadurch den roten Faden verlieren. Um das zu vermeiden, kann man die Frage durch eine ähnliche Situation, ein Foto oder einen Dialog erneut auftauchen lassen oder man streut zwischen der Frage und der Antwort ein paar Hinweise. Diese führen zu Vorahnungen, welche am Ende bestätigt oder enttäuscht werden können. Hinweise können auch falsche Fährten oder sich ändernde Umstände sein. Für das geschickte Umgehen mit Fragen und Antworten haben sich in der Dramaturgie die Fachbegriffe ‚Planting' und ‚Payoff' eingebürgert.

Mit dieser Methode kann man sich leicht verzetteln, da in einer Szene schnell eine Menge möglicher Fragen zusammenkommen. Konzentrieren Sie sich deshalb auf Fragen, die für eine unterhaltsame Geschichte entscheidend sind. Sie werden mehr erreichen, wenn Sie geschickt mit wenigen Fragen spielen, als viele Frage schlecht abzuarbeiten. Sparen Sie sich die Mühe, Fragen aufzuschreiben, wenn unmittelbar darauf schon die Antwort folgt. Notieren Sie die Fragen, Hinweise und Antworten im Drehbuch am Rand des Textes.

Längere Szenen oder Sequenzen unterteile ich in Abschnitte. Jeder Abschnitt behandelt eine zentrale Frage, kann aber auch zudem noch weitere Fragen aufwerfen, die für eine spannende Erzählung wichtig sind. Es kann auch vorkommen, dass eine wichtige Frage in einer Szene aufkommt, aber erst viel später im Film beantwortet wird. Um dabei nicht den Überblick zu verlieren, empfehle ich, die Fragen zu nummerieren. Als Erstes gebe ich stets die Szenennummer an. Sollten in der Szene mehrere Fragen auftauchen, folgt der Szenennummer ein Punkt und anschließend wird durchnummeriert. Die dritte Frage der Szene 12 sieht dann so aus: „?12.3 – Wie kann R. die Wache ablenken?" Sollte im Text ein Hinweis auf die Antwort gegeben werden, schreibe ich lediglich die Nummer der Frage in Klammern an den Rand: „(12.3)". Sollte ein Hinweis nur bildlich gegeben werden, markiere ich damit die entsprechende Kameraeinstellung. Die Antwort selbst hebe ich mit Ausrufezeichen hervor: „!12.3!" Im nächsten Schritt müssen Kameraeinstellungen so gewählt werden, dass zur richtigen Zeit Fragen, Hinweise und Antworten gestreut werden.

Werfen Sie doch einmal einen zweiten Blick auf die beiden Übungen vom Anfang des Buches. Überlegen Sie sich dabei, wie Sie beide Vorgehensweisen geschickt einsetzen könnten, um die Zuschauer zum Mitdenken anzuregen. Als konkretes Beispiel werde ich diese Methode für meine Auflösung der zweiten Übung nutzen.

13 EINE SZENE AUFLÖSEN

Sie wissen nun, welche Stimmung in der Szene vorherrschen soll, wie wichtig die Szene für die gesamte Sequenz ist und welche Emotionen und Gedankengänge des Zuschauers erwünscht sind. Sie haben sich die Struktur jeder Szene durch das Frage-Antwort-Schema oder durch die Bedürfniskette bewusst gemacht. Schauen Sie sich nun die Szene Ihrer Wahl noch einmal an: Welche Stelle in der Szene ist von entscheidender Bedeutung? Wann ist der emotionale oder dramaturgische Höhepunkt der Szene erreicht? Markieren sie diese Stelle im Text. Ich nutze dazu ein nach oben zeigendes Dreieck (△), also eine Spitze als symbolischer, höchster Punkt. Dieser Stelle werden wir uns gleich genauer widmen. Nun ist es an der Zeit, mit der konkreten Auflösung einer Szene zu beginnen.

Hierfür ist der Aufbau des *Motives** von entscheidender Bedeutung. Falls der Schauplatz extra in einem Studio aufgebaut wird, können Sie sich glücklich schätzen, da Sie je nach Einfällen bei Bedarf Umbauten vornehmen lassen können. Wahrscheinlicher werden Sie aber an einem real existierenden Ort drehen. Dementsprechend müssen Sie die unumstößlichen Gegebenheiten des Schauplatzes in Ihre Überlegungen mit einbeziehen.

TIPP

Die besten Ideen für die szenische Auflösung bekomme ich, wenn ich mich direkt an den Ort des Geschehens begebe und das *Motiv** auf mich wirken lasse. Um Zeit und Geld zu sparen, sind Fotos ein akzeptabler Kompromiss.

Wenn Sie Ihr Drehbuch als Scene-by-page-Version vor sich liegen haben, können Sie nun den Grundriss bzw. Floorplan des Sets auf die linke Seite im Drehbuch zeichnen. Lassen Sie im Anschluss das *Motiv** einen Moment auf sich wirken.

Nun wird es spannend, denn jetzt werden Sie vermutlich zum ersten Mal Ihr Kopfkino der Szene zu Papier bringen. Fangen wir mit den Schauspielern an. Machen Sie sich Gedanken über Positionen, Bewegungen und Interaktionen der Darsteller. Ihre Notizen zur Bedürfniskette bzw. zum

Frage-Antwort-Schema geben Ihnen an dieser Stelle eine Menge Informationen an die Hand, um tief in die Bedeutung der Szene einzutauchen. Überlegen Sie sich, welche Bewegungen unbedingt im Bild zu sehen sein müssen und welche nicht. An dieser Stelle helfen Proben mit den Schauspielern, eine nachvollziehbare Handlung zu entwickeln. Diese sind jedoch in der Regel zum Zeitpunkt, in dem Sie an Ihrer Auflösung arbeiten, nicht in greifbarer Nähe. Bitten Sie daher in einem solchen Fall einfach andere verfügbare Personen, die gewünschte Handlung darzustellen. So entlarven Sie effektiv Unstimmigkeiten und unlogische Verhaltensweisen. Zeichnen Sie die Positionen und größeren Bewegungen der Schauspieler in Ihren Floorplan ein. Nummerieren Sie jede Position und schreiben Sie diese Nummer auch an die jeweilige Stelle im Text. Der rechte Rand im Drehbuch bietet sich hierfür an.

Nachdem Sie alles notiert haben, kommt die Kamera hinzu. Erst jetzt entwickeln Sie das eigentliche Filmbild. Dabei werden nicht selten die Positionen und Bewegungen der Schauspieler angepasst, um gezielt ein bestimmtes Kamerabild zu kreieren. An diesem Punkt der szenischen Auflösung überlegen sich viele Regisseure und Kameramänner schöne Bilder und stricken dann die Auflösung entsprechend darum. Dieses Vorgehen ist durchaus okay, nutzt aber meiner Meinung nach nicht das volle Potenzial einer guten szenischen Auflösung aus. Ich empfehle lieber die Keyframe-Methode. Sie stammt aus dem Bereich der Animation und wurde im *Master Course* (2004) von Hollywood Camera Work LLC für die szenische Auflösung adaptiert. Und so geht's:

Als einfaches Beispiel dieser Methode animieren wir, wie in Abbildung 52 zu sehen, das komplette Filmbild. Es soll sich innerhalb einer Viertelsekunde von Weiß zu Schwarz verändert. Wir kennen also die Eigenschaft, die verändert werden soll (von Schwarz zu Weiß), und die Dauer der Veränderung (eine Viertelsekunde). Unser Film soll mit 24 Einzelbildern (engl.: *frames*) pro Sekunde laufen. Die Animation wird also sechs Frames dauern. Als Nächstes legen wir den Startzeitpunkt und den Endzeitpunkt der Animation fest. Das sind die wichtigsten Einzelbilder der Animation, weil sich zwischen diesen Einzelbildern die Eigenschaft ‚Farbe' ändert und gleichzeitig der Zeitpunkt der Veränderung festgelegt wird. Deshalb nennt man diese Einzelbilder ‚Keyframes'. In Abbildung 52 liegt der Startkeyframe beim dritten Einzelbild und erreicht die Zielfarbe bei Nummer 9. Ab Frame 3 wird die Eigenschaft ‚Farbe' automatisch so verändert, dass Schritt für Schritt

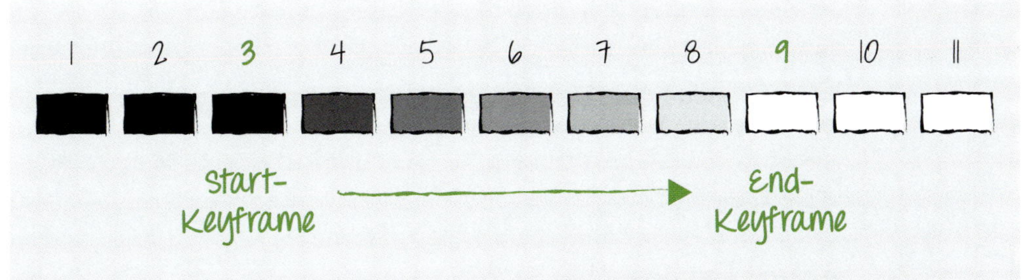

Abb. 52: Zwischen dem Start- und dem Endkeyframe ändert sich die Farbe des Filmbildes von Schwarz in Weiß.

bei Frame 9 der Wert ‚Weiß' erreicht wird. Diesen Vorgang nennt man in der Fachwelt ‚interpolieren'. Es werden also bestimmte Eigenschaften des Bildes bei einem Keyframe festgelegt. Sie verändern sich dann automatisch so lange, bis der neue gewünschte Wert beim nächsten Keyframe erreicht ist.

Genauso lässt sich auch mit der Kamera arbeiten. Sie hat diverse Eigenschaften (engl.: *setup*), die für die szenische Auflösung von Bedeutung sind (z.B. Position, Höhe, Perspektive, Bewegungsrichtung, Bewegungsgeschwindigkeit, Brennweite des Objektivs u.v.m.). All das sind Eigenschaften, die wir ‚animieren' können. Dazu überlegen wir uns einen Start-Keyframe und einen End-Keyframe für das jeweilige Kamera-Setup. In seltenen Fällen gibt es sogar noch Keyframes dazwischen, aber die seien jetzt mal vernachlässigt. Möchten wir die Eigenschaft ‚Kameraposition' animieren, geht das durch eine Kamerafahrt oder einen Schwenk; die Brennweite lässt sich durch einen Zoom animieren usw. So ‚interpoliert' man in der szenischen Auflösung die Zwischenbilder. Den Schlüssel dazu bilden die Keyframes und die finden wir mit folgender Frage:

Zu welchem Zeitpunkt verändert sich welche Eigenschaft der Kamera?
Mit dieser Frage im Hinterkopf und der Position der Darsteller auf dem Papier finden Sie die einzelnen Keyframes Ihrer Auflösung. Legen Sie zunächst fest, von welcher Seite der Achsen zwischen den Schauspielern Sie die Geschichte erzählen wollen. Anschließend arbeiten Sie sich vom Anfang der Szene bis zum Ende durch. Alle Kamerapositionen, die Sie etablieren, sind Keyframes. Achten Sie dabei darauf, dass entweder die Fragen, Antworten und Hinweise des Frage-Antwort-Schemas oder die Bedürfnisse, Strategiewechsel und Impulse der Bedürfniskette klar im Bild erzählt werden.

Um die passenden Positionen für die Kamera zu finden, muss man sich an dieser Stelle bereits Gedanken über den Schnitt machen. Neben der Frage, ob Sie die Szene regressiv oder progressiv einführen wollen, müssen Sie stets die vorhandenen Achsen im Auge behalten, um Achssprünge im Schnitt zu vermeiden. Mal lohnt es, eine Szene in einer totaleren Einstellung komplett aufzuzeichnen, also einen Mastershot zu erstellen, während alle anderen Einstellungen dann nur an passender Stelle hineingeschnitten werden. Ein anderes Mal müssen Sie sich im Drehbuch von Zeile zu Zeile, von Keyframe zu Keyframe durch die Szene hangeln.

Neben dem strukturellen Aufbau der Szene beeinflusst der Schnitt auch die Kameraposition selbst. Sie sollten beispielsweise darauf achten, dass sich bei jedem Schnitt das Bild auch wirklich ändert, sonst empfindet der Zuschauer den Schnitt nicht als Schnitt, sondern als einen Sprung im Bild. Das kann irritieren. Aus diesem Grund hat sich in der Praxis die 30°-Regel etabliert:

Zwei aufeinander geschnittene Einstellungen müssen sich um mindestens 30° Betrachtungswinkel unterscheiden, damit der Schnitt nicht als ein einziges springendes Bild wahrgenommen wird.

TIPP

Die 30° kann man sich leicht vorstellen, indem man sich von der ersten Kameraposition ausgehend einen 90°-Winkel zum Bezugsobjekt vorstellt. Diese 90°-Fläche teilt man nun in drei gleich große Abschnitte und erhält damit die 30°.

Doch auch beim Wechsel im Schnitt auf unterschiedliche Einstellungsgrößen sollte man darauf achten, dass man möglichst nicht mehr als zwei deutsche Einstellungsgrößen überspringt. Je nach erzähltem Inhalt kann dies nämlich zur Folge haben, dass man die beiden Einstellungen einander nicht räumlich zuordnen kann. Ein Beispiel hierzu: Wir sehen ein Glas Wein, gehalten von einer Frauenhand im Detail. Es folgt ein Schnitt auf eine Halbtotale, in welcher eine Party mit mehreren Frauen erkennbar wird, die sich unterhalten. Alle haben ein Weinglas in der Hand. Der Zuschauer kann so das vorangegangene Detail nicht exakt zuordnen. Sollte die Information des Weinglases für die Geschichte unwichtig sein, kann die genannte Regel ruhig gebrochen werden. Dann stellt sich jedoch die Frage, warum das Detail überhaupt gedreht werden musste. Ist es hingegen

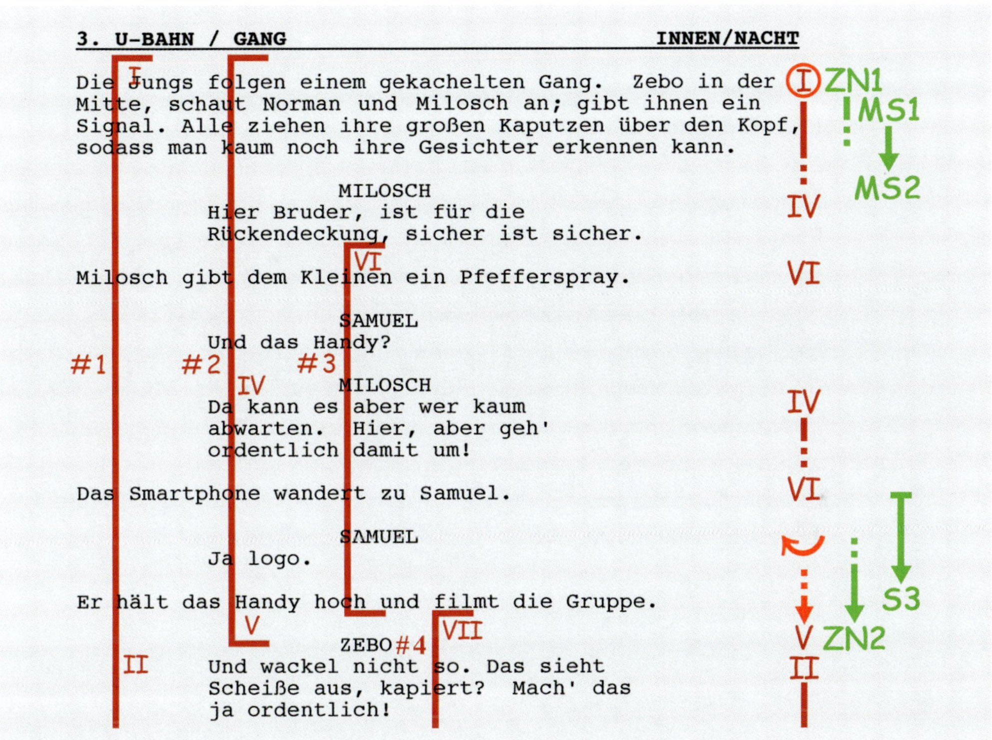

3. U-BAHN / GANG **INNEN/NACHT**

Die Jungs folgen einem gekachelten Gang. Zebo in der Mitte, schaut Norman und Milosch an; gibt ihnen ein Signal. Alle ziehen ihre großen Kaputzen über den Kopf, sodass man kaum noch ihre Gesichter erkennen kann.

MILOSCH
Hier Bruder, ist für die Rückendeckung, sicher ist sicher.

Milosch gibt dem Kleinen ein Pfefferspray.

SAMUEL
Und das Handy?

MILOSCH
Da kann es aber wer kaum abwarten. Hier, aber geh' ordentlich damit um!

Das Smartphone wandert zu Samuel.

SAMUEL
Ja logo.

Er hält das Handy hoch und filmt die Gruppe.

ZEBO
Und wackel nicht so. Das sieht Scheiße aus, kapiert? Mach' das ja ordentlich!

Abb. 53: Die Auflösung mithilfe der Textmethode (links) oder der Randmethode (rechts) notieren.

wichtig für die Erzählung, dass der Zuschauer die aufeinanderfolgenden Einstellungen exakt nachvollziehen kann, sollten Sie die Regel einhalten. Beispielsweise könnte das im Detail gezeigte Glas Wein vergiftet worden sein. Dem Zuschauer ist es dann ein Bedürfnis zu wissen, wer dieses Glas in der Hand hält. Hier kann man den Zuschauer natürlich auch gezielt in die Irre führen, falls gewünscht.

Am Ende der Szene werden sie sehr wahrscheinlich auf zehn oder mehr Keyframes kommen. Das ist für eine Szene nicht unüblich. Ab diesem Zeitpunkt der Auflösung rate ich zu einem ökonomischen Denken. Jede Veränderung an der Kamera bedeutet einen Umbau und kostet dementsprechend Zeit. Zeit ist jedoch das wohl knappste Gut an einem Drehtag. Werfen Sie nun noch einmal einen Blick auf Ihre Auflösung und versuchen Sie, mit möglichst wenig unterschiedlichen Kameraeinstellungen auszukommen – sofern es Ihr visuelles Konzept erlaubt. Holen Sie stattdessen alles aus diesen Einstellungen heraus, indem Sie beispielsweise viele Keyframes in einer Einstellung miteinander verbinden. Auch wenn diese verbindenden Fahrten vielleicht nicht geschnitten werden, können Sie damit beim Dreh Zeit sparen.

Zeichnen Sie nun die Kameraposition von allen Keyframes in den Floorplan ein. Denken Sie daran: Es handelt sich bei der Anfangs- sowie der Endposition einer Kamerabewegung stets um Keyframes. Nummerieren Sie alle Positionen am besten mit römischen Ziffern durch. Achtung: Diese Ziffern repräsentieren nicht die Einstellungsnummern. Schließlich kann eine einzige Einstellung mehrere Keyframes enthalten. Dazu kommen wir später.

Der Floorplan an sich reicht für eine gute Auflösung nicht aus. Parallel dazu müssen immer auch entsprechende Notizen im Drehbuch selbst folgen. Damit liefern Sie eine erste Arbeitsgrundlage für den Cutter gleich mit. Hierfür habe ich gleich zwei unterschiedliche Methoden kennengelernt. Die Abbildung 53 zeigt beide Herangehensweisen.

Die Randmethode

Schreiben Sie hierfür die Keyframe-Nummern neben die jeweilige Stelle im Text an den rechten Rand, wie in Abbildung 53 auf der rechten Seite zu sehen. Bei Kamerafahrten werden die Keyframes durch lange Pfeile verbunden. Wird eine Fahrt durch einen Schnitt unterbrochen, enden die Linien des Pfeils nicht mit einer Spitze, sondern mit zwei Punkten. Die Spitze zeichne ich an das Ende der Fahrt. Gerade bei schnittintensiven Passagen kann es mit dieser Methode manchmal zu Platzproblemen im Drehbuch kommen. Die Übersicht leidet dann etwas. Dafür lässt sich der Text besser lesen. Sollte es der Platz hergeben, schreibe ich zum leichteren Verständnis manchmal Infos neben die Keyframes, wie beispielsweise ‚PIV', ‚2er' oder ‚OTS'. Den ersten Keyframe, der den Zuschauern die Möglichkeit gibt, sich im Raum zu orientieren, kreise ich ein. Das ist der *Establishing Shot**. Dieser Keyframe sollte etwas länger geschnitten werden. Außerdem hilft das, eine regressive Montage schnell zu erkennen. Mit den Bewegungen der Schauspieler verfahre ich grundsätzlich nach der Randmethode.

Die Textmethode

Diese Methode dürfte für Sie interessant sein, wenn Sie sich nicht vor dem Dreh auf den Schnitt festlegen wollen. Sie können mit einem Blick erkennen, wie viele Kameraeinstellungen eine Textpassage abdecken werden.

Je nachdem, welchen Stift Sie nutzen, kann jedoch die Lesbarkeit des Textes darunter leiden.

Wie in Abbildung 53 dargestellt, werden in dieser Methode rote Linien ganz einfach direkt durch den Text gezogen. Jede Linie steht für eine Kameraeinstellung. Eine Linie beginnt und endet an den Punkten, an denen die Einstellung gedreht wird. Man liest dabei diese Balken von oben nach unten. Dabei wird an jeder römischen Zahl der entsprechende Keyframe erreicht. Zusätzlich schreibe ich an jeden roten Balken die Einstellungsnummer mit einer Raute (#). An der Einstellung #2 können Sie erkennen, dass die Kamera eine Weile auf dem Keyframe IV verharrt und sich erst später in Bewegung setzt, um bei V zu enden. Wenn Sie lange Passagen einer Szene aus verschiedenen Einstellungen drehen, ergeben sich viele Linien, die parallel nebeneinander durch den Text verlaufen – optimalerweise in Drehreihenfolge von links nach rechts. So erkennen Sie auf einen Blick, welche Schnittmöglichkeiten Ihnen für die jeweiligen Textpassagen später zur Verfügung stehen werden.

Sie haben jetzt schon eine Menge für die Auflösung getan, doch wir sind noch nicht fertig. Zum Abschluss benötigen wir noch die Shotlist – auch sie gehört als Multitool in den Werkzeugkasten der szenischen Auflösung.

Werkzeug 7: Die Shotlist

Diese Tabelle übersetzt nicht nur die Keyframes in Einstellungsnummern und teilt diese den jeweiligen Kameras zu, sondern liefert gleich noch die Drehreihenfolge mit.

Eine Shotlist erstellen

Bisher sprach ich hauptsächlich von römischen Zahlen für die Keyframes. Jetzt machen wir uns an die offiziellen Nummern für die Kameraeinstellungen. Erstellen Sie hierfür eine kleine Tabelle, eine sogenannte ‚Shotlist', direkt unter dem Floorplan auf der linken Seite im Drehbuch. Fassen Sie in dieser Tabelle alle Keyframes zusammen, die Sie in einer Einstellung abdrehen können, und schreiben Sie die Einstellungsgröße und Art der Bewegung dazu. So könnte eine solche Tabelle aussehen:

Tabelle 3: Von links nach rechts: Einstellungsnummer, Kamera, Keyframes und Erklärung			
6. SPIELFELD – ERSATZBANK			**INNEN/TAG**
#1	A	= I	(T) Gruppe
#2	B	= II → III	(AM) Ranfahrt
#3	B	= IV → V → VI	(HN) Fahrt um D. → (HN) D. frontal
#4	A	= VII	(OTS) Dennis

Bevor Sie Ihre Shotlist mit Inhalt füllen, empfehle ich Ihnen, sich vorher Gedanken über eine mögliche Reihenfolge für die Priorität der Einstellungen zu überlegen. Es gibt garantiert Kameraeinstellungen, die unbedingt nötig sind, um die Geschichte erzählen zu können. Auf alle anderen könnten Sie zur Not auch verzichten. Tragen Sie verzichtbare Einstellungen erst zum Schluss ein. Betrachten Sie sie als einen Bonus für gute Arbeit.

Einstellungen, die ein hohes Maß an schauspielerischer Leistung erfordern, sollten Sie eine hohe Priorität beimessen, da sonst schlimmstenfalls die Schauspieler ihre Energie in weniger wichtigen Einstellungen bereits verbraucht haben und somit die benötigte Leistung vielleicht nicht mehr erbringen können. Regelmäßig trifft man auch auf Schauspieler, die von Take zu Take besser werden, also eine Warmlaufzeit brauchen. Hier ist Ihre Menschenkenntnis gefragt. Sprechen Sie Ihre Schauspieler einfach mal direkt darauf an. Es lohnt sich, die Drehreihenfolge entsprechend anzupassen.

Diesen Aufnahmen sollten nur Kameraeinstellungen noch vorangestellt werden, welche viel Vorbereitungszeit benötigen. Dadurch können diese morgens bereits aufgebaut werden, während beispielsweise die Schauspieler noch in der Maske sitzen. Das spart wiederum wertvolle Zeit. Auch die Natur bildet einen nicht zu unterschätzenden Faktor für die optimale Drehreihenfolge, wenn beispielsweise für Nachmittag Regen vorausgesagt wurde oder man dem Sonnenstand folgen muss. Es kommt auch vor, dass einem die Continuity eine Reihenfolge aufzwingt. Beispielsweise wenn ein Kostüm oder eine Requisite beschmutzt oder zerstört werden muss und man keinen Ersatz hat. Tritt keiner dieser Sonderfälle auf, sollte man möglichst chronologisch drehen. Das hilft nicht nur den Schauspielern, sondern auch der Script/Continuity und der Cutterin.

Wenn Sie Ihre Drehreihenfolge im Kopf haben, können Sie mit dem Ausfüllen Ihrer Shotlist beginnen. Der Übersichtlichkeit halber nutze ich für Einstellungsgrößen stets Abkürzungen. Die weit verbreiteten Abkürzungen finden Sie im Abkürzungsverzeichnis am Ende des Buches. Um die Einstellungsgrößen abzuheben, klammere ich sie ein. Namen hingegen werden zur Unterscheidung von den Einstellungsgrößen nachfolgend mit einem Punkt abgekürzt. Dabei sollten stets die Namen der Rollen verwendet werden und nicht die Namen der Schauspieler, da es auch spontan zu Umbesetzungen kommen kann. Jeder Einstellungsnummer wird ein # vorangestellt. Diese Systematik halte ich in all meinen Aufzeichnungen bei, damit keine Verwechslungen entstehen.

Bei *POV**-, *OTS**- und PIV-Einstellungen gibt man immer als Erstes die Bezugsperson an. Beim POV ist es der Name der Person, dessen Blick simuliert wird, beim OTS-Shot die Person, über dessen Schulter geschossen wird, und bei PIV-Shots die Person oder das Objekt im Drehpunkt. Manchmal lässt sich nicht sofort erschließen, worauf man bei einer POV blicken soll oder bis zu welchem Punkt ein PIV-Shot drehen soll. In diesem Fall gibt man zusätzlich noch das Ziel an. Die Beispiele machen es deutlich:

» POV M. auf S. = Point-of-view-Einstellung
aus Sicht von Rolle M. auf Rolle S.
» OTS M. auf S. = Einstellung über die Schulter von M. auf S.
» PIV M. bis S. = Pivot-Bewegung um M. herum,
bis S. im Bild zu sehen ist.

Gerade Anfänger neigen dazu, zu viele Einstellungen drehen zu wollen, damit sie erst im Schnitt die Entscheidung über das passende Bild treffen müssen. Sich die Wahl offen zu halten, ist jedoch ein Luxus, welchen sich nicht jede professionelle Produktion leisten kann. Schließlich kostet das Einrichten einer neuen Einstellung der gesamten Crew viel Zeit und Kraft. Üben Sie also, sich möglichst frühzeitig auf wirklich notwendige Einstellungen festzulegen. Zeigen Sie Mut zur Entscheidung. Das ist schließlich der Job eines Regisseurs. Nach meiner Erfahrung schafft man beispielsweise am Set eines Studentenfilmes nur unter sehr kräftezehrendem Aufwand mehr als zwölf Einstellungen pro Drehtag. Überprüfen Sie mal Ihre Shotlisten der beiden Übungen nach der Anzahl der Einstellungen: Wie viele Tage bräuchten Sie demnach, bis alles im Kasten ist?

Als Regisseur möchte ich Ihnen auch einen weiteren Grund mit an die Hand geben, nicht zu viele Einstellungen zu drehen: Das letzte entscheidende Wort über einen Film hat immer der, der am Ende auch die Rechnung zahlt. Sollte der Produzent oder der Sender – aus welchen Gründen auch immer – nicht zufrieden sein mit Ihrer Schnittfassung, darf er einen Umschnitt veranlassen. Durch solche Umstände entstand der Begriff des Directors-Cuts für die Schnittversion des Regisseurs. Wenn Sie viel Material zusätzlich gedreht haben, welches nicht verwendet wurde, haben andere Kreative dementsprechend auch die Möglichkeit einiges anders zu machen. Haben Sie jedoch wirklich nur das gedreht, was Sie auch verwenden wollen, bleibt anderen nur wenig Spielraum, Ihre Schnittversion zu verändern.

Diese Tabelle ist nicht nur für Regie und Kamera ein wunderbar nützliches Werkzeug; sie ist auch für die Regieassistenz sowie für die Set-Aufnahmeleitung interessant, da diese am Set den Ablauf koordinieren und dank der Drehreihenfolge in der Shotlist vorarbeiten können. Das spart wiederum Zeit.

Zugegeben, auf den ersten Blick wirken die in diesem Kapitel dargestellten Methoden wohl für den einen oder anderen etwas zu umfangreich. Dafür ermöglichen sie im Gegenzug, dass Sie sich am Set auf die wichtigsten Momente innerhalb einer Szene konzentrieren können. Gleichzeitig wird ein zeitsparendes, ökonomisches Drehen mit möglichst wenig Umbauten gefördert und eine erste Priorität in der Drehreihenfolge festgelegt. Am Ende erhalten Sie eine kleine Tabelle mit einem Floorplan, die gleichermaßen für Ihre Arbeit wie auch für die Regieassistenz und Set-Aufnahmeleitung relevant ist. Durch die Notizen am Text können Sie zudem mögliche Probleme im Schnitt frühzeitig erkennen. Es gibt also eine Menge Vorteile, die diesen Aufwand rechtfertigen.

Vielleicht sind Ihnen im Zusammenhang mit der szenischen Auflösung schon mal die Begriffe ‚Staging' und ‚Blocking' untergekommen. Als ‚Staging' bezeichnet man die Arbeit der Regie mit den Schauspielern an deren Positionen, Bewegungen und Darstellungen auf der Bühne (engl.: *stage*) oder am Filmset. Dazu gehört beispielsweise die Stellprobe. Fügt man dieser Arbeit noch die Positionierung der Kamera hinzu, um beispielsweise ein schönes Bild einzurichten, spricht man vom ‚Blocking'. Dazu gehört wiederum die technische Probe. Die szenische Auflösung ist quasi die Vorarbeit für das ‚Staging' und ‚Blocking' und fällt damit also auch in diese Bereiche.

14 STORYBOARD UND ARTWORKS

Ihre Drehbuchnotizen, der Floorplan und die Shotlist sind Tools, mit deren Hilfe Sie Ihr Kopfkino Ihren Kollegen klar erklären können. Allerdings sind diese Werkzeuge sehr technisch und eher für die Profis am Set geeignet. Manchmal müssen Sie Ihre Ideen aber Menschen erklären, die nicht vom Fach sind. In dem Fall helfen Ihnen Storyboards und Artworks weiter.

Ein Storyboard ist nach wie vor ein sehr beliebtes Mittel, um eine Szene zusätzlich zum Floorplan zu visualisieren. Im Grunde zeichnet man jede Einstellung der Szene nach, ähnlich einem Comic ohne Sprechblasen. Die Palette reicht dabei von einfachen schemenhaften Skizzen, die nur ungefähr die Einstellungsgröße darstellen sollen, bis hin zu ausführlich gefertigten Zeichnungen, die sogar die Lichtstimmung bzw. Schatten wiedergeben.

So schön diese Visualisierungsmethode auch ist, sie birgt auch Nachteile: Gute Storyboards erfordern ein entsprechendes Zeichentalent und nehmen viel Zeit in Anspruch, was wiederum mit Kosten verbunden ist. Dementsprechend werden in der Regel hauptsächlich nur Szenen mit einer komplizierten Bildsprache oder hohem technischen Aufwand auf diese Art visualisiert, beispielsweise wenn sich der Regisseur einen besonderen optischen Kniff ausgedacht hat. Dann könnten Bilder mehr sagen als tausend Worte. Der Markt hat mittlerweile auch 3D-Programme zum einfachen Erstellen von Storyboards hervorgebracht, wie beispielsweise *Frameforge 3D*. Leider sind diese momentan für Nachwuchsfilmschaffende nicht gerade erschwinglich. Ein Blick darauf lohnt sich trotzdem. Für Low-Budget-Produktionen bietet Google mit *SketchUp* eine kostenlose Alternative, welche durchaus gute Dienste leisten kann, obwohl die Software nicht explizit für Storyboards entwickelt wurde.

Bei Artworks handelt es sich um jegliche Arten von grafischen Arbeiten, seien es Zeichnungen von Kostümen oder von Set-Bauten. Auch Gemälde oder Zeichnungen, die später im Bild zu sehen sein werden, nennt man ‚Artworks'. Im Gegensatz zum Storyboard wird beim Artwork keinesfalls die Kameraposition wiedergegeben. Vielmehr geht es schlicht um die Stimmung der Szene. Gerade für die Ausstattung sind solche Bilder interessant.

In einem frühen Stadium eines Projektes rate ich prinzipiell von zu detailreichen Artworks und Storyboards ab. Sie lassen in den Köpfen potenzieller Geldgeber ein sehr konkretes Bild entstehen und geben der Kreativabteilung zu wenig eigenen Spielraum. Während man sich selbst seines kreativen Spielraumes beraubt, setzt man gleichzeitig den Kunden eine Pistole auf die Brust: Entweder ihnen gefällt der festgelegte Stil oder eben nicht. Eine etwas gröbere Skizze lässt Platz für die eigene Fantasie der Geldgeber, weshalb ihr Urteil in der Regel positiver ausfallen wird.

Damit kennen Sie nun alle Werkzeuge und Methoden aus diesem Buch. Im nächsten Kapitel zeige ich Ihnen, wie ich all das Wissen in der Praxis anwende – erklärt anhand der beiden Übungen vom Anfang.

AUFLÖSUNG DER ÜBUNGEN

Nägel mit Köpfen

Denken Sie beim Lesen dieses Kapitels daran: Es gibt nicht die eine richtige Lösung. Film ist Kunst und Kunst liegt immer im Auge des Betrachters. Sie sind gern dazu eingeladen, sich kritisch mit meinen Vorschlägen und Entscheidungen auseinanderzusetzen und für sich selbst eine passendere Lösung zu finden. Ich teile Ihnen in diesem Kapitel meine Arbeit an den Szenen mit, damit Sie Ihre Auflösung mit meiner vergleichen und daraus Schlüsse für Ihre Arbeit ziehen können.

In Deutschland wird fast ausschließlich an Originalschauplätzen gedreht, welche selten genug Platz bieten. Man muss sich also etwas einfallen lassen, um das Bestmögliche herauszuholen. Um nahe an dem Arbeitsalltag zu bleiben, werde ich davon ausgehen, dass alle Szenen in diesem Kapitel an Originalschauplätzen gedreht werden und nicht in Studios.

J1 ÜBUNG 1 – EINE PERSONENZENTRIERTE SZENE

In der ersten Übung bat ich Sie darum, die vorgegebene Szene aufzulösen und dabei den inneren Zustand von Torsten für den Zuschauer nachvollziehbar zu gestalten. Normalerweise könnte man mithilfe der Snowflake-Methode die Szene in die jeweilige Sequenz und damit wiederum in die gesamte Geschichte einordnen. Im Zuge dessen würden wahrscheinlich einzelne Aussagen und Handlungsweisen eine ganz andere Bedeutung bekommen. Da in unserem Fall nur eine Szene vorliegt, muss ich hier darauf verzichten; stattdessen konzentriere ich mich auf die vorliegenden Informationen.

Das Motiv

An einer Wand im Raum befinden sich zwei Fenster. Auf der gegenüberliegenden Seite öffnet sich der Blick in den Gang des Büros. Beide Seiten helfen mir, etwas Tiefe ins Bild zu bekommen, sodass ich nicht immer flach gegen eine Wand schießen muss. Sollte sich das Büro im Erdgeschoss befinden, kann ich bei Bedarf nicht nur im Gang, sondern auch hinter den Fenstern mit *Komparsen** für etwas Hintergrundbewegung sorgen. Je nachdem, wie die Schauspieler positioniert sind, werde ich mich allerdings für eine der beiden Seiten entscheiden müssen, um einen Achssprung zu vermeiden.

Da die Szene bei Tag spielt, werden die Fenster offensichtlich die Hauptlichtrichtung vorgeben. Alle Gesichter, welche in Richtung der Fenster blicken, werden also heller beleuchtet sein, als die vom Fenster abgewendeten Gesichter. Bei Kameraeinstellungen in Richtung Fenster wird man wahrscheinlich in eine Gegenlichtsituation geraten, was wiederum das Erkennen der Mimik stark erschwert. Eine Lösung hierfür wäre es, die Fenster mit ND-Folie abzukleben, um damit das einfallende Licht wie durch eine Sonnenbrille abzuschwächen. Bei strahlendem Sonnenschein wird man dennoch mit viel Licht gegenleuchten müssen. Aufgrund dieser Lichtsituation entscheide ich mich, die Szene von der Fensterfront aus in Blickrichtung zum Gang zu erzählen.

Der komplette Floorplan mit Drehbuchnotizen

Für die erste Übung werde ich mir die Auflösung mithilfe der Bedürfniskette erarbeiten und meine Notizen mit der Randmethode im Drehbuch festhalten.

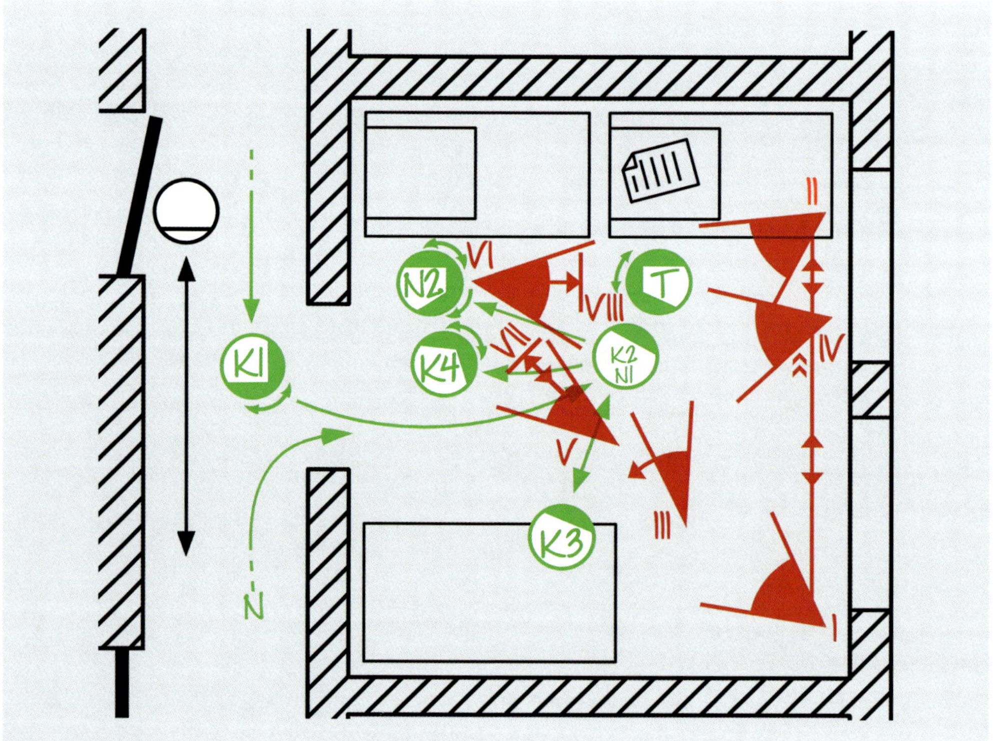

Abb. 54: Mein Floorplan zur Übung 1.

Kern: Torstens Lage spitzt sich zu -> Showdown

BÜRO - KOPIERRAUM INNEN/TAG

In einem kleinen, schlecht belüfteten Raum steht der Kopierer des Büros. Abgesehen von der übergroßen Maschine füllen den Raum nur Regale mit diversen Papiersorten und ein Tisch, auf dem sich Locher, Tacker und andere Utensilien zwischen dem Papiermüll der Mitarbeiter tummeln.

Torsten steht am Kopierer und legt ein Buch ein. Die Kopie ist zu dunkel eingestellt. Er scheint nicht bei der Sache zu sein. Kai kommt in den Raum, sieht Torsten, wirft einen kurzen, prüfenden Blick in den Gang, schleicht sich an Torsten an und küsst ihn in den Nacken. Torsten erschreckt.

(b) T. möchte etwas kopieren.

TORSTEN
Mann Kai. Ich hab' doch gesagt, nicht im Büro. Wenn Nicole das sieht.

KAI
Ja ja, du Schallplatte. Dann zieh es doch endlich durch.

TORSTEN
Ja genau, als ob man das mal eben beim Abendessen klären kann. Ich sag's dir noch mal: Arbeit ist Tabuzone.

Nicole kommt in den Kopierraum.

(b) T. will seine Affäre mit Kai geheim halten.

NICOLE
Hi Kai. Hi Schatz.

Sie küsst Torsten.

TORSTEN
Arrr Nicole, nicht auf Arbeit, bitte.

Kai muss sich ein Lächeln verkneifen.

NICOLE
Was ist denn heute wieder los?

KAI
Ich glaube der Kopierer macht nicht das, was sein Meister von ihm möchte.

Nicole kopiert ebenfalls ein Formular.

TORSTEN
Der Kopierer hat halt kein Respekt vor den Wünschen seines Meisters!

NICOLE
Ach Schatz, sei nicht so streng mit ihm. Es ist doch nur ein Gerät, dass tut was es kann.

KAI
Genau.

TORSTEN
Das sehe ich anders. VI K3

KAI
So oft, wie du jetzt schon dieses,
was ist das überhaupt,… K2

Er schnappt sich eine Kopie.

KAI (WEITER)
…dieses Rezept schon kopiert hast,
wärst du mit abschreiben wohl
schneller gewesen.

Kai reicht die Kopie an Nicole weiter. T

TORSTEN
Es ist zu dunkel, siehst du doch. K4

KAI
Was hast du denn damit vor? V

NICOLE
Ist das für heute Abend?
(zu Kai)
Wir wollen kochen, zumindest so
lange der Ofen den Koch
▲ (h) respektiert. Komm doch vorbei,
wenn du möchtest. Wir kochen
sowieso immer zu viel. VII

TORSTEN
Das halte ich für keine gute Idee. VI

Beide schauen Torsten überrascht an. VII

NICOLE
Wieso denn?

KAI
Ja, wieso denn? 2er V

TORSTEN
Na weil,… Also… Na gut. VI VIII

KAI
Klasse, Rotwein oder Weißwein? V

(b) T. will seine Affäre mit Kai geheim halten.

Legende

- (b) = Bedürfnis
- (h) = Hindernis
- (s) = Strategie
- (i) = Impuls
- schwarze Linie = neues Bedürfnis
- ▲ = Höhepunkt der Szene

Der Szene eine Struktur geben

Legen wir los mit der Bedürfniskette: Da Torsten in dieser Szene die Hauptrolle spielt, untersuche ich seine Bedürfnisse. Mit dieser Methode lässt sich der Text in zwei Abschnitte unterteilen:

Im ersten Abschnitt möchte Torsten schlicht und einfach das Rezept ordentlich kopieren. Im Kopf ist er jedoch nicht bei der Sache. Neben der Herausforderung des Kopierens taucht zusätzlich noch Kai als Hindernis auf.

Mit der Reaktion auf den Kuss zeigt Torsten seine Strategie, um das Hindernis ‚Kai' zu überwinden: Er verschafft seinem Ärger Luft, indem er Kai zurechtweist. Dabei wird sein Problem erklärt. Genauer gesagt erklart er es selbst: „Als ob man so etwas mal eben beim Abendessen klären kann." Er ist also momentan nicht in der Lage, Nicole seine Gefühle für Kai zu gestehen. Dahinter könnte sich sein ‚Need' verbergen, irgendwann frei und ohne Folgen seine Liebe zu Kai ausleben zu können. Es ist also ein wichtiger Satz, der sitzen muss.

Nicole tritt auf. Mit diesem Impuls ändert sich Torstens Bedürfnis schlagartig. Damit entsteht für uns ein neuer Abschnitt im Text. Die Kopie steht für ihn nun sicher nicht mehr im Mittelpunkt. Er muss von jetzt an geschickt agieren, denn seine Beziehung zu Nicole steht auf dem Spiel. Sein neues Bedürfnis ist brisant: Torsten will seine Affäre mit Kai verheimlichen.

Dabei hilft ihm Kai sogar bei seinem Bedürfnis, indem er den Kopierer als angeblichen Grund seiner schlechten Laune vorschiebt, nutzt die Situation aber auch aus, um zu sticheln. Durch die Doppeldeutigkeit des Dialogs schlägt sich Nicole, ohne es zu wissen, auf die Seite von Kai, weshalb Torsten nun allein gegen zwei Personen argumentieren muss – ein Hindernis, dass seinem Bedürfnis im Wege steht. Dies werde ich auch bildlich verdeutlichen. Die Situation spitzt sich langsam zu.

Anschließend sprechen die Figuren über das Kochrezept und landen damit beim Höhepunkt der Szene: Nicole lädt Kai zum Abendessen ein. Damit wird wahrscheinlich einen Showdown innerhalb der nächsten Szenen angekündigt. Deshalb ist die Einladung zum Abendessen der Höhepunkt der Szene und stellt sich Torsten als ein weiteres Hindernis in den Weg. Sein Vorhaben, die Affäre zu verschweigen, könnte scheitern. Deshalb muss er das Abendessen zusammen mit Kai und Nicole möglichst vermeiden. Es könnte sich die Situation durch den inhaltlichen Höhepunkt auch bildlich zuspitzen, wenn nun Kai und Nicole zusammen im Bild zu sehen sind, während Torsten isoliert dasteht. Der Zusammenhalt zwischen den beiden ist zu stark, sodass er nachgibt und einwilligt.

Man könnte auch die Passage nach der Einladung als neuen Abschnitt verstehen, schließlich will Torsten das gemeinsame Abendessen verhindern. Dann wäre die Einladung quasi der Impuls für das neue Bedürfnis. Das macht durchaus Sinn, verkompliziert für mich allerdings die Szene ohne wirklichen Mehrwert. Schließlich bleibt das Bedürfnis ‚Torsten will seine Affäre vor Nicole verheimlichen' noch immer bestehen. Man könnte auch behaupten, dass dieses Bedürfnis auch besteht, bevor Kai den Raum betritt. Bestimmt ist das so, doch die Unterteilung dieser Szene in zwei Abschnitte macht hier für die Darstellung durchaus Sinn. Wenn Torsten schon von Anfang an im Kopf bei seiner Affäre wäre, würde er weniger überrascht und emotional auf den Kuss von Kai reagieren.

Der Kern dieser Szene für den Film lässt sich nun ganz gut abschätzen, obwohl wir nicht das ganze Drehbuch vorliegen haben: Torstens Lage spitzt sich immer weiter zu. Diese Szene kündigt einen Showdown beim Abendessen förmlich an. Torsten hat gerade noch sein Ziel erreicht: Nicole hat nichts von der Affäre mitbekommen. Dafür steht ihm nun eine noch gefährlichere Situation bevor. Diese brenzlige Situation dieser Szene soll auch bildlich erzählt werden. Zu Beginn möchte ich die jeweiligen Pärchensituationen, also Torsten+Kai und Torsten+Nicole, möglichst zusammen zeigen. Im Laufe der Handlung verbünden sich Nicole und Kai. Dadurch steht Torsten förmlich allein da und muss gegen zwei Personen argumentieren. Deshalb soll sich die Szene auch bildlich entsprechend entwickeln. Nun suche ich mir die dazu passenden Positionen der Schauspieler und der Kamera.

Positionen für Schauspieler und Kamera festlegen

Zu diesem Zeitpunkt der Auflösung wäre eine Probe mit den Schauspielern durchaus hilfreich. Da allerdings unsere Beispielszene nicht gerade komplex ist, was Handlung und Emotionen angeht, können wir hier darauf verzichten. Beginnen wir also mit dem ‚Staging' des Szenenanfangs auf dem Papier ohne Proben. Laut Drehbuch steigen wir mit Torsten am Kopierer in die Szene ein. Dies ist seine Startposition und es wird wahrscheinlich auch seine einzige Position bleiben, da im Drehbuch für ihn keine Bewegung vorgegeben ist. Die Position erhält deshalb schlicht die Bezeichnung ‚T' und wird in den Floorplan eingetragen.

Zu Beginn entdeckt Kai seinen Geliebten. Die erste Position (K1) befindet sich also noch im Gang, da er dort kurz stehen bleibt und sich umschaut. Anschließend betritt er den Raum und möchte Torsten mit einem Kuss überraschen. Diese Überraschung würde sehr wahrscheinlich nicht gelingen, wenn sich Kai seitlich an Torsten anschleichen würde. Also muss er einen leichten Bogen schlagen, um mehr hinter Torsten zu landen. Dabei gelangt er auf Position K2.

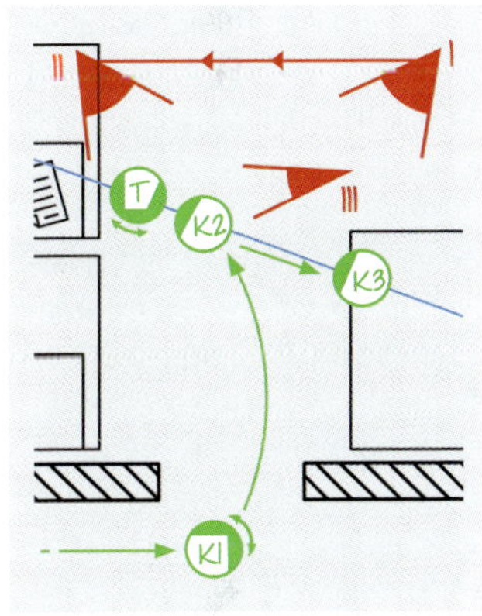

Abb. 55: Szenenauftakt.

Aus Sicht der Kamera könnte man die Szene entweder mit Kai einleiten, wie er etwas entdeckt und dann in den Kopierraum schleicht, oder man beginnt mit Torsten, der nichts ahnend am Kopierer steht und plötzlich überrascht wird. Mit Kai anzufangen würde sicherlich eine spannendere Einführung in die Szene bedeuten, doch halte ich es aus dramaturgischer Sicht für nicht zielführend, die Szene bereits mit hoher Spannung zu beginnen, statt die Spannung langsam zu steigern. Die Ausgangssituation hier birgt im Gegensatz zur zweiten Übung keine wirkliche Anspannung für den Zuschauer. Wir würden so nur unnötig dick auftragen und hätten es im Verlauf der Szene schwerer, die Spannung zu steigern. Zudem sehe ich es als wichtiger an, stattdessen dem Zuschauer eine kurze Möglichkeit der Orientierung zu geben. Dann muss ich mich nicht mehr um die Etablierung des filmischen Raumes kümmern, und dem Zuschauer stellt sich nicht die Frage, wo sich die *Protagonisten** gerade befinden. Außerdem erzähle ich Torstens Geschichte und nicht die von Kai.

Ich möchte also mit Torsten die Szene beginnen und den Anfang nicht übermäßig dramatisieren. Da ich weiß, dass Kai auf Position K2 landen wird, muss ich mich an dieser Stelle entscheiden, auf welcher Seite der Handlungsachse zwischen den beiden *Protagonisten** ich die Kamera positionieren möchte, um Achssprünge zu vermeiden. Da ich bei meinen Gedanken zum *Motiv** die Seite mit Blick Richtung Gang favorisiert habe, suche ich auf dieser Seite eine passende Position. Ich entscheide mich dafür, dem Zuschauer den *filmischen Raum** mithilfe der in Kapitel G1 beschriebenen progressiven Methode zu erklären. Aus diesem Grund setze ich die Kamera erst einmal ganz neutral in die obere rechte Ecke des Raumes und lasse sie bei Bedarf mitschwenken. Diese Position erhält die römische Eins und wird im Drehbuch außerdem noch umkreist, da sie hier auch die Funktion eines *Establishing-Shots** innehat. Schließlich wird an dieser Stelle der *filmische Raum** etabliert.

Man könnte ein *Insert** des Nackenkusses drehen, doch sehe ich dafür inhaltlich keinerlei Notwendigkeit: Im Dialog wird dieser zwar thematisiert, doch geht es eigentlich um mehr als nur einen Kuss. Ein *Insert** würde dem zu viel unnötiges Gewicht geben. Aus proxemischer Sicht würden wir den Zuschauer sehr nahe an die *Protagonisten** heranführen und in deren nahe Phase der intimen Distanzzone eindringen. Dies sollte man sich für wirklich spannende und emotionale Momente aufheben und sein Pulver nicht sofort verschießen, denn die Zuschauer stumpfen bei häufiger Verwendung solcher Einstellungen ab. Außerdem könnte eine so intime Einstellung die Zuschauer etwas irritieren, wenn sie die handelnden Personen noch nicht lange kennen.

Sobald sich Torsten umdreht, haben wir eine ganz gewöhnliche Dialogsituation. Die Kameraposition I wäre mir hierfür etwas zu neutral, zumal wir bereits wissen, dass sich die Charaktere im Laufe der Szene immer weiter voneinander entfernen werden. Um hierfür einen Kontrast zum Ende der Szene zu schaffen, wären Einstellungen passend, die beide im Bild miteinander verbinden. *Over-the-shoulder-Shots** sind hierfür besonders gut geeignet. Eine Kamera positioniere ich etwas über dem Kopierer (Keyframe II); was mit einem kleinen Ausleger bzw. einer Seitenschale realisierbar ist, sollte mit einem Dolly gedreht werden. Diese Kamera schießt über die Schulter von Torsten auf Kai. Demgegenüber bekommt Torsten eine Einstellung über die Schulter von Kai hinweg (Keyframe III). Im Drehbuch trage ich hierfür die Keyframes rechts neben dem Text gleich neben den Notizen bezüglich der Schauspielerposition an entsprechender Stelle ein.

Während der Arbeit am Floorplan behalte ich immer im Hinterkopf, wie Keyframes geschickt miteinander verbunden werden könnten, um sie später sinnvoll zu Einstellungen zusammenzufassen, um mehr Dynamik in die Erzählung zu bringen und um Umbauzeiten zu sparen. Hier bietet es sich an, die Positionen I und II an der Fensterfront durch eine Fahrt zu verbinden. Dadurch erhalten wir zu Beginn der Szene eine Bewegung äquivalent zur Bewegung von Kai in Richtung Torsten. Auch der Zuschauer nähert sich damit Torsten an und durchmisst gleichzeitig den Raum, sodass er dessen Architektur sehr plastisch erfassen kann. Wie in Kapitel F2 erwähnt, sollte man hier die Fahrt mit der Bewegung von Kai abstimmen, damit die Kamerabewegung vom Zuschauer nicht bewusst wahrgenommen wird. Für diese Fahrt bietet sich normalerweise eine eher kurze Brennweite an. Man muss allerdings darauf achten, dass bei der Bewegung zum Keyframe II der Kameramann oder einer seiner Assistenten nicht mit ins Bild kommen.

Torsten reagiert negativ auf den Nackenkuss. Um diesen Moment bildlich passend festzuhalten, könnte man beide Personen voneinander entfernen. Dies kann aktiv geschehen, indem Kai sich aus Torstens intimer Distanzzone entfernt, oder optisch, indem wir beide Personen nicht mehr gleichzeitig im Bild zeigen. Optisch kann man bei so engen Positionen nur mit relativ langen Brennweiten die Personen bildlich voneinander trennen. Arbeitet man mit Festbrennweiten, muss man immer auch die Position der Kamera deren Optik anpassen, da man nicht für jeden Millimeter Brennweite eine eigene Optik mit sich herumschleppt. Eine solche Anpassung der Position könnte jedoch in einem so engen Raum schwierig werden.

Der Satz „Ja ja, du Schallplatte" bietet einen geeigneten Impuls für Kai, sich körperlich von Torsten abzuwenden, was man als enttäuschte Reaktion interpretieren könnte. Er würde sich damit aus Torstens intimer Distanzzone zurückziehen und so definitiv ein Statement sowohl bei Torsten als auch beim Zuschauer hinterlassen.

Wegen der proxemischen Wirkung des Heraustretens aus der intimen Distanzzone entscheide ich mich dazu, dass sich Kai von Torsten abwendet. Dies gibt diesem Moment genügend Würze. Er setzt sich, während er über „reinen Tisch machen" redet, auf den Tisch im Raum und entfernt sich damit von Torsten. Gleichzeitig erhält Nicole für ihren Auftritt nun genug Raum. Der Shot auf Position III eignet sich gut, um darzustellen, wie sich Kai aus Torstens intimer Distanzzone zurückzieht.

Sollten es die Drehbedingungen am Set zulassen, wäre es aus erzählerischer Sicht sogar noch besser, wenn man zu Beginn der Fahrt Torsten aus dem Bild heraushalten könnte und somit der Zuschauer zur Fragestellung animiert wird, was denn Kai so Spannendes im Kopierraum entdeckt hat. Da hier aber der Raum etabliert werden soll und wir uns im Verlauf der Szene den Schauspielern weiter mit der Kamera nähern werden, entscheide ich mich doch für eine eher kurze Brennweite. Es folgt Nicoles Auftritt.

Auch sie küsst Torsten, weshalb sich ihre erste Position (N1) ebenfalls direkt neben Torsten und damit auf sehr intimer, kurzer Distanz befindet. Als Ehefrau ist das nichts Ungewöhnliches. Der Übersichtlichkeit halber bietet es sich an dieser Stelle an, dass Nicoles erste Position der zweiten Position von Kai entspricht.

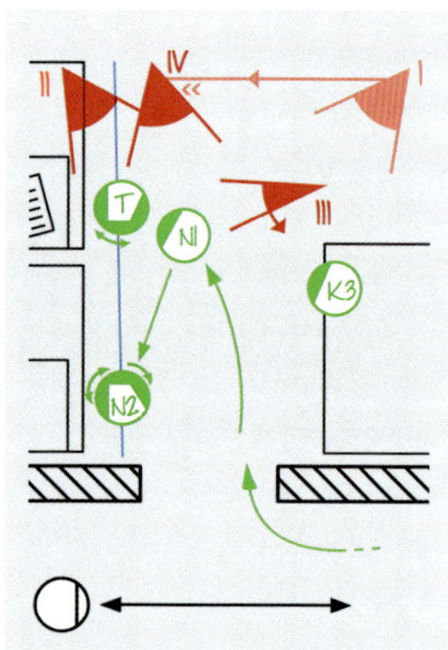

Abb. 56: Ein neuer Abschnitt beginnt.

Durch Nicoles Auftritt ändert sich Torstens Bedürfnis. Ein neuer Abschnitt der Szene wird eröffnet. Normalerweise achte ich bei diesen Momenten besonders darauf, dass der Impuls den Zuschauern klar kommuniziert wird. In diesem Fall wird dem Zuschauer natürlich von jeder Kameraposition aus schnell klar werden, dass Nicole den Raum betreten hat. Aber hat sie vielleicht Torstens Satz „Arbeit ist tabu, das weißt du doch" mitgehört? Diese Frage könnte durchaus aufkommen. Ich lasse sie absichtlich offen, indem ich Nicols Auftritt nicht explizit zeige und ihre Begrüßung „Hi Schatz" *im Off** sprechen lasse. Trotzdem möchte ich die Kamera darauf reagieren lassen, indem ich mit dem Keyframe III zu Nicole schwenke, sobald sie ihren Satz sagt. Dieser Schwenk ist eine natürliche Reaktion auf das überraschende Erscheinen der Frau und dürfte deshalb nicht groß auffallen. Im Drehbuch markiere ich den Schwenk mit einem gekrümmten, seitlichen Pfeil.

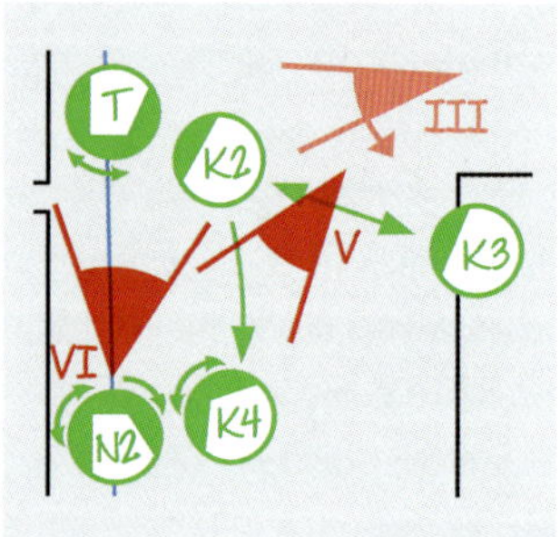

Abb. 57: Der Höhepunkt.

Der zweite Kuss wird nun sowohl von der III als auch von der II eingefangen. Im Schnitt wird sich zeigen, in welcher Einstellung er besser zu sehen ist. Spätestens für Kais Lächeln und Nicoles Antwort auf Torstens Reaktion bietet sich ein Schnitt zurück auf die II an. An diesem Punkt des Textes sehen die Zuschauer alle drei Personen eng gestaffelt in der II. Nun entwickelt sich die Szene allerdings in eine Richtung, in der sich Kai und Nicole mehr oder weniger bewusst gegen Torsten verbünden werden. Deshalb werde ich die Gruppe ab diesem Punkt nicht mehr so eng zeigen. Stattdessen arbeite ich nun darauf hin, dass Torsten im Laufe der Szene allein gegen die beiden ankämpfen muss.

Es beginnt der doppeldeutige Dialogteil mit Kais Satz „Der Kopierer macht nicht, was sein Meister von ihm möchte". Diese Worte fange ich in der II ein. Nicole entfernt sich währenddessen von ihrem Mann und kopiert selbst ein Dokument. Dazu lasse ich sie zur Position N2 laufen. Diese Bewegung ist für die Handlung völlig nebensächlich, weshalb ich ihrem Rückzug aus Torstens intimer Distanzzone keine Bedeutung beimesse. Allerdings bekomme ich nun mit dem Keyframe II Probleme: Da sich Nicole bewegt, verschiebt sich auch die Achse zwischen ihr und Torsten. Aus diesem Grund muss ich die Kamera am Fenster auf die Position IV zurückfahren lassen, sobald sich Nicole in Bewegung setzt. Hier kann gern auch ein Komparse im Hintergrund durch den Gang laufen und somit etwas Büroalltag verbreiten. Trotz dieser Bewegung bleibt die Kamera auf Kai gerichtet und drängt Torsten bildlich an den Rand. Dadurch erhalte ich sogar eine kleine Zufahrt, was die Doppeldeutigkeit seines Satzes noch unterstreicht.

An diesem Punkt rücken Nicole und Kai mit ihren Sticheleien unserem Torsten ordentlich auf die Pelle. Seine Reaktion darauf erkennt man in der III ganz gut, wenn er seinen Satz in Richtung Kai spricht. Da sich Nicole auf die Position N2 bewegt hat, fehlt mir nun eine Kamera, um ihre Stichelei passend einzufangen. Deshalb bekommt sie dafür eine eigene Einstellung als Keyframe V.

Torsten widerspricht Nicole mit „Das sehe ich anders". Da er diesen Satz in Nicoles Richtung sagen wird, kann ich ihn in der III nur schlecht einfangen. Ich entschließe mich dazu, eine neue Kameraposition VI zu etablieren. Diese zeigt Torsten frontal in Nahaufnahme und wird mitten zwischen den *Protagonisten** stehen. Damit sind auch die Zuschauer nun mitten drin im Kreuzfeuer. Die Position bedeutet an dieser Stelle keinen Achssprung, da Torsten und Nicole miteinander reden. Wir befinden uns also quasi auf der Achse.

Kai interessiert sich nun für die Kopie. Deshalb muss er seinen Platz am Rand verlassen und zu Torsten aufschließen. Die VI würde dazu seinen Satz wunderbar einfangen. Deshalb beschließe ich, statt einer Nahen die VI zu einer Halbnahen 2er zu machen, die sowohl Torsten, als auch Kai einfängt. Kai gibt die Kopie an Nicole weiter. Das ist sein Impuls, um aus dem Bild vom Keyframe VI zu verschwinden.

Nachdem der Mann die Kopie weitergereicht hat, würde sich Kai normalerweise irgendwo zwischen dem Pärchen positionieren. Für die meisten bereits etablierten Keyframes sähe eine solche Position im Bild nicht gut aus. Aus diesem Grund lasse ich ihn zwei Schritte weitergehen, auf eine Position direkt neben Nicole. Die V lichtet nun also auf dem Höhepunkt Nicole und Kai als 2er ab.

Torsten hält die Einladung für keine gute Idee, weshalb die beiden anderen überrascht reagieren. Damit habe ich mein Ziel erreicht: Torsten wird in der VI allein gezeigt, wie er gegen die beiden anderen argumentieren muss. Dagegen schneide ich die V, welche nun Nicole und Kai als Team zeigt. Obwohl unser Held sein Ziel erreicht hat, nämlich dass Nicole nichts von der Affäre mitbekommen hat, steht er nun bildlich allein da.

Die Stimmung verdichten oder entspannen

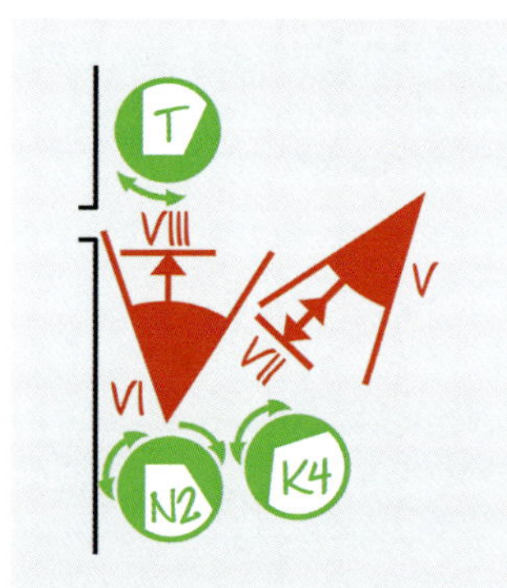

Abb. 58: Die Stimmung verdichten.

Zwar haben wir jetzt alle Keyframes festgelegt, sind aber trotzdem noch nicht fertig. An dieser Stelle der Auflösung lohnt es sich, noch einmal einen Blick auf alle Kamerapositionen zu werfen. Vielleicht finden sich noch Keyframes, welche mit einer Fahrt verbunden werden können, wie es beispielsweise mit den Keyframes I, II und IV bereits geschehen ist.

Wenn Nicole am Höhepunkt der Szene Kai zum Essen einlädt, lässt sich die Dramatik dieser Situation auch bildlich noch steigern. Deshalb löse ich die 2er am Höhepunkt auf und lasse die Kamera in Nicols intime Distanzzone eindringen bis zur Position VII. Diese beiden Ranfahrten würden meinen Floorplan zu sehr füllen. Deshalb deute ich sie mit jeweils einem Pfeil und einer römischen Zahl nur an, zeichne aber keine neue Kamera ein. Auf die Zuschauer wirkt die Nähe vielleicht etwas unangenehm. Das ist gut so, schließlich ist die Situation für Torsten ebenfalls unangenehm. Gegen Ende der Szene baut eine Rückfahrt von Position VII mit Nicoles Frage „Wieso denn?" über Kais Reaktion hinweg zurück auf die V noch mehr Druck auf Torsten auf.

Am Ende bekommt Torsten noch die Chance zu begründen, warum er es für keine gute Idee hält. Damit könnte er das drohende Unheil noch abwenden, wenn ihm nur etwas als Begründung einfallen würde. Diesen Moment möchte ich ebenfalls mit einer Ranfahrt spannender gestalten und gebe der Endposition die Nummer VIII. Diese Bewegung in seine intime Distanzzone hinein verstärkt den Druck auf seine Person, eine gute Begründung zu finden. Die Zuschauer rücken ihm auf die Pelle.

Als Abschluss für die Szene gefällt mir auch die Möglichkeit, wieder langsam von der IV auf Position I zurückzufahren. In Keyframe IV stehen alle drei *Protagonisten** eng im Bild zusammen. Mit einer Fahrt zurück auf die I entfernen sie sich hingegen optisch voneinander, während die Zuschauer sich auch proxemisch aus der privaten Distanz von Torsten entfernen. Diese Fahrt bildet eine interessante Alternative zur Position VI als Schlusseinstellung und kostet keinerlei Umbauzeit. Solche raumzeigenden Einstellungen, die die Zuschauer aus der Szene heraustreten lassen, nennt man übrigens *Re-Establisher.** Im Schnitt kann ich mich dann in Verbindung mit der nachfolgenden Szene für eine der beiden Schlussvariante entscheiden.

Shotlist

Es sind eine Menge Keyframes zusammengekommen. Daraus ergibt sich folgende Liste:

Tabelle 4: Die Shotlist zur Übung 1			
1. BÜRO – KOPIERRAUM			**INNEN/TAG**
#1	A	= I → II → IV → I	E-Shot → (OTS) T. → (AM) K. → (HT)
#2	A	= V → VII → V	(2er) N. & K. → (G) N. → (2er)
#3	A	= III	(OTS) K. bzw. N. auf T.

Die Kamerafahrt am Fenster bildet die wichtigste Einstellung dieser Szene, weshalb sie auch ganz oben auf der Liste landet. Die Kamera dreht die gesamte Szene mit. Falls irgendetwas nicht nach Plan laufen sollte, kann ich jederzeit in diese Einstellung schneiden, weshalb sie hier als Mastershot dient. Diese Fahrt benötigt auch den größten Aufwand zum Aufbau.

Da ich sie als Erstes drehe, kann die Kamera- und Gripcrew bereits mit dem Aufbau beginnen, während die Schauspieler noch in der Maske sitzen. Das spart Zeit. Beim Dreh wird diese Einstellung vielleicht etwas Übung benötigen, bis die Kamerabewegung zu den Schauspielpositionen passt. Da dieser Shot aber häufig geschnitten wird, kann man problemlos auch an späteren Punkten im Text einsteigen und damit bei Bedarf ein sogenanntes ‚Pickup' der Einstellung drehen.

Manchmal lohnt es sich auch, die Reihenfolge der Einstellungen so zu organisieren, dass man mit zwei Kameras gleichzeitig drehen kann. Das spart in der Praxis eigentlich nie wirklich Zeit, dafür wirken aber die Reaktionen der Schauspieler aufeinander homogener. Bei Stuntszenen oder Einstellungen mit analogen Spezialeffekten werden Sie nicht um den Einsatz mehrerer Kameras herumkommen. In meiner Auflösung dieser Übung könnte man theoretisch die #3 und die #4 gleichzeitig drehen, vorausgesetzt die #4 wird nicht von der #3 ‚abgeschossen'. So wird umgangssprachlich der Moment bezeichnet, wenn eine Kamera im Bild einer anderen Kamera zu sehen ist. Ich habe die Möglichkeit, eine zweite Kamera zu nutzen, symbolisch mit der Kamerabezeichnung ‚B' festgehalten. Unter realen Bedingungen wäre vermutlich nicht genug Platz für zwei Kameras.

Sobald die Einstellung #3 im Kasten ist, könnte man eigentlich die Schauspielerin der Rolle Nicole nach Hause schicken, da sie für die letzte Einstellung nicht mehr im Bild zu sehen ist. In diesem Fall würde man den Text für die anderen Schauspieler von der Script/Continuity oder von einem Assistenten vorlesen lassen. Es versteht sich aber von selbst, dass die anderen Schauspieler es dann schwerer hätten, authentisch zu spielen. Wenn es die Drehbedingungen zulassen, würde ich deshalb die Schauspielerin in der letzten Einstellung noch mitspielen lassen.

J2 ÜBUNG 2 – HANDLUNGS-ZENTRIERTE SZENE

Wie eingangs erwähnt handelt es sich bei unserer handlungszentrierten Übung nicht um eine einzelne Szene, sondern um eine ganze Sequenz aus insgesamt vier einzelnen Szenen. Da die einzelnen, handlungszentrierten Szenen für sich genommen selten viel inhaltlichen Tiefgang bieten, hilft es, sich mehr auf die Sequenz als Ganze zu konzentrieren.

Die Motive

Alle vier *Motive** stellen Kellerräume bzw. -gänge dar. Diese in der Regel sehr erdrückende Wirkung solcher Räumlichkeiten hilft uns, Annes ausweglose Situation bildlich zu zeigen. Auch die Türen und Wände unterstützen die Wirkung durch ihre Emotionslosigkeit und Eintönigkeit. Dadurch lässt sich ihre Flucht durch die Kellergänge als ein Weg durch ein Labyrinth inszenieren, was wiederum die Spannung beim Zuschauer erhöht.

Da alle Sets mit Türen abgetrennt sind, könnten sich alle vier *Motive** an unterschiedlichen Orten befinden. Solange sich die Türen ähneln, lässt sich problemlos ein kontinuierlicher *filmischer Raum** erzählen.

Der komplette Floorplan mit Drehbuchnotizen

Es folgen die Floorpläne sowie Drehbuchnotizen meiner Auflösung für diese Übung. Anschließend werden wir uns im Detail damit auseinandersetzen:

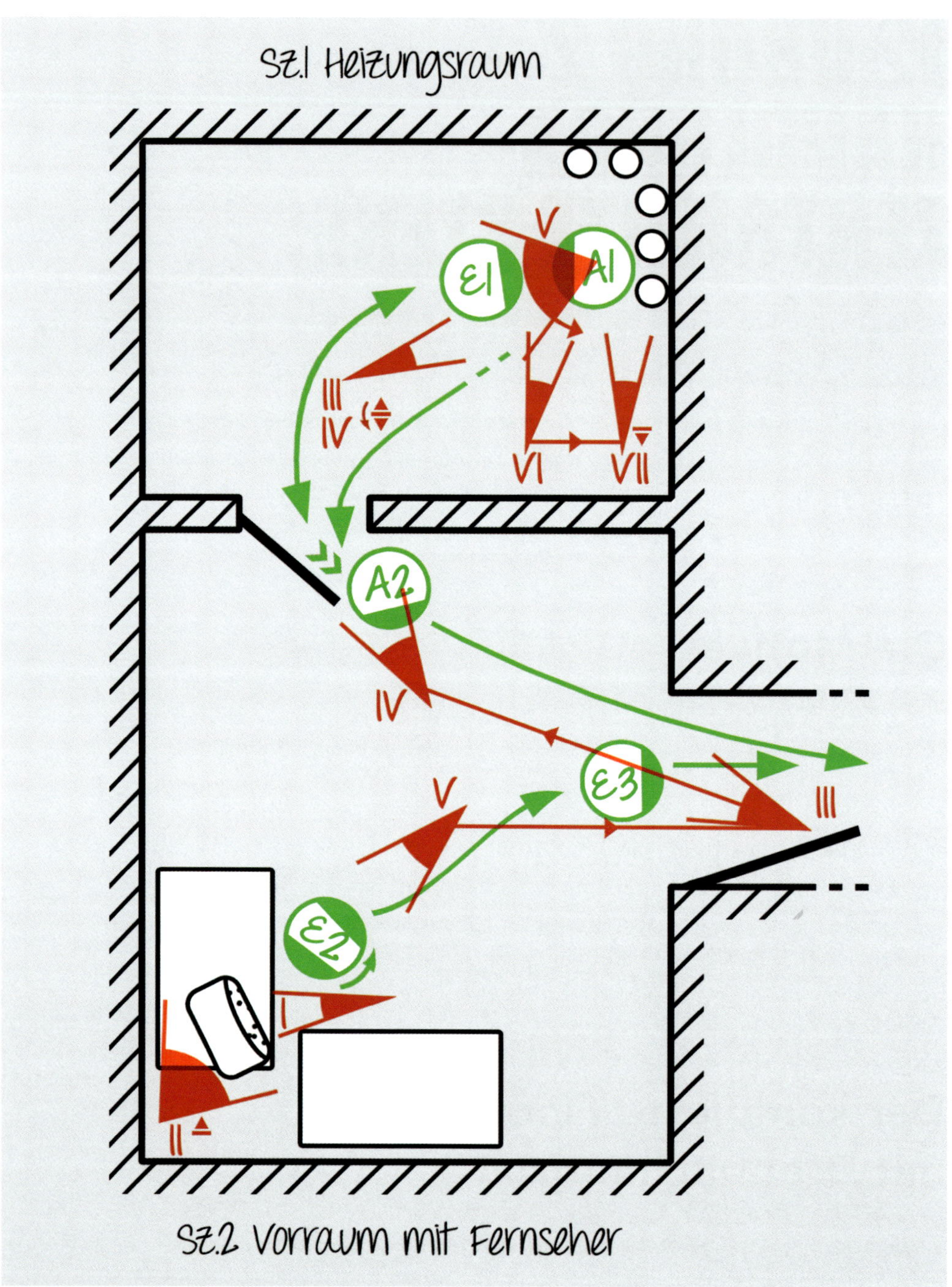

Abb. 59: Floorplan zu Szene 1 und 2.

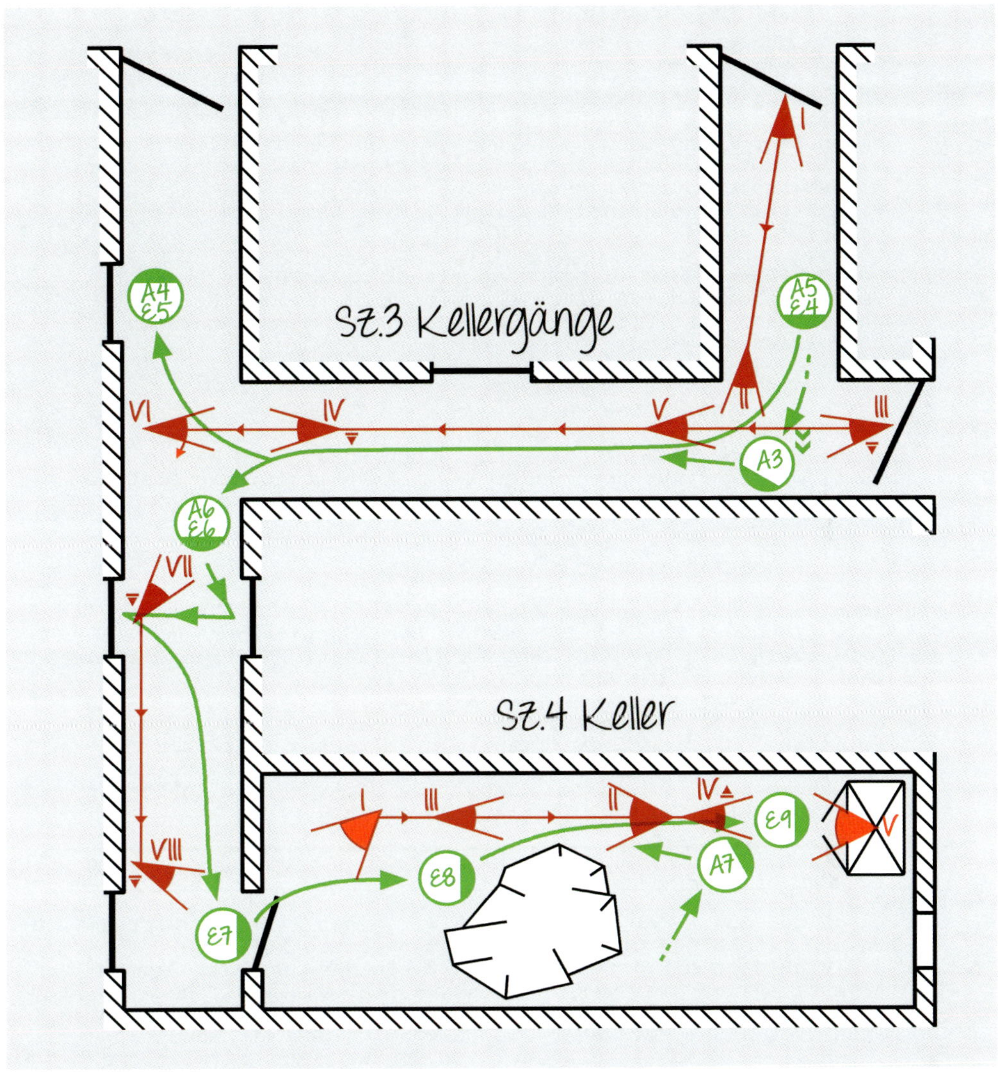

Abb. 60: Floorplan zu Szene 3 und 4.

Legende

» ?Zahl? = Frage
» (Zahl) = Hinweis
» !Zahl! = Antwort
» ▲ = Höhepunkt der Szene
» schwarze Linie = neuer Abschnitt

Kern der Sequenz: Anne kann verletzt entkommen.

?1.1 – Ist die Situation ausweglos für A.?

?1.2 – Wer hat A. entführt?

?1.3 – Kann A. entkommen?

1 HEIZUNGSRAUM INNEN/NACHT

Anne hockt an der Wand eines Heizungsraumes. Ihr Mund ist geknebelt, ihre Hände hinter dem Rücken mit einem Seil an einem Rohr festgebunden. Abgesehen von den Metallrohren, die aus dem Boden bis in die Decke ragen, gibt es nichts in diesem kahlen dunklen Raum, nicht einmal ein Fenster. Nur eine Stahltür kennt den Weg raus. Eine Neonlampe erleuchtet den Raum. A1

(1.2) Der Entführer, ein großer Mann mit Skimaske übers Gesicht gezogen, kommt durch diese Tür mit einer kleinen Flasche Wasser und einer Pistole in der Hand. Er nimmt Anne den Knebel aus dem Mund. E1

ENTFÜHRER
Hier, trink das.

Er steckt ihr grob die Flasche in den Mund. Das Wasser läuft der Frau aus den Mundwinkel. Er hält ihr die Pistole vor's Gesicht, bis die Flasche leer ist.

ANNE
Bitte, lassen Sie mich gehen.

(1.1) Routiniert steckt er ihr den Knebel wieder in den Mund. Ihre flehenden Worte verkommen zu herzergreifenden Geräuschen, bis der Mann den Raum verlässt. Nachdem die Tür laut scheppernd ins Schloss fällt, wird es still. E Off

Behutsam ertönt ein schabender Ton. Anne beginnt, ihre Seilfessel an einer scharfkantigen Halterung zu reiben,
II.1 welche das Rohr mit der Wand fixiert. Das Seil reist auf,
(1.3) sie kommt frei, nimmt den Knebel aus dem Mund und schleicht Richtung Tür. Sie öffnet diese vorsichtig.

?2 – Kann A. unbemerkt entkommen?

2 VORRAUM MIT FERNSEHER INNEN/NACHT

Durch den Spalt der Tür erkennen wir einen kleinen Vorraum. Unverputzte Wände und der Betonboden deuten auf ein Kellergewölbe hin. Seitlich führt ein Gang aus dem Raum hinaus. Alles hier wirkt irgendwie improvisiert. Der
II.2 Entführer sitzt mit dem Rücken zu Anne entspannt auf einem Stuhl vor einem Fernseher, welcher auf einem mit Essen zugemüllten Klapptisch steht. Er schaut nicht wirklich in den Fernseher, sondern ist voll und ganz in das äußerliche Putzen seiner Waffe vertieft. A2 E2

(2) Anne drückt die schwere Tür etwas weiter auf und schleicht in Richtung Gang. In der Glasscheibe des Fernsehers spiegelt sich die flüchtende Frau. Kurz bevor sie den Gang erreicht, knallt die Tür laut ins Schloss. Der Entführer
(2) schreckt auf. Anne rennt los. A Off

ENTFÜHRER
HEY!

Er nimmt die Verfolgung auf. E3

3 KELLERGÄNGE INNEN/NACHT

Anne rennt panisch einen langen, schlecht beleuchteten Gang entlang. Links und rechts gehen zahllose Türen ab. Der Entführer läuft ein paar Meter hinterher, geht in die Hocke und schießt.

Die junge Frau fällt zu Boden. Ihr Peiniger richtet sich langsam auf, küsst seine Waffe und läuft siegessicher in ihre Richtung. Sein Opfer steht vor Schmerzen schreiend auf. Das Hosenbein färbt sich blutrot. Er hat ihren Oberschenkel durchschossen. Sie humpelt panisch um die Ecke.

Unter starken Schmerzen kämpft sich Anne an einer T-Kreuzung nach rechts. Der Mann erreicht die erste Ecke, doch sein Opfer ist schon außer Sichtweite. An der T-Kreuzung hält er kurz an und schaut auf den Boden. Bluttropfen verraten ihm den Weg nach rechts. Er wird schneller. Es folgt die nächste Kreuzung. An jeder Seite gehen mehrere Türen ab.

Nach einem bestätigenden Blick auf Boden prüft er ein paar Türen. Eine Türklinke ist mit etwas Blut verschmiert. Mit gezogener Waffe riskiert er einen Blick hinein.

4 KELLER INNEN/NACHT

Obwohl etwas Licht durch ein hoch gelegenes, kleines Fenster scheint, dominiert die Dunkelheit den Raum. Es stapeln sich Müll und alte Möbel neben überfüllten Regalen und Schränken.

Der Entführer betritt den Raum.

ENTFÜHRER
Was soll'n jetzt dieser Unsinn hier?

Überraschend zieht er ein Bettlaken hoch; Stühle kommen zum Vorschein. Er geht weiter. Im Halbdunkel entdeckt er weiter hinten einen großen Metallschrank. Rote Flüssigkeit scheint aus dem Schrank heraus gelaufen zu sein. Er zielt mit seiner Waffe auf die Tür…

ENTFÜHRER
Damit machst du dir den Aufenthalt in unserem kleinen Hotel nur ungemütlicher.

…und reist sie schlagartig auf. Ein Farbeimer war vor langer Zeit einmal umgefallen.

Hinter ihm türmt sich plötzlich Anne auf und erschlägt ihn mit einer Metallstange. Ihr Peiniger fällt zu Boden, sie schnappt sich die Waffe und humpelt hastig aus dem Raum.

Der Szene eine Struktur geben

Alles beginnt wieder mit dem Blick ins Drehbuch. Dieses Mal nutze ich das Frage-Antwort-Schema, um mich der Szenenstruktur zu nähern. Da kein Drehbuch existiert, in dem diese Sequenz eingebettet ist, kann ich über den Kern dieser Sequenz, also den Nutzen für die gesamte Geschichte, nur mutmaßen. Um mein Vorgehen zu demonstrieren, lege ich mich trotzdem auf das Kernthema ‚Anne kann verletzt entkommen' fest. Die daraus resultierende Frage ‚Kann A. entkommen?' zieht sich durch die gesamte Sequenz wie ein roter Faden. Trotzdem lässt sich der Text in Abschnitte unterteilen, die weitere Fragen ins Zentrum rücken. Die zentrale Frage nehme ich in den ersten Abschnitt mit auf, damit sie eine Nummer bekommt, werde sie aber den anderen Fragen des ersten Abschnitts unterordnen.

Zu Beginn wird im Drehbuch die Ausgangssituation beschrieben: Anne wurde entführt. Doch von wem wurde sie entführt und wieso? Als ein maskierter Mann den Raum betritt, erhalten wir den Hinweis, dass ein Mann sie gekidnappt hat und hören seine Stimme. Der Mann hat sich offenbar darauf eingestellt, dass er Anne länger gefangen hält. Darauf weist die Trinkflasche hin. Das gibt den Zuschauern das Gefühl einer ausweglosen Situation, die geplant und vorbereitet wurde. Die Anwesenheit der Pistole verstärkt das noch. Außerdem bietet die Architektur scheinbar keinen anderen Fluchtweg als die Tür. Aufgrund all dieser Gegebenheiten stelle ich in diesem Abschnitt folgende Frage ins Zentrum der Erzählung: ‚?1.1 – Ist die Situation ausweglos für A.?' Außerdem dürfte die Frage ‚?1.2 – Wer hat A. entführt?' noch für die Erzählung interessant sein.

Sobald der Mann den Raum verlässt, fängt Anne an, ihre Fesseln zu manipulieren. Damit wird die zentrale Frage des ersten Abschnittes beantwortet. Die Situation ist offensichtlich nicht hoffnungslos. Sie hat anscheinend einen Plan. Deshalb ziehe ich unter diesen Absatz eine dicke schwarze Linie zum Zeichen eines neuen Abschnittes. Zu unser aller Überraschung kann Anne ihre Fesseln lösen. Dadurch wandelt sich die zuvor scheinbar ausweglose Lage in die Chance zu entkommen. Das bringt Hoffnung. Damit bekommen wir auch einen Hinweis auf die Kernfrage, ob sie entkommen kann. Sie beweist hier, dass sie zumindest eine Chance dazu hat.

Als sie die Tür öffnet, ergeben sich eine Reihe neuer Fragen: Wo ist der Entführer? Sieht er sie? Die erste Frage könnte man mit ein paar Einstellungen hinauszögern, die nur Anne zeigen, was zu einer regressiven

Montage führen würde. Die zweite Frage lässt sich elegant inszenieren, indem man beide Figuren im Bild miteinander verbindet, ohne dass sie zu diesem Zeitpunkt miteinander kommunizieren. Trotzdem sind sie schnell beantwortet, weshalb ich sie nicht aufschreibe. Sie führen viel mehr zu einer anderen Überlegung, die im Zentrum dieses Abschnittes steht: ‚?2 – Kann A. unbemerkt entkommen?' Sie versucht es, scheitert aber weil die Tür laut ins Schloss fällt. Hier gilt es, Spannung zu erzeugen, ohne in hektische Bewegungen und Schnitte zu verfallen, sodass noch eine Steigerung zur eigentlichen Verfolgung möglich bleibt. Den Höhepunkt dieses Abschnittes bildet die zufallende Tür. Dies soll besonders hervorgehoben werden. Die unbemerkte Flucht wandelt sich dadurch zu einer Verfolgungsjagd. Daher endet an diesem Punkt der zweite Abschnitt. Obwohl es im Text nicht klar beschrieben steht, möchte ich, dass der Entführer seine Skimaske abgesetzt hat, während er seine Waffe putzt. Damit bekommen die Zuschauer eine Antwort auf seine Identität, also auf die Frage ‚?1.2?'.

Im nächsten Abschnitt tauchen neue Fragen auf, z.B. nach dem Ausgang. Die Frage, ob er sie mit seinem Schuss getroffen hat, wird schnell beantwortet, aber hat er damit aber auch gewonnen? Das Blut gibt jedenfalls dem Entführer einen Hinweis, wohin sie flieht. Man könnte für die dritte Szene schlicht die Kernfrage, ob Anne entkommen kann, auch als zentrales Thema für den Abschnitt formulieren. Für unsere spätere Arbeit wird mir aber eine einfachere Frage mehr bringen: ‚?3.1 – Wird A. von E. eingeholt?' Als Anne laut Text außer Sichtweite gelangt, können wir diese Frage beantwortet: Er hat sie nicht eingeholt. Trotzdem ist die Verfolgung noch nicht vorbei. Der letzte Abschnitt beginnt.

Nun ändert sich die Erzählperspektive. Wir als Zuschauer haben den Anschluss an Anne verloren und bleiben jetzt am Entführer dran. Daraus ergibt sich die Frage: Wo versteckt sich Anne? Weil dieser Abschnitt bereits in der dritten Szene beginnt und sich auch diese Frage in der dritten Szene das erste Mal stellt, nummeriere ich sie mit 3.2. Als der Mann die Spur in den finalen Kellerraum entdeckt, fragen sich die Zuschauer, ob sie nun in der Falle sitzt. Am Höhepunkt der Sequenz vermutet er sie versteckt in einem Schrank, ein Hinweis auf die Antwort zu 3.2. Die Zuschauer sollen an dieser Stelle das Gefühl bekommen, dass die Flucht gescheitert ist und es nun kein Entrinnen mehr gibt. Doch Überraschung – sie irren sich. Anne kann ihren Peiniger ausschalten. Das beantwortet die zentrale Frage der ganzen Sequenz: Ja, sie kann entkommen.

Positionen für Schauspieler und Kamera festlegen

Es ergeben sich mit dem Frage-Antwort-Schema eine ganze Menge Fragen, die mal mehr, mal weniger im Text selbst beantwortet werden. In meiner Inszenierung kann ich mir nun genau überlegen, wie ich meine Hinweise und Antworten verteile, um eine möglichst gute Unterhaltung zu bieten. Die Zuschauer sollen sich im ersten Abschnitt fragen, ob die Situation ausweglos ist. Um das zu erreichen, entscheide ich mich diesmal, den *filmischen Raum** mit einer kurzen, regressiven Montage aufzubauen. Für diese Form der Montage lasse ich zwei kurze Einstellungen drehen, die Details aus dem Raum zeigen. Beispielsweise könnte die Kamera die flackernde Neonlampe einmal abfahren oder Details der Tür oder der Betonwände abfilmen. Vielleicht hat sich in der Nähe der Rohre eine kleine Pfütze gebildet, oder es befinden sich Kritzeleien an der Wand. Mindestens zwei Einstellungen dieser Art sollten sich in einem guten Set finden lassen. Diese bekommen die Bezeichnung I und II, werden aber nicht im Floorplan eingetragen, da sie nur unnötig die Grafik überfrachten würden.

Am besten werden diese Details mit einer langsamen Bewegung abgefahren. Dadurch lassen sie sich im Schnitt sanft ineinander überblenden und ergeben damit sehr stimmungsvoll das Gefühl, dass in diesem Raum viel Zeit vergeht. Wann sonst hätte man als Zuschauer so viel Zeit, solche Details in Ruhe zu betrachten? Diese langsam vergehende Zeit bietet einen guten Kontrast zur später sehr hektisch verlaufenden Verfolgungsjagd.

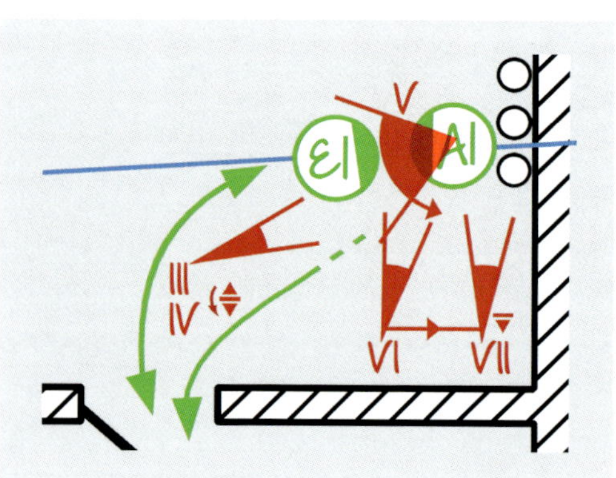

Abb. 61: Die Situation ist aussichtslos.

Nach diesen zwei Einstellungen führe ich langsam zu Anne über, indem ich die Kamera von Position III aus an den Rohren entlang eine Abwärtsbewegung durchführen lasse, bis Anne auf persönlicher Distanz zum Zuschauer ins Bild kommt und die Kamera damit auf Position IV stehen bleibt. Im Schnitt lässt sich aus den zwei Detaileinstellungen in diese sanfte Abwärtsbewegung gut überblenden.

Nachdem nun Anne in ihrer unangenehmen Lage stimmungsvoll eingeführt ist, wird es Zeit, den Raum zu etablieren, in dem sie sich befindet. Hierfür nutze ich ihre *POV** mit einer sehr kurzen Brennweite, sodass sich die Randbereiche des Bildes stark verzerren. Dadurch verstärkt sich ihre unangenehme, weil unnatürliche Situation für den Zuschauer. Der Raum wirkt vergrößert, weshalb wir uns als Betrachter automatisch etwas kleiner vorkommen. Auf dieser Position V schwenke ich den Raum kurz ab und lande auf der Tür, welche prompt aufgeht. Diese Einstellung wird unser Mastershot für die Szene.

Der Entführer betritt den Raum und interagiert sofort mit den Zuschauern, da wir uns ja noch immer in der *POV** von Anne befinden. Sobald er seine Position E1 erreicht hat, können wir in den Keyframe IV schneiden, welche nun damit seine *OTS** auf Anne bildet. Sie lässt sich unproblematisch auf die Kameraposition V schneiden, da beide sich unmittelbar auf der Blickachse befinden. In der *POV** wirkt dabei das Eindringen des Entführers in Annes intime Distanzzone besonders erniedrigend. Damit bekommen die Zuschauer ganz wunderbar den Hinweis für die Frage ‚1.1' gezeigt: Ja, die Situation ist erdrückend und ausweglos. In dieser Einstellung verlässt der Entführer den Raum auch wieder.

Nun gilt es, die Überraschung zu erklären, dass Anne ihre Fesseln durchtrennt. Natürlich könnte man schlicht auf eine Detaileinstellung schneiden, welche ihre Hände zeigt. Da wir diese Fesseln allerdings noch nicht dem Zuschauer gezeigt haben, kommt dies ein wenig plump daher. Viel eleganter und stimmungsvoller wirkt hingegen eine langsame Fahrt von ihrem bereits etablierten Gesicht aus, an ihrer schmutzigen Kleidung entlang, bis zu den Händen. Zum einen lässt diese Fahrt den Zuschauer kurz im Unklaren, was denn jetzt auf ihn zukommt, sodass wiederum Spannung aufgebaut wird, zum anderen vergeht dadurch auch etwas mehr Zeit. Sie muss sich anstrengen und über eine gewisse Zeit hinweg daran arbeiten, die Fesseln zu durchtrennen, was einen schönen Kontrast zur späteren Hektik der Verfolgung bildet. Dieses Vergehen von Zeit würde durch einen harten Schnitt entfallen. Die Kamerafahrt enthält die Keyframes mit den Bezeichnungen VI und VII.

Nachdem die Fessel durchtrennt ist, kann ich wieder in die Kameraposition V schneiden. Diesmal bildet diese allerdings keine *POV**, denn Anne steht auf, kommt von rechts ins Bild und bewegt sich etwas schwankend zur Tür. Nachdem alle wichtigen Positionen im Floorplan eingetragen sind, mache ich die entsprechenden Notizen am Drehbuch.

Da hier eine neue Szene beginnt, fange ich nun auch wieder mit der Zählung ‚I' bei den Bezeichnungen für die Keyframes an. Konsequenterweise müsste ich dies auch mit den Schauspielpositionen tun, ich verzichte an dieser Stelle aber darauf, um die Zusammenhänge für die gesamte Sequenz hier besser erklären zu können.

Die zweite Szene möchte ich wie erwähnt ebenfalls regressiv einleiten, um die Spannung zu fördern und um die Präsenz des *Antagonisten** noch etwas hinauszuzögern. Ich beginne mit einem Close-up vom Fernseher, in welchem sich die Tür scharf spiegelt. In diesem Keyframe I wird ihr Auftritt inszeniert, ohne etwas vom Raum zu verraten. Dafür setze ich Anne optisch mit dem Fernseher in Verbindung. Zudem könnte ich eventuell noch eine Große drehen, wie die Tür aufgeht und sie den ersten Schritt in den Raum hineinwagt. Das erweitert mir die Möglichkeiten, dem Zuschauer den Aufbau des *filmischen Raumes** zu zeigen. Allerdings ist leider nicht viel Zeit für so einen Schnitt vorhanden. Schließlich bewegt sich Anne recht schnell, und es muss noch die Frage beantwortet werden, ob der Entführer sie entdeckt, bevor sie den Raum verlassen hat. Aus diesem Grund behalte ich die Idee mit der Großaufnahme der sich öffnenden Tür erst einmal nur im Hinterkopf.

TIPP

Kameraeinstellungen mit Spiegelungen, wie hier im Fernseher, sind häufig mit etwas Arbeit am Licht verbunden. In dieser Szene wird sich vermutlich von Haus aus nicht viel von der Tür im Fernseher abzeichnen. Deshalb würde ich dem Effekt nachhelfen. Das Grundlicht des Raumes müsste wahrscheinlich unnatürlich weit runtergedimmt werden und die Tür entsprechend extra angeleuchtet werden. Schließlich müssen die Lichtstrahlen erst einmal von der Tür zum Fernseher und dann vom Fernseher zur Kamera reflektiert werden. Für Einstellungen mit Spiegelungen muss also mit etwas Umbauzeit gerechnet werden.

Nun wird es Zeit, den Zuschauern zu beantworten, wo sich der Entführer befindet und was es mit dem Fernseher auf sich hat. Es muss also ein *Establisher** her, welcher den Aufbau des Raumes zeigt, sowie die Position des Entführers und des Fernsehers. Hierfür könnte ich ganz einfach eine Position in einer Ecke des Raumes wählen. Ich möchte jedoch gleichzeitig die Spannung steigern. Deshalb suche ich mir gezielt eine Position aus, welche sich nur etwas mehr als eine Armlänge entfernt vom Entführer befindet, genauer gesagt in dessen nahen Phase der persönlichen Distanzzone. Diese unmittelbare Nähe zum Bösen ist für die Zuschauer unangenehmer als eine neutrale Totale. Es lässt sich noch steigern, wenn die Kamera in die intime Distanzzone eindringen würde. Dafür müsste man allerdings den Fernseher im Bild verlieren. Damit sich die Zuschauer besser orientieren können, woher die Spiegelung eben kam, werde ich den Fernseher mit ins Bild nehmen, obwohl er als schützende Barriere zwischen den Zuschauern und dem Bösen steht. Ich etabliere also den Keyframe II mit dem Fernseher und dem Mann mittig im Bild und lasse Anne im Hintergrund von links nach rechts gehen. Anne wird dabei im Bild förmlich auf den Entführer zulaufen, um zum Ausgang zu gelangen. Eine solche Einstellung wirkt jedoch nur in 2D-Filmen wirklich gut. Während sich Anne bewegt, bewegt sich auch die Achse zwischen ihr und ihrem Peiniger, sodass die II auf die rechte Seite der Achse wandert.

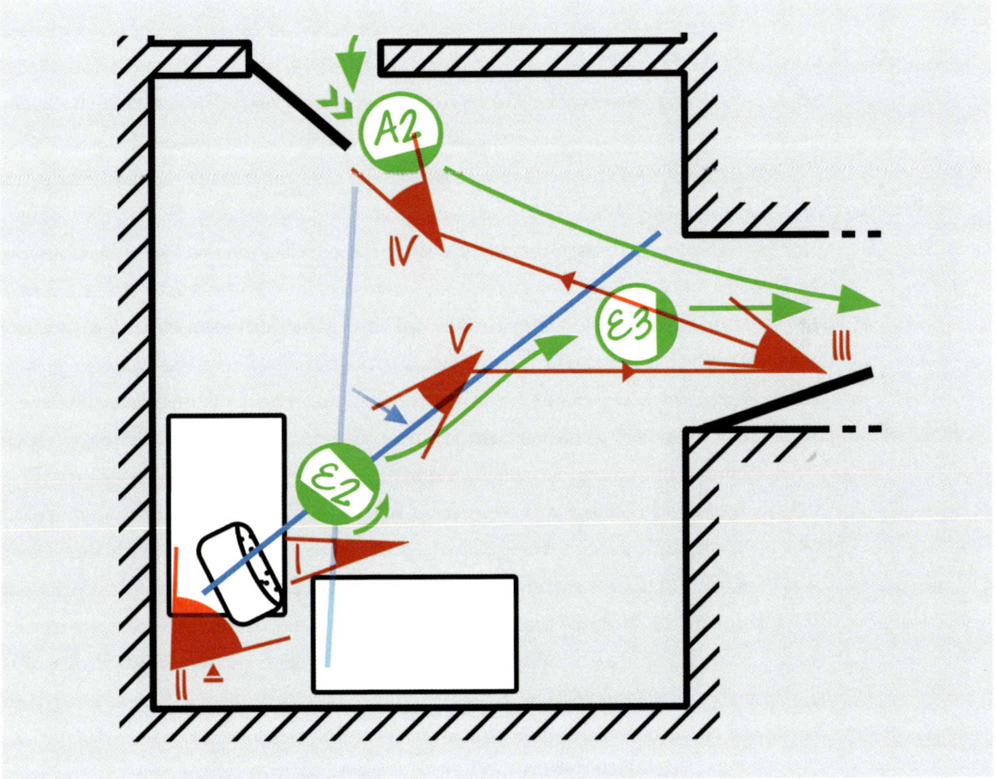

Abb. 62: Annes Flucht beginnt.

Unsere Hauptrolle befindet sich nun auf halbem Weg in Richtung Ausgang. Jetzt wird es dramatisch, da die Tür zufällt. Im Keyframe I wäre dieser Fakt wohl zu schlecht in der Spiegelung zu erkennen, in der Halbtotalen auf Position II wäre der Zuschauer schlicht zu weit davon entfernt, um hautnah diese Bedrohung wahrzunehmen. Es muss also ein neuer Keyframe her, welcher für die Zuschauer die Gefahr der zufallenden Tür besser hervorhebt. Eine feste Position direkt neben dem Türrahmen reicht mir in diesem Fall jedoch nicht. Die Spannung soll sich noch weiter erhöhen, weshalb sich der Zuschauer förmlich darauf zubewegen soll. Eine Ranfahrt zur Tür sorgt für eine besondere Dramatik und betont diese Bedrohung. Doch statt einfach nur auf die Tür zuzufahren, wähle ich als Startposition den Ausgang des Raumes. Dadurch läuft uns Anne entgegen. Wir haben also eine Gegenfahrt, die nicht nur sehr dynamisch wirkt, sondern den Zuschauern auch noch erklärt, dass die Tür hinter ihrem Rücken zufällt. Die Zuschauer erfahren also schon etwas vor der Heldin. In unserem konkreten Fall sorge ich nur für eine kurze zeitliche Vorwegnahme der Information des Türzufallens. In Kombination mit den anderen Vorteilen dieser Gegenfahrt auf die Tür zu, wird durch diese Einstellung die Spannung stark erhöht. Das bringt ein wenig Suspense in die Handlung. Dabei fährt die Kamera *im On** über die Achse. Dadurch muss ich im Anschluss aufpassen, in welche Einstellung ich schneiden möchte. Die Positionen III und IV werden als Fahrt in den Floorplan sowie im Drehbuch vermerkt.

Jetzt beginnt die eigentliche Verfolgung. Anne rennt los. Der Entführer springt hoch, rennt zum Ausgang und wird, skrupellos wie er ist, auf sie schießen. Der Keyframe II bildet für mich einen ganz brauchbaren Blickwinkel für das Aufschrecken, da man gleichzeitig Anne im Hintergrund rennen sieht, allerdings befindet sie sich auf der falschen Achsenseite. Die Dynamik seiner Bewegung möchte ich lieber mit einer Fahrt inszenieren. Der Keyframe III bietet mir eine gute Endposition für das Abfeuern der Waffe. Der Entführer wird dabei sehr nah und frontal gezeigt. Das Bild wird beinahe so wirken, als würde er auf die Zuschauer schießen. Um auf diese Position fahren zu können, etabliere ich den neuen Keyframe V auf der linken Achsenseite. Die Kamera wird also *im On** die Bewegung des Mannes kreuzen und wieder auf die rechte Seite gelangen. Wie wir wissen, wirken Vorausfahrten dann besonders involvierend, wenn wir uns nah an der Bewegungsachse positionieren. Dementsprechend positioniere ich die V so, dass der Entführer ein Stück auf die Kamera zuläuft. Während der Vorausfahrt bleibt die Kamera natürlich ihm, wie der Name schon sagt, stets einen Schritt voraus in persönlicher Distanz. Diese Bewegung lässt sich sehr einfach und kostensparend mit einem Gimbal-System realisieren. Für einen auf Schienen fahrenden Dolly wäre in diesem *Motiv** vermutlich sowieso nicht genug Platz. Da der Schuss erst auf der neuen Drehbuchseite erwähnt wird, muss ich diese Fahrt so einzeichnen, dass sie auf der neuen Seite noch einmal auftaucht.

Der Entführer setzt seinen Schuss ab. Den Zuschauern muss erklärt werden, dass er Anne getroffen hat. Dafür möchte ich im Anschluss an diese Einstellung seine *POV** nutzen. Er hat also getroffen, erhebt sich zufrieden, küsst seine Waffe und bewegt sich mit einem überheblich wirkenden, langsamen Schritt aus dem Bild. Damit verzögere ich die Antwort auf die Frage, ob Anne ausgeschaltet wurde. Diese Bewegung drehe ich an dieser Stelle mit, schneide sie aber noch nicht. Mehr dazu später.

Wir kommen nun zur dritten Szene mit der eigentlichen Verfolgungsjagd. Diese actionreiche Szene soll sehr dynamisch erzählt werden, mit vielen Fahrten und schnellen Schnitten. Damit sich die Verfolgung besonders bedrohlich für den Zuschauer anfühlt, werden sich nahezu alle Kamerapositionen innerhalb der nahen Phase der persönlichen Distanz zum Entführer befinden. In dieser Nähe möchten sich die Zuschauer nicht gern aufhalten, sodass die Bedrohung zunimmt. Um das Ganze noch auf die Spitze zu treiben, soll sich die Architektur der Kellergänge wie ein Labyrinth anfühlen, aus dem es scheinbar kein Entrinnen gibt. Deshalb werde ich diese Szene nicht einfach nur nach den im *Motiv** vorhandenen Gängen auflösen, sondern für mehr Abzweigungen und Richtungswechsel sorgen.

Wenn man den *filmischen Raum** entsprechend der Gegebenheiten des *Motives** auflöst, hätte dies eine recht kurze Verfolgungsjagd entsprechend der Abbildung 63 zur Folge. Die Abbildung 64 zeigt ein Beispiel dafür, wie Sie den *filmischen Raum** künstlich vergrößern und somit eine

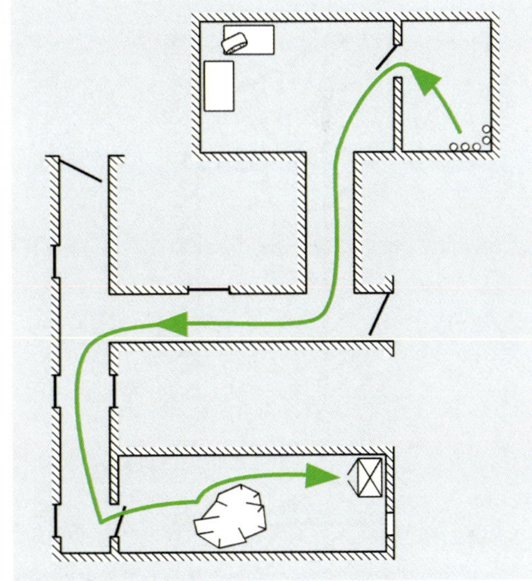

Abb. 63: Die Verfolgung nach realen Bedingungen am Motiv.

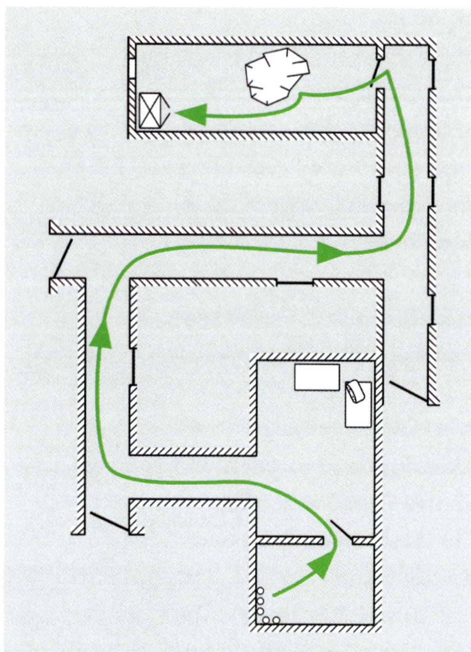

Abb. 64: Eine etwas längere, labyrinthartige Verfolgung.

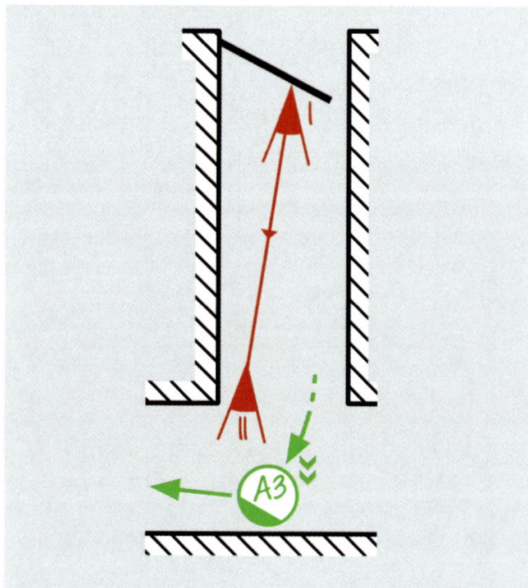

Abb. 65: Anne wird getroffen.

Verfolgung ganz nach eigenem Wunsch kreieren können. Dieser Aufbau wirkt sicherlich von außen betrachtet für ein Gebäude etwas überdimensioniert, dafür wirkt die Szene an sich etwas labyrinthartiger und verstärkt damit Annes hoffnungslose Lage, jemals einen Ausgang zu finden. Für mich geht hier Emotion vor Realismus. Konkret habe ich zu Demonstrationszwecken nur eine Abzweigung hinzugefügt. Man könnte dies jedoch nach Wunsch noch weiter in die Länge ziehen.

Anne wird von der Kugel niedergestreckt. Sie rollt gegen die Wand. Die Skrupellosigkeit des *Antagonisten**, auf sie zu schießen, gibt dieser Szene besonders viel Dramatik. Noch dazu ist sie nun verletzt und kann definitiv nicht schneller als ihr Entführer rennen. Ihre Chance zu entkommen sinkt damit rapide. Wie bereits erwähnt möchte ich den Treffer aus Sicht des Mannes zeigen. Ich suche mir also einen Gang aus mit einer Kreuzung am Ende und zeichne den Keyframe I als eine *POV** ein. Für eine stärkere Dramatik lasse ich die Kamera auf Annes Position A3 zufahren, bis sie nur knapp eine Armlänge entfernt rechts in den Gang aus dem Bild verschwindet. Durch die *POV** wirkt diese Ranfahrt so, als würde sich der Entführer sofort nähern und könnte sie beinahe erreichen. Die Nähe des Keyframes II zu Anne verstärkt die bedrohliche Wirkung dieser Fahrt noch. Mit dieser Ranfahrt nutze ich aus, dass die Zuschauer in diesem Abschnitt wissen wollen, ob der Mann Anne einholen kann. Diese Ranfahrt simuliert, dass er es schafft. Nun schneide ich jedoch zurück in die Einstellung mit dem Keyframe III der vorangegangenen Szene, in welcher der Entführer auf Position E3 seine Waffe küsst und sich überheblich aus dem Bild bewegt. Überraschung! Die *POV** entlarvt sich hier als falscher Freund, da er sich nicht wirklich auf Anne zubewegt hat. Es gibt also noch etwas Hoffnung, dass sie entkommen kann. Die Zuschauer können kurz aufatmen, und ich habe die Möglichkeit, die Spannung erneut zu steigern.

Bisher wurde den Zuschauern nur durch das Hinfallen und Schreien von Anne erklärt, dass sie getroffen wurde. Dies reicht mir nicht; ihre Situation soll noch bedrohlicher wirken. Aus diesem Grund nutze ich als nächste Einstellung eine Hinterherfahrt auf Höhe ihres rechten Oberschenkels. Via analogem Spezialeffekt, kurz SFX (welches nicht mit VFX für digitale Effekte zu verwechseln ist), lasse ich dabei ihre Hose am Oberschenkel während des Laufens blutig färben. Man könnte beispielsweise eine Spritze mit blutroter Farbe befüllen und an deren Ende einen Schlauch befestigen. Das andere Ende des Schlauches klebt man am Oberschenkel fest. Sobald die Kamera läuft, betätigt die Schauspielerin die Spritze und ihr Oberschenkel färbt sich blutrot.

Sie humpelt also von A3 aus eine Gerade entlang, bis sie zur Position A4 erneut abbiegt. Die Kamera begleitet sie etwas versetzt von Position III aus bis zur IV auf Oberschenkelhöhe. Dabei ist es wichtig, darauf zu achten, dass die Zuschauer im Bild erkennen, dass sie am Ende nach rechts läuft, um in den Abbiegevorgang hineinschneiden zu können.

An dieser Stelle erweist sich erneut eine Steadicam als vorteilhaft, da für eine Dollyfahrt in der Regel Schienen verlegt werden müssen. Dadurch müssten die Schauspieler immer zwischen den Schienenschwellen laufen,

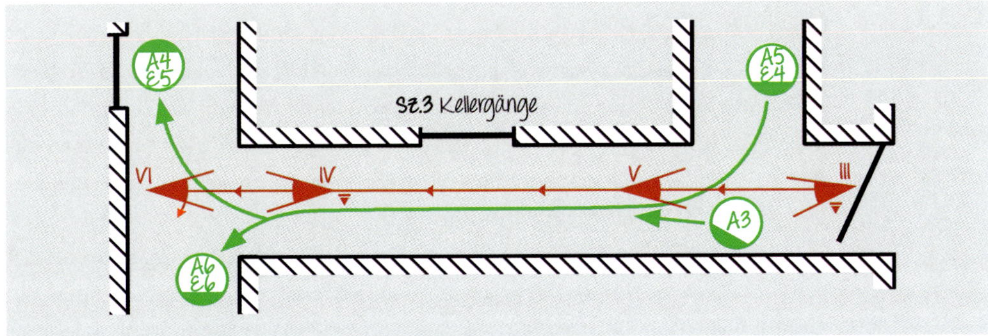

Abb. 66: Anne flieht mit angeschossenem Bein.

was schwieriger ist als man zunächst denkt. Die Konzentration darauf, wo man hintreten darf, stört der Darstellung. Die Schauspieler können sich im Kopf nicht völlig auf ihre Rollen konzentrieren. Sollte keine Steadicam-Aufnahme möglich sein, gibt es zwei Möglichkeiten, dieser Problematik entgegenzuwirken. Man könnte beispielsweise eine Art kleinen Laufsteg in die Mitte der Schienen bauen. Allerdings würde dies die Schauspieler etwas erhöhen. Bei einer Großaufnahme sollte das jedoch nicht auffallen. Eine weitere Möglichkeit wäre der Einsatz eines bereiften Dollys. Hierbei muss allerdings stark auf die Beschaffenheit des Bodens geachtet werden. Jeder Stein, jedes Kabel, jede Kante verursacht unschöne Wackler im Bild. Diese müssen tunlichst vermieden werden, da sich sowieso schon viel im Bild bewegt. In Kapitel C4 erwähnte ich zudem, dass gerade auf großen Leinwänden jede noch so kleine Bewegung enorme Auswirkungen auf die Zuschauer haben kann.

Wichtig bei den Fahrten dieses Abschnitts ist, dass die Kamera nie zum Stillstand kommen darf. Weder am Anfang noch am Ende. Würde die Kamera am Ende stehen bleiben, suggeriert dies den Zuschauern, dass Anne entkommen kann, da wir nicht hinterherkommen. Das würde die Spannung mildern. Ich muss also aus dieser Fahrt herausschneiden, noch während sie sich höchstens auf persönlicher Distanz zum Zuschauer bzw. zur Kamera entfernt hat und diese noch in Bewegung ist. Außerdem gilt es hier zu beachten, dass nicht zu viel von der Umgebung zu sehen ist, da wir diesen Gang mehrfach nutzen. Am Ende darf z.B. die Tür links neben der Position A4 nicht mit ins Bild kommen, da dies sonst für die darauffolgenden Einstellungen einen Anschlussfehler bedeuten würde.

Die gleiche Fahrt drehe ich erneut mit ihrem Verfolger, doch diesmal mit dem Unterschied, dass die Kamera auf Augenhöhe mitfährt. Die Kamera bleibt dabei innerhalb seiner Nahen Phase der persönlichen Distanz, um den Zuschauer nicht auf einen sicheren Abstand kommen zu lassen. Absichtlich zeige ich seine Bewegung von der Position E3 zu E4 nicht im Bild. Hier konzentriere ich mich erzählerisch ganz auf Anne und lasse die Zuschauer bewusst möglichst im Dunkeln, wie weit entfernt der Entführer von ihr ist. Das steigert die Spannung.

Als Nächstes möchte ich die Gesichter der beiden zeigen, um dem Zuschauer ihre emotionale Verfassung etwas näherzubringen. Hierzu nutze ich eine rückwärtige Fahrt von Position V aus zur VI in Großaufnahme, während die Schauspieler von A5 auf A6 bzw. von E4 auf E6 laufen. Die beiden kommen also rechts abbiegend auf eine kurze Gerade und biegen dann links ab. Im Schnitt wird es den Zuschauern so vorkommen, als sei Position A5 die gleiche wie A4. An beiden Stellen biegt Anne rechts ab. Wir erzählen hier also einen anderen *filmischen Raum** als er tatsächlich real vorhanden ist. Dies ist möglich, wenn sich die Orte in der Umgebung stark ähneln und die Bewegungen der Schauspieler stimmig sind: Biegt sie vorher rechts ab, muss sie nun rechts abbiegend wieder ins Bild kommen. Läuft sie auf der Außenseite des Ganges entlang, muss sie auch auf der Außenseite wieder ins Bild kommen usw., da man sonst einen Anschlussfehler produziert.

In der Großaufnahme erkennt man nicht wirklich etwas von der Umgebung. Deshalb kann diese Aufnahme an diversen Stellen der Verfolgung hineingeschnitten werden. Auch bei dieser Fahrt gilt wieder, dass die Kamera niemals zum Stehen kommen darf.

Nun drehe ich die gleiche Fahrt von Keyframe V zu VI mit einer kürzeren Brennweite, sodass ich mehr vom Raum ins Bild bekomme. Dabei muss ich allerdings beachten, dass die Schienen nicht mit ins Bild ragen, falls welche verlegt wurden. Gegebenenfalls filme ich etwas untersichtig, sodass die Decke und nicht der Boden ins Bild kommt. Dies könnte die Überlegenheit des Entführers sogar noch etwas stärken. Ich lasse die Schauspieler die gleichen Punkte ablaufen. Den Entführer lasse ich zusätzlich nach den Blutstropfen Ausschau halten und am Ende schwenke ich zusätzlich mit ihm mit und zeige somit die Sackgasse im Bild.

Für den Schnitt habe ich nun fünf Fahrten für die Verfolgung zur Verfügung, um den Zuschauern das Gefühl zu geben, dass der Mann seinem Opfer immer näherkommt. Dann folgt die Überraschung: Sie scheint verschwunden. Er entdeckt an der Ecke etwas Blut auf dem Boden und biegt danach in die Sackgasse ein. Anne ist nicht zu sehen.

Mit dem Entdecken der Blutstropfen auf dem Boden beginnt der letzte Abschnitt dieser Sequenz. Der Verfolger hat sie verloren, scheint ihr aber noch auf den Fersen zu sein. Ab diesem Punkt fahre ich absichtlich das Erzähltempo herunter, um den Zuschauern möglichst keine Hinweise auf eine Antwort der Frage nach Annes Aufenthaltsort zu geben. Ich erzähle nun die Handlung, indem die Kamera den Entführer auf seiner Suche begleitet, statt neben Anne zu warten und zu hoffen, dass er sie nicht entdeckt. Dadurch bleiben die Zuschauer in unmittelbarer Nähe des Bösen, was die Spannung hält, schließlich möchte man nicht, dass er ihr auf die Schliche kommt.

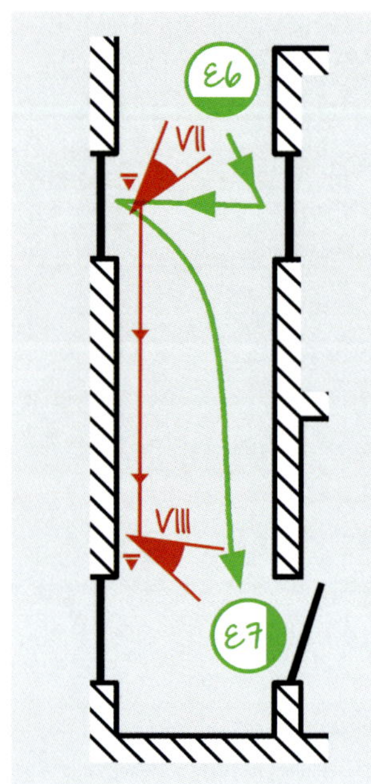

Abb. 67: Der Entführer prüft die Türen.

Die Kamera fährt nun auf Höhe der Türklinken etwas untersichtig rückwärts von Position VII auf die VIII. Der Verfolger prüft die ersten Türen und überholt die Kamera, sodass er am Ende auf der rechten Bildseite steht, wenn er die blutverschmierte Türklinke entdeckt. Damit steht die Kamera jetzt schon auf der richtigen Seite der Achse für die kommende Szene. Der Keyframe VIII bietet damit gleichzeitig ein Close-up der blutverschmierten Türklinke. Er öffnet die Tür und geht hinein.

Für die finale Szene springt die Kamera auf die andere Seite der Mauer und zeigt auf Position I, wie sich die Tür öffnet. Dadurch wird wie bei Szene 2 erst nach und nach etwas vom Raum preisgegeben. Die Zuschauer bekommen also kaum eine Chance, sich selbst einen Reim auf die Frage nach Annes Versteck zu machen, wodurch die Spannung weiter anhält. Außerdem wird so zugleich das Fenster als Fluchtmöglichkeit aus dem Bild herausgehalten. Während der Entführer den Raum erkundet, begleitet ihn die Kamera mit einer rückwärtigen Fahrt bis zur Position II.

Wir kommen nun zum Höhepunkt der gesamten Sequenz. Während der Fahrt zieht der Entführer das Laken weg, doch Anne ist nicht zu sehen. Das gibt den Hinweis, dass er nicht genau weiß, wo sie ist. Er bewegt sich daraufhin auf die Kamera zu, bis er etwas entdeckt. Man könnte nun in einer *POV** den Schrank zeigen. Durch eine viel spannendere Variante wird der Schrank als Information den Zuschauern noch etwas vorenthalten, indem die Kamera auf Position III hinter ihm startet, sodass er selbst mit seinem Körper den Schrank weitestgehend verdeckt. Die Kamera fährt näher an ihn heran und bewegt sich gleichzeitig nach oben mit der Folge, dass wir am Ende im Keyframe IV sehr steil über seine Schulter hinwegsehen können, und sich so der Schrank mit der Farbe am Boden den Zuschauern offenbart. Damit liefere ich meinen Zuschauern einen falschen Hinweis auf die Antwort auf die zentrale Frage. Der Entführer bewegt sich mit gezogener Waffe langsam nach vorn auf die Position E9.

Um die Auflösung noch ein wenig weiter hinauszuzögern, schneide auf den Keyframe V, welche sich im Schrank befindet, statt den Schrankinhalt sofort zu zeigen. Da die Tür anfangs geschlossen ist, beginnt das Bild entsprechend in Schwarz. Die Tür reißt auf, wir sehen frontal sein überraschtes

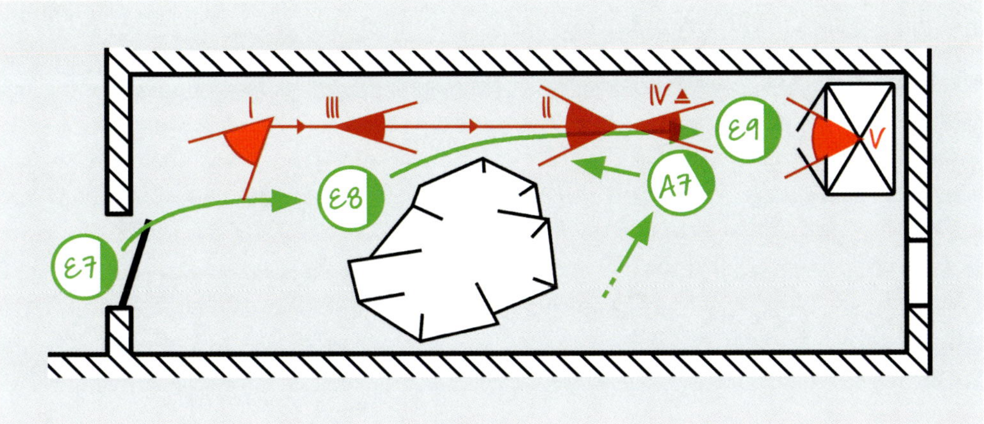

Abb. 68: Das Finale im Keller der Szene 4.

Gesicht und überraschen damit auch die Zuschauer. Jetzt kann ich auf die *OTS** des Keyframes IV zurückschneiden und so den Zuschauern den Farbeimer erklären. Es war eine falsche Fährte.

In der Kamera auf Position V sehen wir Anne über seine Schulter hinweg ins Bild kommen. Sie schlägt ihn mit einem Metallkoffer nieder. Er sackt zusammen. Sie schnappt sich seine Waffe und humpelt nach hinten in die Tiefe des Raumes, bis sie aus dem Bild verschwindet. Mit der Überwältigung ihres Peinigers können sich die Zuschauer die Kernfrage der gesamten Sequenz beantworten: Ja, sie kann entkommen – wenn auch verletzt.

Shotlist

Da hier vier Szenen betrachtet werden, entstehen dementsprechend auch vier separate Listen.

Die beiden ersten Einstellungen sind schnell abgedreht. Sie dienen nur dazu, die Atmosphäre der Szene in einer regressiven Montage einzuleiten. Sie können ohne Ton und Schauspieler gedreht werden und brauchen nur einen Take. Aus diesem Grund setze ich sie an den Anfang der Liste, da diese Einstellungen schon abgedreht werden können, noch während die Schauspieler in der Maske sitzen. Alternativ könnten sie auch von einer zweiten Kamera (B) während der Umbauzeiten zu den anderen Einstellungen gedreht werden.

Tabelle 5: Die Shotlist zur ersten Szene der Übung 2			
1. HEIZUNGSRAUM			**INNEN/NACHT**
#1	B	= I	(DT) Neonlampe
#2	B	= II	(DT) Stahltür
#3	A	= V	(POV) A.
#4	A	= III → IV	(N) Fahrt entlang der Rohe auf (N) A. → (OTS) E.
#5	A	= VI → VII	Seitfahrt (MCU) A. auf gefesselte Hände

Die *POV** von Anne wird als erste Einstellung mit Schauspielern gedreht. Diese bildet den *Establishing-Shot**, in welchem die Szene als Master komplett durchgespielt wird. Aus diesem Blickwinkel muss sich die Schauspielerin der Anne ihr Kostüm nicht durch das Trinken aus der Flasche nass machen, da sie nicht frontal zu sehen ist. Anschließend wird auf den Gegenschuss umgebaut.

Da ihr Kostüm noch trocken ist, kann man nun die Einstellung 4 mit der einleitenden Fahrt auf sie drehen. Die Endposition dieser Fahrt bildet die *OTS** des Entführers auf Anne. Hier kann sie richtig loslegen und um jeden Schluck Wasser kämpfen. Dabei wird einiges danebengehen, sodass ihr Kostüm nass wird. Das ist nun okay, da wir am Ende die Seitfahrt von ihrem Gesicht zu ihren Händen drehen werden.

Tabelle 6: Die Shotlist zur zweiten Szene der Übung 2			
2. VORRAUM MIT FERNSEHER			**INNEN/NACHT**
#1	B	= II	(HT) E. im Vordergrund und A. hinten
#2	B	= V → III	(HN) E. Vorausfahrt inkl. Schuss
#3	A	= III → IV	(HT) Gegenfahrt A. bis (G) zufallende Tür
#4	A	= I	(DT) Fernseher mit Auftritt A. in Spiegelung

Für die zweite Szene wird mit der Halbtotale von Keyframe II begonnen. Hier wird wieder die gesamte Szene durchgespielt und damit auch das Timing des Schauspiels bestimmt. Es ist wichtig, darauf zu achten, dass der Entführer auch seinen Schuss auf Anne absetzt und sie anschließend verfolgt. Diese Handlung gehört eigentlich laut Drehbuch erst in die dritte Szene, wird aber aus ökonomischen Gründen hier bereits mitgedreht. Nach der zweiten Einstellung ist der Darsteller des Entführers für die Szene abgedreht.

Am Ende wird die Einstellung über den Fernseher gedreht, welche für das Licht etwas Umbauzeit benötigt. Je nachdem, wie genau jede Abteilung arbeitet, wird man wohl fast einen ganzen Drehtag für beide Szenen einplanen müssen, inklusive Motivwechsel.

Tabelle 7: Die Shotlist der dritten Szene

2. KELLERGÄNGE		INNEN/NACHT
#1	= I → II	(HT) Ranfahrt auf HN A.
#2	= III → IV	(G) Hinterherfahrt auf Oberschenkelhöhe von A. inkl. SFX
#3	= III → IV	(N) Hinterherfahrt E. auf Kopfhöhe
#4	= V → VI	(G) Vorausfahrt A.
#5	= V → VI	(G) Vorausfahrt E.
#6	= V → VI	(AM) Vorausfahrt E. untersichtig → Schwenk auf Blut und Sackgasse
#7	= VII → VIII	(HN) rückwärtige Fahrt mit E. auf Hüfthöhe → (DT) Blut

Aus Anschlussgründen muss der Dreh der dritten Szene mit der Fahrt I auf die II beginnen. Hier blutet Annes Oberschenkel noch nicht; sie wird gerade getroffen. Anschließend erfolgt ein größerer Umbau auf die Fahrten im mittleren Teil des Sets. Dabei wird mit der Special-Effects-Einstellung von Annes blutendem Bein begonnen. Danach erfolgt ohne Umbau die Hinterherfahrt mit dem Entführer. In den nächsten drei Einstellungen bewegt sich die Kamera immer von Position V auf die VI in diversen Einstellungsgrößen. Nach der #4 wird Anne für die Szene nicht mehr gebraucht. Es folgt eine etwas untersichtige Amerikanische auf den Entführer als eben solche Rückfahrt, mit dem weiteren Unterschied, dass er sich an der letzten Kreuzung umschaut, das Blut entdeckt und in die Sackgasse läuft.

Den Abschluss bildet ein weiterer Umbau auf den finalen Gang. Die Kamera filmt den Entführer untersichtig, sodass sie mit einer Detailsicht auf die Türklinke endet.

Tabelle 8: Die Shotlist der letzten Szene

4. KELLER		**INNEN/NACHT**
#1	= I → II	(AM) Rückfahrt mit Auftritt E. → (HN) E. Schrank nähernd
#2	= III → IV	(N) Hinterherfahrt E. von Augenhöhe auf Überkopfhöhe
#3	= V	(N) E. frontal mit Anne im Hintergrund

Hier beginnen wir wieder chronologisch mit der Fahrt von Position I auf die II. Der Entführer tritt auf, vermutet sein Ziel unter dem Bettlaken, entdeckt den Schrank und kommt auf die Kamera zugelaufen. Für die zweite Einstellung muss nicht groß umgebaut werden. Wir fahren einfach hinter ihm her und heben die Kamera über seine Kopfhöhe, soweit es die Kellerdecke zulässt. Sollte sich dies beim Dreh als nicht realisierbar erweisen, könnte man diese Einstellung zur Not auch als *POV** drehen.

Anschließend benötigt man die Schauspielerin der Rolle Anne am Set, da es nun an die finale Einstellung geht. Die Kamera wird in den Schrank gelegt, sodass wir die Reaktion des Entführers sehen können, sowie Anne, wie sie ihn von hinten niederschlägt und flüchtet. Der Einfachheit halber kann man dies auch faken und die Kamera vor dem Schrank auf ein Stativ positionieren. Das Öffnen der Türen müsste dann beispielsweise mit Hilfe von schwarzem *Molton** simuliert werden. Damit hätten wir alles für eine Auflösung der Sequenz an der Zuschauerwirkung orientiert im Kasten.

Damit ist meine Auflösung für die beiden Übungen abgeschlossen. Sie haben nun ein Bild davon, welche Gedankengänge zu meiner szenischen Auflösung dieser Übungen führten. Wenn Sie diese mit Ihrer Auflösung vergleichen, behalten Sie unbedingt im Hinterkopf: Es gibt keine einzig richtige Auflösung für eine Szene, solange die Zuschauer der Handlung folgen können. Wenn Sie Unterschiede zu Ihrer Arbeit erkannt haben, muss das nicht unbedingt ein Fehler sein. Vielleicht deuten sich durch die Unterschiede Ihre eigenen Lieblingseinstellungen oder -bewegungen an. Dies könnte der Beginn Ihrer eigenen filmischen Handschrift bedeuten. Ich kann Sie nur dazu ermutigen, in diese Richtung weiter nachzuforschen.

J3 WEITERE ÜBUNGEN

Sie haben noch nicht genug von den Übungen? Ich kann Ihnen zwei weitere sehr ans Herz legen, damit Sie Ihrem eigenen Stil weiter auf die Spur kommen können:

Legen Sie einen Ihrer Lieblingsfilme ein und springen Sie zu der Szene, welche Sie am meisten mögen. Schauen Sie sich jede Einstellung genau an, indem Sie nach jedem Schnitt den Film anhalten. Zeichnen Sie einen Floorplan der Szene mit allen Schauspiel- und Kamerapositionen. Betrachten Sie anschließend diesen Floorplan. Welche Einstellung hat Ihnen am besten gefallen, welche nicht? Würden Sie etwas ändern, damit diese Szene noch mehr Ihrem Geschmack entspricht? So lässt sich eine Menge von Profis lernen. Auf diese Weise habe ich schon ganze Filme durchgeschaut.

Als weitere Übung empfehle ich, sich einmal in Ihrer eigenen Vergangenheit umzusehen. Wählen Sie ein Ereignis aus Ihrem Leben, welches Sie besonders emotional berührt hat. Ziel dieser Übung soll es sein, diese Emotionen den Zuschauern zu vermitteln. Zeichnen Sie einen Floorplan, soweit Sie sich an die Gegebenheiten erinnern können. Sie müssen dabei nicht besonders realitätsnah vorgehen. Falls Sie sich an den Raum nicht mehr erinnern können, erfinden Sie einfach einen. Sie sind die Hauptrolle dieser Szene: Wo könnte man die Kamera positionieren, um den Zuschauern Ihre emotionale Verfassung möglichst nachvollziehbar zu erzählen?

Zum Schluss bleibt mir noch zu sagen, dass ich Ihnen viel Spaß bei der Entwicklung Ihrer eigenen Handschrift wünsche und hoffe, dass ich etwas zum Verständnis für die Arbeit an einer Filmszene beitragen konnte. Als Zuschauer freue ich mich schon jetzt auf Ihre kommenden Werke!

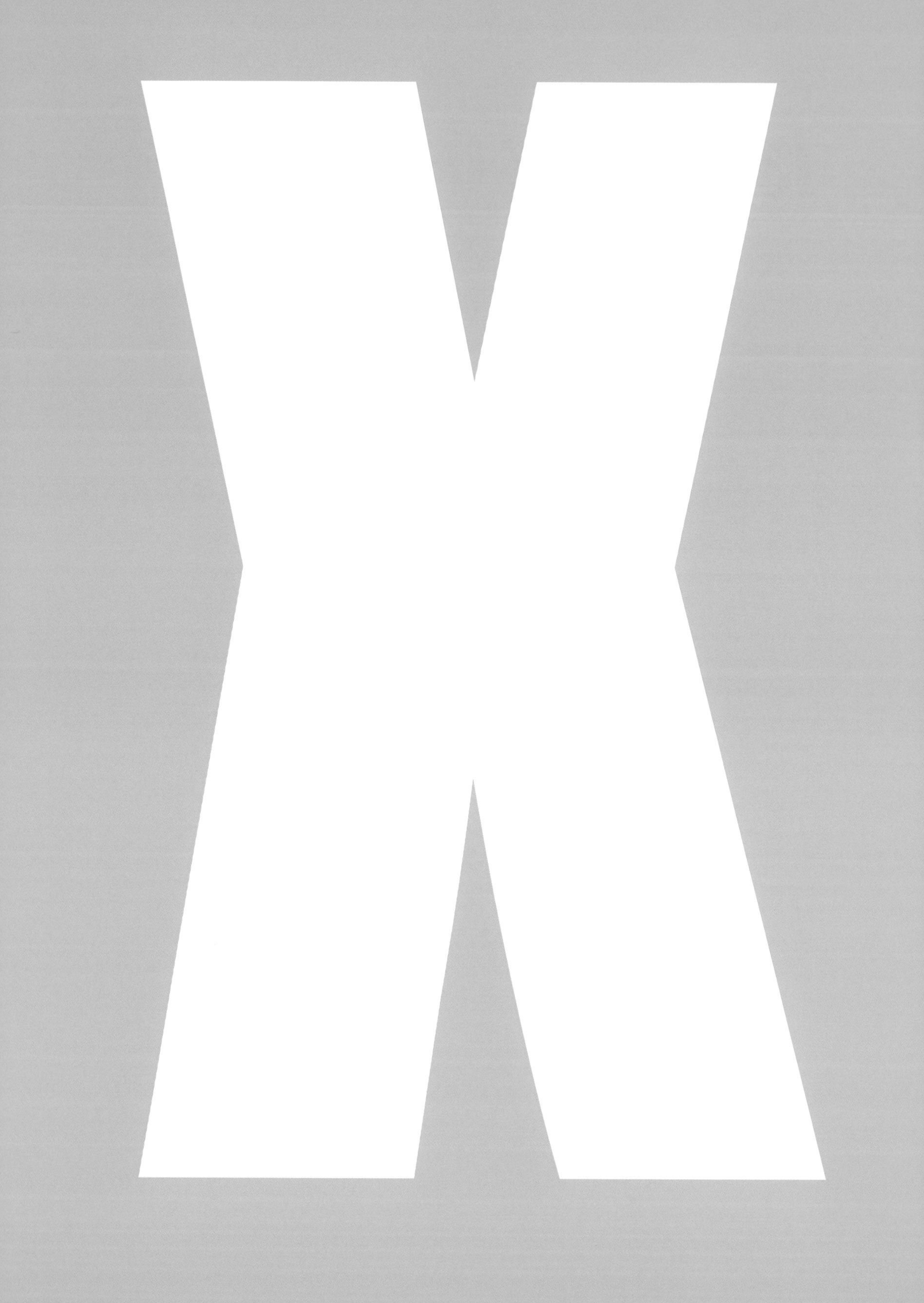

ANHANG

X1 GLOSSAR

- **3-Akt-Struktur:** Eine Klassische Drehbuchstruktur, die besonders durch Syd Field berühmt wurde.
- **Antagonist:** Dies ist der Fachbegriff für Charaktere einer Geschichte, die sich dem Protagonisten, also dem Helden, entgegenstellen und ihm schaden wollen. Als Gegenspieler des Helden stehen sie auf der bösen, dunklen Seite der Geschichte.
- **Atmer:** Hierbei handelt es sich um einen vorsichtigen Kameraschwenk ähnlich einer Atembewegung. Solche kleinen Bewegungen werden oft genutzt um die Bildkadrage* zu korrigieren.
- **Bauchbinde:** Als Bauchbinde bezeichnet man längliche Grafiken, welche meist bei Intervieweinstellungen in das Bild gefahren werden. Auf ihnen ist in der Regel der Name der gezeigten Person sowie dessen Funktion zu lesen.
- **Bildkadrage:** Die Anordnung der zu fotografierenden Objekte im Bildausschnitt wird Bildkadrage genannt. Kadriert man ein Objekt linksbündig, so befindet es sich auf der linken Bildseite.
- **Cliffhanger:** Bei einem Cliffhanger wirft man gezielt vor einem Werbeblock oder dem Ende einer Serienfolge neue Fragen auf, sodass der Zuschauer unbedingt weiterschauen möchte, um die Antworten zu erhalten.
- **Color-Grading:** ein Arbeitsschritt der Postproduktion. Während die Farbkorrektur lediglich dazu dient, ungewünschte Farbstiche zu neutralisieren, wird beim Color-Grading die Farbe in den Aufnahmen gezielt verfremdet, um einen bestimmten Look oder eine gewünschte Stimmung zu erzielen.
- **Disparität:** Die Disparität ist die Abbildung der Parallaxe. Auf Grund der Parallaxe werden Objekte je nach fokussiertem Punkt von jedem Auge leicht seitlich versetzt wahrgenommen. Den Abstand zwischen diesen beiden Teilbildern eines Objektes bezeichnet man als Disparität.
- **Establishing-Shots:** Kurz Establisher. Die erste Einstellung einer Szene, die den Zuschauern eine Möglichkeit zur räumlichen Orientierung gibt. Meist sind es Halbtotale oder Totale. Manchmal wird am Ende einer Szene noch einmal in eine solche Totale geschnitten. Diese nennt man dann Re-Establisher.
- **Filmischer Raum:** Der Handlungsort in einem Film wird im Kopf des Zuschauers durch Montage, durch Tricktechnik sowie durch Position und Bewegung der Kamera erzeugt. Dieser fiktive Raum wird filmischer Raum genannt und muss nicht real existieren.
- **Hart schneiden:** Bezeichnet den Schnitt auf eine neue Aufnahme ohne Überblendung.
- **Heldenreise:** Eine beliebte Struktur von Geschichten, um ein facettenreiches

Abenteuer zu erzählen. Bekannt wurde dieses Konzept durch Christopher Vogler.

» **High-Key:** In den meisten Bildern sind die hellen, normal-belichteten und dunklen Bereiche halbwegs gleichmäßig verteilt. Diese Lichtstimmung nennt man Normalstil. Überwiegen die hellen Bereiche, spricht man von High-Key; Bilder mit überwiegend dunklen Anteilen haben eine Low-Key-Stimmung.

» **Im On/im Off:** Verkürzte Form von ‚im On befindlich', oder ‚on screen'. Damit bezeichnet man alles im Filmbild Sichtbare, während die Kamera aufzeichnet. Dazu gehören auch Bewegungen von Schauspielern oder der Kamera sowie Geräusch- oder Lichtquellen. Alles, was nicht während der Aufzeichnung im Bild zu sehen ist, befindet sich entsprechend im Off.

» **Insert:** Dieser Begriff gehört zum Bereich der Montage. Hierbei wird eine Einstellung kurz durch eine andere unterbrochen, in welcher eine Information hinzugefügt wird. Diese Zusatzeinstellung wird in der Regel durch eine Detailaufnahme realisiert.

» **Kadrieren:** siehe Bildkadrage.

» **Kamera-links:** Diese Bezeichnungen werden benutzt, um deutlich zu machen, dass die linke Seite aus Sicht der Kamera gemeint ist. Soll sich beispielsweise der Schauspieler einen Schritt nach links bewegen, könnte er auch schnell sein eigenes Links verstehen und sich somit – je nachdem, wie er zur Kamera steht – fälschlicherweise nach rechts bewegen.

» **Komparse:** Darsteller, welche nur zur Unterstützung der Atmosphäre einer Szene im Hintergrund eingesetzt werden, bezeichnet man als Komparsen. Diese haben in der Regel keinen Text und werden von der Regieassistenz eingewiesen. Ein Restaurant würde beispielsweise ohne Gäste oder Bedienstete im Hintergrund leer wirken und keine gesellige Atmosphäre versprühen.

» **Low-Key:** siehe High-Key

» **Molton:** Molton steht für einen schwer entflammbaren Stoff, welchen man in schwarzer Farbe häufig am Set einsetzt, um beispielsweise Schatten zu erzeugen oder Spiegelungen zu kaschieren.

» **Monoskopie:** Im Gegensatz zur Stereoskopie* wird hier ein Bild ganz klassisch nur aus einem Blickwinkel betrachtet.

» **Motiv:** Im deutschsprachigen Raum hat sich der Begriff ‚Motiv' als Überbegriff für das international üblichere Wort ‚Set' etabliert. Beide Begriffe beschreiben den Schauplatz, an dem gedreht wird, z.B. ein Restaurant, eine Wohnung oder ein Spielplatz. Ein Motiv kann jedoch mehrere Sets enthalten. Das Motiv ‚Restaurant' kann beispielsweise in die Sets ‚Gastraum', ‚Toilette' und ‚Küche' aufgeteilt werden. Den rechtmäßigen Inhaber des Motivs nennt man ‚Motivgeber'. Handelt es sich um ein real existierendes Motiv, verwendet man oft den englischen Begriff *on location*.

» **Namedropping:** Im Vorspann, auf Plakaten und in Trailern werden gern die Namen berühmter Mitwirkender hervorgehoben. Man glaubt, damit mehr Zuschauer zu gewinnen, weil sie bestimmte Schauspieler gern sehen. Statistiken zeigen allerdings, dass für gerade einmal 10 Prozent der Zuschauer berühmte Schauspieler das entschei dende Kriterium für einen Kinobesuch sind. Außerdem wird bei Fernsehproduktionen in der Regel der Abspann weggeschnitten, sodass nur der Vorspann als Möglichkeit bestehen bleibt, Mitwirkende zu ehren.

» **Over-the-shoulder (OTS):** Beschreibt eine Kameraeinstellung, welche die Schulter einer Person im Vordergrund anschneidet und entlang der Blickrichtung dieser Person verläuft. Man schaut quasi dieser Person ‚über die Schulter'. Aus diesem Grund ähnelt diese Einstellung stark einer POV*.

» **Plansequenz:** Bezeichnet eine Sequenz, die scheinbar in nur einer einzigen Einstellung gedreht wurde. In solchen Sequenzen muss sich die Kamera meist viel bewegen, um der Handlung zu folgen, weshalb der Einsatz von Steadicams dafür prädestiniert ist.

» **Point-of-view (POV):** Bezeichnet einen Kamerastandpunkt, welcher den Blick einer Person, Maschine oder Ähnlichem entspricht.

» **Practical:** Kurzform von *practical light*. Der Fachbegriff für alle im Bild befindlichen Lichtquellen. Sie sind damit Teil der erzählten Welt – z.B. Straßenlaternen, Nachttischlampen, Kerzen.

» **Protagonist:** siehe Antagonist.

» **Reißschwenk:** Dies bezeichnet einen besonders schnellen Schwenk. Während der Bewegung kann man die Umgebung nicht mehr erkennen, da sie zu stark verschwimmt.

» **Schärfentiefe:** Dieser Wert gibt an, wie viel Tiefe des Raumes auf dem Wiedergabemedium scharf abgebildet wird. Fälschlicherweise ist auch der Begriff Tiefenschärfe in Umlauf. Er ist allerdings falsch, da im Deutschen die sich verändernde Eigenschaft an zweiter Stelle kommt. Bsp.: Die Schriftfarbe ist schwarz, nicht die Farbenschrift. (engl.: *depth of field*, kurz DOF).

» **Spielrequisiten:** Ein Sammelbegriff für Objekte, mit denen der Schauspieler interagiert (engl.: *props*).

» **Stereoskopie:** Mit dem stereoskopischen Verfahren kann der Zuschauer ein Objekt aus zwei unterschiedlichen Blickwinkeln gleichzeitig betrachten. Jedes Auge erhält ein eigenes Bild. Dadurch ist es möglich, dieses Objekt dreidimensional zu sehen. In der Monoskopie* hingegen wird ein Bild ganz klassisch nur aus einem Blickwinkel betrachtet.

X2 GÄNGIGE ABKÜRZUNGEN

- **AM:** Amerikanische
- **CS:** Close Shot
- **CU:** Close-up
- **DT:** Detail
- **DOF:** Depth of Field
- **ECU:** Extreme Close-up
- **ES:** E-Shot oder Establishing-Shot
- **FCU:** Full Close-up
- **FPS:** frames per second
- **G:** Großaufnahme
- **GRP:** Group Shot
- **HFR 3D:** high frame rate 3D
- **HN:** Halbnahe
- **HT:** Halbtotale
- **INS:** Insert
- **LS:** Long Shot
- **MCS:** Medium Close Shot
- **MCU:** Medium Close-up
- **MOS:** Motion only Shot
- **MS:** Medium Shot
- **MWS:** Medium Wide Shot
- **N:** Nahe
- **OTS:** Over-the-shoulder
- **PIV:** Pivot-Shot
- **POV:** Point-of-view
- **PU:** Pickup
- **RAM:** Right-Angle Master
- **SFX:** Spezialeffekt
- **SRC:** Pan Search
- **T:** Totale
- **Tele:** Teleobjektiv
- **THR:** Three Shot bzw. 3er
- **TWO:** Two Shot bzw. 2er
- **VFX:** Videoeffekt
- **WCU:** Wide Close-up
- **WS:** Wide Shot

X3 REGISTER

X4 QUELLEN

Literatur

- Appeldorn, Werner van: *Handbuch der Film- und Fernsehproduktion. Psychologie – Gestaltung – Technik*. 3. Auflage. München [TR-Verlagsunion GmbH] 1984
- Arnheim, Rudolf: *Kunst und Sehen*. Zit. in Müller (2003). Berlin [De Gruyter] 2000
- Bahill, A. Tercy u.a.: Sakkadische Augenbewegungen. In: Ritter, M. (Hrsg.): *Wahrnehmung und visuelles System*. Zit. in Steber, Nowara und Bonse (2007). Heidelberg [Spektrum der Wissenschaft Verlagsgesellschaft] 1979, S. 68f.
- Block, Bruce: *3D Storytelling. How Stereoscopic 3D Works and How to Use it*. Burlington [Focal Press] 2013, S. 159ff., 186
- Blothner, Dirk: *Erlebniswelt Kino. Über die unbewußte Wirkung des Films*. Köln [Bastei Lübbe] 1999
- Gehrke, Werner: *Methoden und Konzepte des Schauspiels*. Hamburg [Disserta Verlag] 2015, S. 61f.
- Fast, Julius: *Körpersprache*. (Orig.: *Body Language*. 1970. Übers. von Jürgen Abel). Reinbek [Rowohlt Taschenbuch Verlag] 1993
- Film & TV Kameramann: *Interview mit Benjamin Heisenberg zu seinem Film „Über-ich und du"*. München [Weber Verlag] 5/2014
- Guski, Rainer: *Wahrnehmen. Ein Lehrbuch*. Zit. in Steber, Nowara und Bonse (2007). Stuttgart [Kohlhammer Verlag] 1996
- Hall, Edward T.: *The Hidden Dimension*. Zit. in Fast, J. (1993). Garden City [Doubleday] 1966
- Heilmann, Christa M.: *Körpersprache. Richtig verstehen und einsetzen*. München [Ernst Reinhardt Verlag] 2009
- Johansson, G.: Visuelle Bewegungswahrnehmung. In: Ritter, M. (Hrsg.): *Wahrnehmung und visuelles System*. Zit. in Steber, Nowara und Bonse (2007). Heidelberg [Spektrum der Wissenschaft Verlagsgesellschaft] 1975, S. 168f.
- Kandorfer, Pierre: *Lehrbuch der Filmgestaltung. Theoretisch-technische Grundlagen der Filmkunde*. 6. Auflage. Gau-Heppenheim [Mediabook Verlag] 2003
- Katz, Steven Douglas: *Film Directing Shot by Shot. Visualizing from Concept to Screen*. Studio City [Michael Wiese Productions] 1991
- Khouloki, Rayd: *Der filmische Raum. Konstruktion, Wahrnehmung, Bedeutung*. Berlin [Bertz und Fischer] 2007
- Koch, Carmen: *Rolle visueller Referenzen bei der Objektlokalisation*. München, Ludwig-Maximilian-Universität, Doktorarbeit. 2005
- Kracauer, Siegfried: *Theorie des Films*. Zit. in Kandorfer, P. (2003). Frankfurt/M. [Suhrkamp Verlag] 1964
- Landsiedel, Timo: *Filmen wie Ballhaus*. 1. Auflage. Hamburg [atoll medien] 2012

- Lumet, Sidney: *Filme machen. Vom Drehbuch zum fertigen Film.* (Orig.: *Making Movies.* 1995. Übers. von Heyne Filmbibliothek). Berlin [Autorenhaus Verlag] 2006
- Müller, Arnold Heinrich: *Geheimnisse der Filmgestaltung. Montage und Filmgestaltung für Filmer.* Berlin [Fachverlag Schiele & Schön] 2003
- Neukirchen, Dorothea: *Vor der Kamera. Camera-Acting für Film und Fernsehen.* Frankfurt/M. [Zweitausendeins] 2000
- Rock, Irvin: *Wahrnehmung. Vom visuellen Reiz zum Sehen und Erkennen.* (Orig.: *Perception.* 1984. Übers. von Jürgen Martin und Ingrid Horn). Berlin [Spektrum Akademischer Verlag] 1998
- Schmidt, Ulrich: *Professionelle Videotechnik. Grundlagen, Filmtechnik, Fernsehtechnik, Geräte- und Studiotechnik in SD, HD, DI, 3D.* Heidelberg [Springer Verlag] 2009
- Steber, Josef-Anton; Thomas Nowara; Thomas Bonse: *Bewegung in Video und Film.* Berlin [Fachverlag Schiele & Schön] 2007
- Vineyard, Jeremy: *Crashkurs Filmauflösung. Kameratechniken und Bildsprache des Kinos.* (Orig.: *Setting Up Your Shots. Great Camera Moves Every Filmmaker Should Know.* 1999). Frankfurt/M. [Zweitausendeins] 2001
- Vogler, Christoph: *Die Odyssee des Drehbuchschreibers.* (Orig.: *The Writer's Journey.* 1998). Frankfurt/M. [Zweitausendeins] 2007
- Voigt, Stefan: *Anforderungskatalog für das Storytelling und die Bildgestaltung im stereoskopischen Film.* Mainz, Fachhochschule Mainz, Bachelorarbeit. 2011, S. 27ff.

Internetquellen

- Engel, Jürgen: *Proxemik.* 2010. http://de.wikipedia.org/wiki/Proxemik [21.2.2011]
- FAA Filmförderungsanstalt: *Der Kinobesucher 2016.* 2016. http://www.ffa.de/der-kinobesucher-2016.html [11.6.2017]
- GfK: *Wie smart sind deutsche TV-Nutzer?* 2016. http://www.gfk.com/de/insights/press-release/wie-smart-sind-deutsche-tv-nutzer/ [26.6.2016]
- Herbig, Gerhard P.: *Die drei goldenen Regeln der Stereofotografie.* 2005. http://www.herbig-3d.de/german/goldene_regeln.htm [3.4.2011]
- Kellermann, Ron via filmschreibend.de: *„Never Mind the Characters, Never Mind Plot“.* 2015. http://filmschreiben.de/never-mind-the-characters-never-mind-plot-warum-es-wichtig-ist-themaorientiert-zu-entwickeln/ [30.5.2016]
- Maier, Florian: *3D-Grundlagen.* 2008. http://www.stereotec.com/PP_07-08_Stereoskopie_Teil1.pdf [3.4.2011]
- Mantel, Uwe: *Hör mir auf mit diesen Brillen: Was ist aus 3D geworden?* 2016. http://www.dwdl.de/broadcasting2016/55103/hoer_mir_auf_mit_diesen_brillen_was_ist_aus_3d_geworden/ [18.3.2016]
- Pentax Imaging Systems GmbH: *Brennweiten und Bildgestaltung.* 2006. http://www.pentax.de/de/news/599/foto_technik_tipps.php [1.3.2011]
- Riegger Rechtsanwälte: *Unterbrechung eines Filmes durch Werbung verletzt Urheberrecht.* 2012. http://www.ra-riegger.de/cgi-bin/555798_pub_news.pl?Detail=514 [7.4.2012]

- Schmetkamp, Susanne: *Die neue Dimension für Filmemacher*. 2010. http://www.zeit.de/kultur/film/2010-07/3D-Technik-Film [15.3.2011]
- Seven One Media GmbH: *Media Activity Guide*. 2015. http://viewer.zmags.com/publication/040b4926#/040b4926/52 [26.6.2016]
- Seven One Media GmbH: *Mobile Activity Trends*. 2016. https://www.sevenonemedia.de/documents/20182/183907/Mobile_Activity_Trends_2016_I.pdf [26.6.2016]
- Sobolla, Bernd: *Wim Wenders und Ang Lee zur Zukunft des 3D-Kinos*. 2012. http://www.br.de/radio/bayern2/sendungen/kulturwelt/ang-lee-und-wim-wenders-diskutieren-ueber-3d-kino-100.html [3.1.2013]
- Statista: *Durchschnittliche tägliche Fernsehdauer in Deutschland in den Jahren 1997 bis 2015*. 2016. http://de.statista.com/statistik/daten/studie/118/umfrage/fernsehkonsum-entwicklung-der-sehdauer-seit-1997/ [26.6.2016]
- Unesco Institute for Statistics: *Exhibition Indicators of Feature Films*. http://data.uis.unesco.org [2013]

Film- & Videoquellen

- Hollywood Camera Work LLC: *The Master Course in High-End Blocking & Staging*. Las Vegas, 2004
- YouTube LLC: *Man Throws Shoes at Bush*. CBS, 2008. https://youtu.be/_RFH7C3vkK4 [20.8.2016]
- YouTube LLC: *Christopher Nolan on ‚Following'. Conversations Inside the Criterion Collection*. VICE, 2016. https://youtu.be/jUpA7Qma_9E?t=15m55s [20.8.2016]

X5 BILDNACHWEISE

- Abb. 18: Reni Raschke, 2010
- Abb. 19: August Macke 1887 – 1914, gemeinfrei
- Abb. 49: Grafik Heiko Raschke, 2013; Panzer erstellt von HustlerJohn, 2013

X6 WERKZEUGE DER SZENISCHEN AUFLÖSUNG

Werkzeug 1: Der Floorplan (S. 17)

Als Floorplan bezeichnet man eine schematische Darstellung des Motives* als Draufsicht. Er ist besonders nützlich, um allen Gewerken schnell und leicht kommunizieren zu können, wie die Szene aufgelöst ist. Deshalb wird umgangssprachlich auch gern mal nach der ‚Auflösung' gefragt. Gemeint ist damit der Floorplan.

Werkzeug 2: Die Faktoren zur Darstellung von Raumtiefe (S. 61)

- Verdeckung/Überlagerung
- Licht und Schatten
- Farbtemperatur und Verblassung
- diagonale Fluchtlinien
- relative Größe
- Strukturen
- Erfahrung
- Parallaxe

Mit diesen Faktoren lässt sich die Wirkung des Raumes manipulieren. Damit lässt sich beispielsweise eine neue Erzählebene etablieren oder ein bestimmter Stil für den Film festlegen.

Werkzeug 3: Die Einstellungsgrößen (S. 74)

Viele Kameramänner nutzen Einstellungsgrößen schlicht als System, um besser beschreiben zu können, was sie im Bild sehen wollen. Verknüpft mit dem Wissen aus der Proxemik wird aus bloßen Bildbeschreibungen ein mächtiges Werkzeug, um Zuschauer zu beeinflussen. Hierzu gehört:

- » die reale Position der Kamera im Raum
- » die gefühlte Position der Kamera durch die Wahl der Brennweite
- » die Perspektive

Werkzeug 4: Die Kamerabewegungen (S. 116)
Wenn es um die Bewegung der Kamera geht, ist damit nicht gemeint, dass diese nur bewegt wird, um alle Schauspieler im Bild zu behalten oder um ein möglichst beeindruckendes Bild zu kreieren. Wer die Bewegungen seiner Kamera als eine Möglichkeit begreift, gezielt die Wirkung des Filmes auf den Zuschauer zu beeinflussen, der hält ein mächtiges Werkzeug in seinen Händen. Hierunter fallen:

- » Fahrten
- » Zooms
- » Mehrdimensionale Bewegungen
- » Schwenks
- » Mischformen aller Bewegungsarten

Werkzeug 5: Die neuen Möglichkeiten der 3D-Technik (S. 167)
Die 3D-Technik ermöglicht neue Erzählebenen, um die Geschichte und die dazugehörigen Emotionen in die Köpfe der Zuschauer zu transportieren und einen eigenen 3D-Look zu etablieren. Zwischen all den Möglichkeiten seien hier besonders die Deviation, das Scheinfenster und das Volumen hervorgehoben.

Werkzeug 6: Bedürfniskette & Frage-Antwort-Schema (S. 181)
Eine Szene lässt sich sowohl mit Hilfe der Bedürfniskette, als auch mit dem Frage-Antwort-Schema strukturieren. Die dabei entstehenden Notizen liefern den Nährboden für eine Auflösung nah am Zuschauer.

Werkzeug 7: Die Shotlist (S. 193)
Diese Tabelle übersetzt nicht nur die Keyframes in Einstellungsnummern und teilt diese den jeweiligen Kameras zu, sondern liefert gleich noch die Drehreihenfolge mit.